um jovem médium

Série Família e
Espiritualidade

Adriana Machado
espírito **Ezequiel**

um
jovem
médium

Coragem e superação
pela força da fé

Dufaux
editora

UM JOVEM MÉDIUM – Coragem e superação pela força da fé

Copyright © 2020 by Adriana Machado
1ª Edição | Fevereiro de 2021 | do 1º ao 5º milheiro

Dados Internacionais de Catalogação Pública

EZEQUIEL (Espírito)
 Um Jovem Médium: coragem e superação pela força da fé
 Autor espiritual Ezequiel, psicografado por Adriana Machado
 DUFAUX : Belo Horizonte / MG : 2021

   365 p. : 16x23 cm

   ISBN: 978-65-87210-09-4

   1. Espiritismo   2. Psicografia
   I. Título   II. MACHADO, Adriana

CDU 133.9

   Impresso no Brasil   Printed in Brazil   Presita en Brazilo

EDITORA DUFAUX
Rua Contria, 759 | Bairro Alto Barroca
Belo Horizonte | MG | Brasil
CEP: 30.431-028
Tel. (31) 3347-1531
comercial@editoradufaux.com.br
www.editoradufaux.com.br

 Conforme novo acordo ortográfico da língua portuguesa ratificado em 2008.

Os direitos autorais desta obra foram cedidos pela médium Adriana Machado à Fraternidade Cristã Bezerra de Menezes. Todos os direitos reservados à Editora Dufaux É proibida a sua reprodução parcial ou total através de qualquer forma, meio ou processo eletrônico, sem prévia e expressa autorização da Editora nos termos da Lei 9 610/98, que regulamenta os direitos de autor e conexos.
Adquira os exemplares originais da Dufaux, preservando assim os direitos autorais.

"Mesmo nas adversidades, podemos aproveitar os ensinamentos que delas são subtraídos em prol do nosso crescer. Essa é uma característica da Perfeição e da Sabedoria Divinas."

— *Ezequiel*

Parte 1

1

No final dos anos trinta, nos arredores de Realeza, em uma cidadezinha do interior do Brasil, vivia o jovem Alexandre com seus pais e irmãos. Eles moravam em um pequeno sítio na periferia da cidade. José, o pai, sustentava-os com seu trabalho de pedreiro. E a mãe, Leonora, fazia todos os trabalhos domésticos e cultivava uma horta, mantendo a subsistência da família.

Gustavo, Alice e Frederico, os três irmãos mais novos de Alexandre, com dez, oito e seis anos de idade, se assemelhavam muito à mãe nas características físicas: os traços marcantes, os olhos arredondados, a pele negra e os cabelos crespos e pretos. José e Alexandre, ao contrário, possuíam uma tez mais clara, os olhos vivos, os cabelos castanhos e ondulados.

Alexandre contava quatorze anos de idade e estudava pela manhã em um colégio particular do vilarejo. Algumas vezes, à tarde, ele e Gustavo se juntavam ao pai para auxiliá-lo nas obras em que era contratado. Levavam, como o pai, muito jeito com o trabalho e eram muito caprichosos.

Apesar do amor e da união da família, a vida não era fácil para eles. Eram pessoas pobres, negras, num mundo em que muitos ainda não tinham entendido o verdadeiro valor de todo filho de Deus.

Aos domingos, às seis da manhã, a família de José se aprontava com capricho para assistir à missa de padre Hipólito na cidade. Chegavam sempre empoeirados, porque percorriam a pé extensa estrada de chão batido, o que não causava incômodo aos paroquianos em geral, que sempre os recebiam muito bem; outros, porém, não entendiam as dificuldades daquela família e prefeririam permanecer longe.

Padre Hipólito era um cônego muito velhinho que realizava seus discursos sobre o Evangelho do Cristo com muito entusiasmo. Quando Alexandre era pequeno, adorava a forma como aquele cônego se dirigia à comunidade. Muitas vezes, contudo, afirmava que o padre não sabia o que estava dizendo. Como pensavam que isso era coisa de criança, ignoravam-no. Certa feita, porém, seu pai ficou muito alarmado quando ele, da sua forma infantil, disse-lhes saindo da igreja:

— Padre Hipólito fala que conhece Deus, mas não conhece. Ele fica dizendo que Deus é igual à gente, e Ele não é! Deus não se irrita, não se magoa, não se vinga, não nos põe de castigo porque erramos... Deus só fica nos esperando. Deus nos fez e nos mandou viver. Tudo o que a gente faz de bom ou de ruim é nosso.

É como se fosse a senhora plantando em nossa horta, mãe. Se a senhora quer tomates, não vai plantar batatas, porque o tomate não vai nascer. Mas, se a senhora fizer tudo direitinho e prestar atenção nas sementes, na hora da colheita colherá tudo o que quis plantar, nada diferente. Mas, se não prestar atenção no seu trabalho e trocar as sementes, não vai adiantar reclamar, porque só vai colher o que plantou.

— Mas o que está dizendo, Alexandre? – questionou o pai.

— É verdade, papai. Padre Hipólito coloca todo o peso de nossos pecados em Deus, e isso não está certo. Quando a gente parar de colocar nossas culpas Nele, iremos perceber que quem está trocando as sementes boas por outras ruins somos nós mesmos.

— Que loucura é essa, meu filho? Como você pode colocar em dúvida o que o nosso pároco disse? De onde tirou isso?

— Foi o que a minha amiga me disse lá na igreja. E acredito nela, porque é assim que penso também!

Entretanto, ninguém havia conversado com Alexandre naquele dia. José e Leonora entreolharam-se, surpresos com a situação. A mãe abraçou seu rebento e o pai buscou no pároco o auxílio para aquela situação inusitada. Após explicar o ocorrido, José o viu se transfigurar. Lívido, o padre afirmou que só poderia ser o demônio utilizando-se da criança para desviar do bem os seus familiares. "Só pode ser essa a explicação", repetia o padre, irritado.

Em razão do ocorrido, o padre marcou com José sessões de Exorcismo em seu lar, para que pudessem limpar a alma daquele ser indefeso.

As sessões assustavam muito o menino, que perguntou à sua mãe, após a terceira delas, o porquê de seu pai e o padre Hipólito estarem tão bravos e irritados com ele.

— Eu fiz algo errado, mamãe? – perguntou, choramingando.

Dolorida por ver o filho sofrendo, explicou a ele que não havia feito nada, mas que seu pai e o padre estavam preocupados por seus pensamentos serem tão diferentes dos deles.

— Por que, mamãe? Eu não posso pensar diferente, não?

A mãe o abraçou e uma lágrima rolou em sua face ante a inocência dele. Ela também não entendia qual a gravidade das muitas afirmações dele naqueles últimos domingos, inclusive sobre ainda não entenderem Deus. Quantas vezes ela mesma se questionou sobre o amor de Deus, porque muitas foram as dificuldades enfrentadas por eles até ali, enquanto outras pessoas pareciam ter nascido para opulência e facilidades. Quantas vezes ela, quando menor, ficou sentida com Deus ao ver outras crianças terem uma vida muito mais feliz que a sua.

Já na fase adulta, seus questionamentos não mudaram, só aumentaram. Muitas foram as vezes em que se questionou acerca de sua própria existência, não como mãe e esposa, mas como alguém que vivia naquele mundo com tantas disparidades. Eram tantas perguntas que lhe viam à mente e que não eram respondidas a contento nos discursos inflamados do querido padre. Isso quando ele falava em português, porque, na maioria das vezes, em boa parte das missas, usava o latim.

Quanto aos outros temores daqueles dois homens de fé, ela não comentou nada com o filho. Depois de pensar sobre aquela amiga da igreja, citada por ele, Leonora entendeu que aquilo só podia ser obra da imaginação fértil de uma criança tão pequena.

Afinal, disse para ele:

— Filho, vamos fazer o seguinte, quando não concordar com o padre Hipólito, não diga isso ao seu pai, mesmo que ele pergunte. Venha falar com a mamãe, que conversaremos sobre todas as suas ideias ou dúvidas, está bem?

No domingo seguinte àquela conversa, José e a família foram à missa e, após o seu término, ele perguntou a Alexandre, como sempre fazia, o que achou do discurso do padre. Aguardava as considerações heréticas do filho, mas elas não vieram. Alexandre estava tranquilo e sorridente, e disse que gostou. Satisfeito, José foi agradecer ao padre e parabenizá-lo, pois considerava que as sessões haviam atingido o objetivo esperado: o filho não estava mais perturbado.

Depois daquele dia, ficou certo para Alexandre que ele não poderia conversar com o pai sobre aquele tipo de assunto. *"Talvez"* — pensava ele — *"papai não tenha ainda vivido o suficiente para compreender as verdades que trago em meu coração!"*.

Além do mais, Alexandre tinha mesmo gostado do discurso do padre, que falou sobre uma passagem da Bíblia de um tal bom samaritano.

Alexandre tinha o costume de se sentar em sua cama e ficar parado, olhando para o nada. Sua mãe, certa vez, sentou-se ao seu lado e, curiosa, perguntou-lhe o porquê de ele gostar tanto de ficar ali, pensando.

— Muitas coisas eu não entendo, mamãe. Acho que é porque ainda sou pequeno. Percebo que algumas ideias que tenho não são iguais às dos outros. Então, sento-me aqui e fico pensando sobre tudo isso.

Alexandre parou um pouquinho e, como se estivesse analisando se deveria ou não falar o que estava pensando, perguntou:

— Você disse que eu poderia falar sobre os meus pensamentos com a senhora, não é, mamãe?

Leonora afirmou positivamente com a cabeça; então, ele continuou:

— Sabe, muitas vezes, quando estou aqui, Aurora vem e conversa comigo sobre as minhas dúvidas. Ela me fala de coisas que já entendo e de coisas que ainda não entendo.

— E quem é Aurora, Alexandre?

— Ela é minha amiga, mãe. Está sempre do meu lado, ajudando-me quando tenho medo das coisas. Quando ela fala sobre o que não entendo, eu acredito, porque o que me fala é sempre bom. Só que, às vezes, ela não vem. Mas, mesmo assim, eu me sento e espero, porque, se pensar nas coisas que não entendo, algumas respostas chegam aqui, na minha cabeça, como se alguém me escutasse e viesse me ajudar a pensar sobre o assunto.

Ouvindo tudo aquilo, sua mãe sorriu, pensando se valia a pena dizer que Aurora só podia ser fruto de sua imaginação infantil. Mas, olhando seus olhos brilhantes, percebeu que imaginação era o que ele mais precisava naquele momento de sua vida. Então, entendeu que tudo isso passaria, ficando tranquila.

2

Voltando ao presente...

Após ter feito todos os seus afazeres, Leonora resolveu sair para descansar um pouco na varanda de sua casa. Como estava um pouco frio naquela noite, enrolou-se em um cobertor e foi se sentar na rede que estava ali estendida.

Os filhos já tinham ido dormir e José ainda estava lá dentro, terminando o seu banho. Olhando para o Céu, surpreendeu-se ao lembrar que, havia muitos anos, Alexandre constantemente olhava para aquelas mesmas estrelas e ficava a pensar sobre suas verdades e a escutar sua amiga imaginária.

Leonora deixou seus pensamentos irem até sua infância, relembrando que também tinha um amigo muito querido que brincava com ela e a auxiliava sempre que se sentia só. Ele era o seu amigo imaginário. Deu um sorriso, saudosa daquele que fora tão importante para ela, mas que, agora, não se lembrava nem do nome que lhe dera.

Leonora foi uma criança triste, filha única de uma família pobre que lutava muito para ter ao menos o essencial. Seu pai bebia muito depois do trabalho por não aceitar aquela vida que, como ele mesmo afirmava, não era "nem para cachorro". Sua mãe, sempre muito dedicada, tentava auxiliá-lo, costurando para fora. Quase não tinha tempo para sua querida filhinha, mas, no pouco tempo de que dispunha, dava-lhe todo o seu carinho.

Até os seis anos de idade, por estar sempre sozinha e ter poucos brinquedos, Leonora falava e brincava muito com seu amigo imaginário. Sua mãe estranhava aquela atitude, porém nada comentava, porque a via muito feliz naqueles momentos. Com o passar do tempo, Leonora foi se esquecendo dele.

Quando ela estava para completar doze anos, seu pai, não suportando mais a ideia de viver como vivia, abandonou o lar e a família. A lembrança do pai, de mala na mão, dando-lhe as costas e sumindo sem ao menos olhar para trás, era muito dolorosa para ela.

Ela e sua mãe, Ivete, ficaram por um longo tempo abraçadas, em frente da porta aberta, chorando a dor daquele abandono.

Leonora jamais se esqueceu do quanto sua mãe havia sido forte e determinada. Depois de seu desabafo pelo abandono, Ivete enxugou as lágrimas com a manga da camisa, abraçou a filha, fechou a porta, como se tivesse encerrado um ciclo de sua vida, e viveu pelas duas.

Ivete teve de duplicar o trabalho para poder sustentá-las, mas Leonora jamais ouviu ser pronunciada por ela qualquer palavra de desânimo ou de revolta contra quem quer que fosse, inclusive contra seu pai. E ela não agia assim somente nesses casos. Mesmo quando elas eram alvo do desrespeito alheio, e Leonora chorava e lhe perguntava por que as pessoas podiam ser tão cruéis, sua mãe lhe dizia que essas pessoas ainda não tinham acumulado a riqueza a que Jesus se referia em seus Evangelhos. Terminava dizendo:

— Quando essas pessoas compreenderem que o verdadeiro tesouro se acumula na alma, por meio do respeito, da compaixão, da misericórdia e do amor pelo próximo, pararão de se basear na cor da pele e nas riquezas da matéria para valorizar o próximo, e todos seremos verdadeiramente irmãos em Cristo.

Todas as noites, antes de Leonora dormir, sua mãe ia junto dela para rezarem e agradecerem a Deus por tudo o que possuíam, pedindo forças para continuarem suas vidas, seguindo Seus ensinamentos. Além desse momento que Leonora adorava, sua mãe também guardava o horário do café matutino para comer com ela. No almoço, no entanto, quase nunca comiam juntas, mesmo sendo a oficina de costura na casa delas, em um cômodo separado. Manhã e noite eram os poucos momentos em que Ivete podia lhe dar atenção, porque, nos demais, estava sempre trabalhando para sustentá-las.

Diante das dificuldades que enfrentavam, Leonora, aos treze anos, começou a trabalhar como babá. Seu salário era mínimo, não conseguindo, por isso, evitar que sua mãezinha deixasse o trabalho árduo na costura. Neste período, Leonora teve de parar de estudar e só via a mãe no final de semana, dormindo nos demais dias na casa dos seus patrões. Foi um tempo difícil para ambas.

As lembranças de Leonora foram interrompidas quando José veio ter com ela na varanda, trazendo-lhe um copo de café e perguntando o que estava fazendo. Ao comentar suas recordações, ele se sentou ao seu lado na rede e passaram a compartilhar as memórias da época em que se conheceram.

3

Quando estava quase para completar dezesseis anos, Leonora conseguiu um novo emprego, trabalharia como garçonete no restaurante Céu Azul, que também era uma lanchonete. O estabelecimento era bem simples, mas a comida era gostosa e barata. Foi nesse local que ela, já com dezenove anos, e José, com vinte, conheceram-se.

Naquela ocasião, por ter esquecido a marmita em casa e estar com bastante fome, José se viu obrigado a comprar sua comida. Sua pretensão era pedir para viagem, porque, normalmente, não gastava muito tempo almoçando, isso quando almoçava. Ele se concentrava tanto no serviço que, se ninguém o avisasse da hora de comer, ia até a noite trabalhando.

José trabalhava como pedreiro e estava por aquelas bandas porque seu patrão fora contratado para realizar uma reforma em uma residência próxima dali.

Desse modo, tornou-se assíduo frequentador daquele estabelecimento. Como não tinha dinheiro para pagar o almoço todos os dias, ia até lá para tomar um café e comer um pão com manteiga pela manhã. Às vezes ficava tão entretido que demorava um pouco mais do que o normal, o que chamou a atenção de seus companheiros, que nada comentaram.

Nos momentos de folga, entre uma tarefa e outra, José colocava-se, contemplativo, num canto qualquer, pensando em Leonora, atitude essa que logo chamou a atenção de seu chefe, que o questionou naquele dia:

— O que está acontecendo com você, José? Percebo-o calado e sempre pensativo. Você nunca foi assim! O que houve? – quis saber Maurício.

José o tinha como a um pai e abriu seu coração em um desabafo:

—Você realmente me conhece bem, Seu Maurício! Acho que me apaixonei. Só que não consigo me aproximar dela. Bastou olhar para ela uma única vez para me sentir assim. Em alguns momentos, penso que ela sente o mesmo por mim, porque eu a vejo me olhando de banda e virando o rosto encabulada quando olho para ela, mas estou tão inseguro, que essa dúvida me estraçalha o peito.

— Homem, acalme-se! – aconselhou Maurício. – Vamos pensar juntos que acharemos uma solução para sua situação. Quem é ela? Onde a viu?

— Ela trabalha lá no restaurante da esquina, como garçonete.

— Ah! Agora entendo por que se demora tanto naquele lugar. E eu que pensei que você tivesse aprontado uma com sua mãe e, por esse motivo, ela parou de fazer sua refeição! – brincou o chefe, animado.

Mas, vendo que José estava falando sério, disse:

— Olhe, José, tome coragem e se ofereça para acompanhá-la até a casa dela, na hora da saída. Se tiver medo do que poderá pensar de você, comece a conversar com ela antes, perguntando coisas banais do dia a dia. Agora, não se esqueça de uma coisa: o nosso trabalho não deverá levar mais do que sessenta dias para acabar. Depois, iremos para longe, pois o próximo serviço será do outro lado da cidade, o que dificultará muito a sua aproximação dela.

Ao longe, escutaram seus companheiros de trabalho chamando-os para realizarem uma tarefa difícil. Maurício, então, finalizou:

— Bem, precisamos retornar ao serviço. Se quiser, conversaremos depois sobre isso.

José ficou pensando no alerta de seu patrão. Realmente, teria pouco tempo se quisesse cortejar a linda garçonete. Mas como faria? Desde que a conhecera, ele não tivera coragem para lhe falar. Todos os assuntos em que pensava para manter uma conversa com ela pareciam ser superficiais ou sem graça.

Leonora também não se sentia muito diferente de José. Quando o viu entrando no restaurante pela primeira vez, sentiu seu coração bater mais forte. Por pouco, não derrubou a bandeja que carregava.

Observava-o enquanto ele comia, mas tinha vergonha do que sentia. Ela se perguntava o que era aquilo que estava sentindo por um jovem que nem conhecia. Muitas vezes, ele demonstrava que não lhe era indiferente, pois sempre fazia questão de chamá-la para atendê-lo e, vez ou outra, era flagrado por ela quando a observava discretamente. Mas, ainda assim, Leonora pensava: "Será que não é pura ilusão construída na esperança de algum dia ter meus sentimentos correspondidos por ele?". E esperava ansiosa, todos os dias, para poder revê-lo, sempre apreensiva de que aquele poderia ser o último dia.

Tendo chegado a hora do almoço, José se preparava para conversar com sua escolhida. Ele já tinha planejado tudo para ficar o maior tempo possível no estabelecimento e puxar assunto com ela.

Entrou, mas não a viu. Sentou-se no mesmo local de sempre, esperando que ela fosse atendê-lo, entretanto, grande foi sua surpresa quando outra garçonete veio oferecer-lhe o cardápio.

"Algo está errado" – pensou. "Por que hoje ela não veio trabalhar? Será que está doente? Será que foi demitida?" – essa ideia o fez tremer. "E se ela não retornar mais, como farei para encontrá-la?"

Chamou a garçonete para pedir algo, mas o intuito era saber o que tinha acontecido. E ela o informou de que Leonora faltara em razão de sua mãe estar acamada. Disse, ainda, que já havia algum tempo que a mãe dela não estava passando bem.

— Ontem, sua situação se agravou, e Leonora pediu uma folga para levá-la ao médico.

José agradeceu e começou a comer o que estava em seu prato, mas sem sentir qualquer gosto pela comida. Agora mais do que nunca, estava determinado a conversar com Leonora. "E não passará de amanhã" – pensou consigo.

4

Enquanto José comia, Leonora esperava por notícias de sua mãe no corredor do hospital. Por serem pobres, não podiam pagar médicos particulares, o que as levou a um hospital filantrópico um pouco mais distante, onde tiveram de esperar algum tempo até Ivete ser atendida.

Infelizmente, quando foram chamadas ao consultório, depararam-se com um médico que estava muito mal-humorado. Começou a examiná-la e, apesar da irritação, elas perceberam sua apreensão. Ele pediu à enfermeira que chamasse o outro médico de plantão, para que também a examinasse.

Em seguida, foi pedido à Leonora que se retirasse do consultório. Ela seguiu para o corredor, sentou-se e esperou. Muito tempo se passou e nada. Ninguém saía do consultório para lhe dar notícias de sua mãe. Só poderia, então, esperar.

Após um tempo razoável, foi chamada pelo mesmo médico, que informou, novamente de uma forma seca e objetiva, sobre o resultado dos exames clínicos realizados: desconfiava-se de que Ivete portava tuberculose, um mal respiratório. Eles iriam realizar outro exame complementar, porém o diagnóstico não devia estar errado.

O mundo rodava, Leonora sentia-se desfalecer. Aliado à má notícia, o fato de ter tomado somente um cafezinho pela manhã a fazia sentir-se ainda mais enfraquecida diante da situação. Já ouvira falar daquela doença e sabia que não era nada simples. O médico continuou falando, sem perceber o estado daquela com quem falava. Pediu que retornassem dali a dez dias, na sexta-feira da semana seguinte, para avaliarem o resultado dos exames feitos, e Ivete realizar o exame que faltava e...

Leonora não conseguia ouvir mais nada... e desmaiou.

* * *

Após alguns minutos, Leonora voltava a si e já se encontrava deitada ao lado da cama de sua mãe. Uma enfermeira sorridente veio vê-la:

— Que bom que acordou. Ficamos todos preocupados com seu desmaio. Mas não se preocupe, foi somente uma queda de pressão. A notícia não foi boa, não é?

Leonora meneou a cabeça negativamente, olhando para sua mãe.

— Ela dorme, não se preocupe – amenizou a enfermeira. – Está sendo medicada por encontrar-se muito debilitada. Espere a medicação terminar e poderão ir.

Sua meiguice comoveu Leonora, que começou a chorar.

— Não fique assim, meu anjo – disse a enfermeira. – Alguns problemas que vêm em nossa vida parecem bastante dolorosos a princípio, porém, se acreditarmos no Altíssimo, a dor não nos trará sofrimento, mas somente aprendizado.

Observe sua mãe: como é forte! Mesmo sabendo que algo estava errado, pois os médicos não escondiam a preocupação, ela só nos emanava paz!

"É verdade" – pensou Leonora. "Mamãe sempre me ensinou a confiar em Deus. Mesmo nos momentos mais difíceis, sempre tinha uma palavra de conforto para transmitir."

Parou de chorar porque não queria que a mãe a visse naquele estado. Enxugou as lágrimas e iniciou um pequeno diálogo com a enfermeira, que a confortou muito.

Após algumas horas de medicação e descanso, Ivete acordou e ambas foram liberadas. Antes, porém, foram orientadas sobre o procedimento a ser adotado até o retorno ao hospital.

Naquela noite, Ivete apresentava um quadro de saúde melhor. A enfermeira que as atendera, porém, explicara-lhes que isso poderia ocorrer em decorrência dos remédios ministrados. Por isso, Leonora não poderia abandonar as instruções do médico, pensando que já havia passado o perigo.

Leonora levou uma sopa para sua mãe tomar, e esta, acomodando-se melhor na cama e percebendo o estado emocional da filha, perguntou:

— E você, filha? Está bem?

— Mãe, era eu quem deveria estar lhe fazendo essa pergunta! – respondeu, angustiada.

— Meu amor, estou portadora de uma doença, mas ela não modificará quem sou. Sendo assim, estou preocupada com você.

— A senhora está preocupada de eu estar com medo, nervosa ou irritada com Deus?

A mãe só sorriu.

— Sendo honesta? Um pouco de tudo, não posso negar. Mas estou mais irritada com aquele médico que não nos respeitou, mesmo vendo a nossa dor! Foi seco e prepotente. Estava na cara que ele achava que nem merecíamos estar ali.

— Eu entendo sua irritação, minha filha! Muitas foram as vezes que tivemos na cara o escárnio daqueles que não nos compreendem.

Ivete respirou profundamente. Ela estava se cansando muito rápido. Em toda a sua vida, tentou ensinar a Leonora o quanto as pessoas poderiam ser difíceis em razão de elas serem mulheres, negras e pobres, mas sempre tentou enxergar que, onde o homem fecha uma porta, Deus abre uma janela.

Sua lembrança recaiu sobre a enfermeira que foi tão acolhedora e paciente com elas.

Ivete deu um sorriso. Leonora, percebendo, perguntou-lhe:

— Mãe, o que é engraçado?

— Estava pensando que, se tivemos essa experiência ruim com o médico, Deus nos deu, ao mesmo tempo, uma enfermeira de coração lindo, que nos acompanhou naquele momento de dor. Ela foi muito atenciosa e carinhosa conosco.

— É verdade! Ela nos trouxe muito acalento.

Leonora deu um sorriso manso. Sua mãe sempre lhe trazia uma lição de vida e, naquele momento, ela sabia que o que Ivete queria era que fizesse as pazes com Deus.

Dizendo para a mãe que ela sempre tinha razão, pegou o prato para lavá-lo e, depois de tudo limpo, foi se deitar.

Por ter solicitado apenas um dia de folga ao seu patrão, Leonora, na manhã seguinte, deixou a mãe o mais confortável possível e saiu para trabalhar. Antes, contudo, pediu ajuda à sua vizinha para ir vê-la de vez em quando, não sem antes avisá-la do diagnóstico dado pelos médicos. Mesmo sabendo da gravidade da doença, Carolina não hesitou em aceitar ajudá-la e se ofereceu para fazer companhia à amiga durante todo o dia, se assim fosse necessário. Leonora agradeceu, muito emocionada.

Dirigindo-se para o trabalho, foi pensando na amizade de anos daquelas mulheres:

"Quanto tempo elas já se conhecem? Dona Carolina se mudou para cá quando eu tinha uns quatro anos e foi uma amizade instantânea que se firmou entre mamãe e ela. Sempre estiveram presentes uma na vida da outra; fosse nos momentos bons ou não tão bons. Lembro quando o filho mais velho de Dona Carolina, bêbado, morreu esfaqueado em uma briga de boteco. Ficamos todos abalados, e mamãe deixou de trabalhar por alguns dias somente para consolá-la pela sua perda. O desespero dela foi enorme! E, quando papai foi embora, Dona Carolina foi mais do que uma amiga para nós naquele momento."

Sabendo o quanto ficaria preocupada com a mãe se tivesse de deixá-la sozinha, percebeu, naquela amizade, o maravilhoso presente que possuíam. Por isso, Leonora sentiu uma gratidão enorme em seu coração.

* * *

Chegando a hora da refeição, José não se aguentava mais. Despediu-se de Maurício afirmando que iria almoçar e que já retornaria. Este, com um sorriso malicioso nos lábios, desejou-lhe boa sorte.

De longe, José avistou Leonora e sentiu seu coração bater mais forte. Entrou e foi se sentar em seu costumeiro lugar. Ele normalmente chegava tão cedo, que aquele lugar estava sempre vazio.

Leonora foi atendê-lo.

"Ela está linda!" – pensou.

Mas ele também pôde perceber a nítida tristeza que ela sentia. Linhas fundas que denotavam preocupação alojavam-se em torno de seus bonitos olhos negros. Seu sorriso, sempre tão aberto, estava triste e forçado.

José escolheu o prato do dia e, antes que Leonora pudesse se afastar da mesa, perguntou-lhe diretamente:

— Senhorita Leonora, como está sua mãe?

Pega de surpresa, pois jamais imaginaria que logo aquele cliente pudesse questioná-la sobre qualquer assunto particular, ficou calada a encará-lo.

— Não me entenda mal, mas não a tendo visto ontem aqui, perguntei por você e me disseram que sua mãe estava doente.

— Ela não está muito bem, não, senhor. Mas, com a graça de Deus, ficará boa logo!

— Por favor, não me chame de senhor. Meu nome é José. Se precisar de algo que eu possa fazer, terei o maior prazer em ajudá-la... E também sua mãe, é claro – completou, demonstrando a seriedade de sua proposta.

Leonora segurou as lágrimas pela atenção oferecida e se afastou para buscar o pedido dele. Apesar da dor em seu coração, jamais se sentira tão feliz. Ela pensava: "Seu nome é José e ele se preocupa comigo!"

Leonora, no final do expediente, dirigiu-se para casa o mais rápido possível, preocupada com sua mãe. Lá chegando, encontrou Carolina conversando animadamente com Ivete, que estava deitada, como o médico havia recomendado. Tinha um olhar tranquilo, mas sua aparência exterior não era das melhores. Emagrecera muito nos últimos meses. Leonora sempre lhe pedia que fosse procurar um médico, porém, por estar abarrotada de serviço, ela afirmava estar só fortemente gripada, considerando ser essa a razão de sua fraqueza e fortes tosses incessantes.

"Como pode ficar assim, tão tranquila?" – questionava-se a filha, que se sentia tremer por dentro de tanta angústia. Surpreendia-se com a força de espírito de sua mãe. Durante todo o dia, ficara imaginando sua vida sem ela. E, no final, sempre tinha a mesma reação: "Não, não quero pensar nisso agora. Não consigo me imaginar sem ela!"

Diante daquela situação, a lembrança dolorosa da partida de seu pai estava muito vívida em sua mente. Como sofrera com aquele abandono. Como sofrera ao se considerar um fardo para o pai. Como sofrera com tudo o que ele falara ao deixá-las. Tinha sido sua primeira grande perda emocional. Agora, anos depois, descobre que sua mãe, e melhor amiga, é portadora de uma grave doença.

"Como aceitar?"

Carolina despediu-se das amigas e foi para casa, colocar o jantar na mesa. Enquanto esquentava a sopa que a vizinha fizera para elas, Leonora, da cozinha, conversava com sua mãe

— Como foi seu dia, mãe?

— Bom! Nós nos divertimos muito. Já havia me esquecido de como era ficar à toa, contando prosa com uma amiga. Foi muito agradável!

— E desde quando a senhora conseguiu ficar um dia à toa? – disse Leonora, com um tom alegre de ironia.

Ivete a ignorou e perguntou:

— E como foi seu dia, minha filha?

Somente aí Leonora se lembrou do ocorrido no restaurante, na hora do almoço. Não pôde deixar de sorrir. Sua mãe, que havia se levantado para tomar a sopa à mesa, entendeu de imediato o significado daquele sorriso e disse:

— Parece que algo finalmente aconteceu! Ele conversou com você?

Elas não escondiam nada uma da outra, por isso, Ivete sabia da existência do belo rapaz que frequentava o restaurante.

— Mamãe, não saia da cama. Pode piorar. Eu levo o jantar para a senhora lá.

— Não mude de assunto. Seus olhos brilham. Conte-me tudo – disse ansiosa.

Então, levando sua mãe para o leito, Leonora contou todo o ocorrido. Não era muito, bem sabia, mas ele havia se importado com ela, isso era o que contava.

Depois de jantarem e fazerem a higiene pessoal, ela ajeitou sua mãe nos travesseiros e foi dormir, pois o dia tinha sido muito puxado e estava exausta.

Ivete, porém, aproveitando-se da escuridão da noite, iluminada pela lua cheia de outono, elevou seu pensamento ao Pai e, rezando, pediu humildemente pelo futuro da filha: que, se tivesse merecimento para receber uma graça, fosse sua filha abençoada com um companheiro que a amasse muito e a fizesse feliz.

Com suas forças renovadas pela oração bendita, Ivete pôde dormir e sonhar com anjos, que a visitavam para consolá-la diante das dificuldades vividas.

José e Leonora puderam conversar, nos dias que se seguiram, sobre vários assuntos enquanto ela o atendia no restaurante e, na saída, quando ele a acompanhava até perto de sua casa. Foi assim que José ficou sabendo que ela deveria retornar com sua mãe ao médico na sexta-feira.

Como José tinha a opção de não trabalhar nesse dia, por conta de uma folga pendente, ofereceu-se rapidamente para acompanhá-las. Leonora não cabia em si de tanto contentamento, mas tentou não deixar transparecer sua alegria excessiva, dizendo-lhe:

— José, não precisa se incomodar.

— Eu faço questão, Leonora. Sei o quanto é difícil deslocar-se com alguém que está debilitado, e sua mãe pode precisar de um braço mais forte para sustentá-la enquanto caminha. Por volta das seis da manhã, estarei lá, combinado? – disse ele, dando o assunto por encerrado.

Na sexta-feira, às seis horas da manhã, José já estava em frente à casa de Leonora e, quando as duas saíram de casa, encantou-se imediatamente com a mãe de sua escolhida, e o sentimento foi recíproco.

Conversaram sobre muitas coisas e somente pararam quando foram chamados para entrar na sala do médico. Este, após avaliar o resultado dos últimos exames feitos, confirmou que o estado da paciente era grave, pois se encontrava em um dos estágios mais avançados da doença.

Apesar dos avanços da medicina no combate àquela enfermidade, a internação em clínicas particulares, para o tratamento adequado, era impossível às pessoas sem muitas condições financeiras. E, mesmo aquelas que podiam fazê-lo, não tinham a promessa da cura pretendida.

Desse modo, o médico aconselhou à família a mudança de cidade, para morar em um local onde o clima fosse mais adequado ao estado de saúde da enferma. Sem poder prolongar mais a conversa, pois a fila dos pacientes estava enorme, despediu-se, desta vez, com um sorriso.

Não havia muito a ser dito. Calados, dirigiram-se todos para a casa de Leonora. José foi convidado a entrar, e Ivete encaminhou-se para o quarto, a fim de se deitar, porque estava muito cansada da caminhada. Leonora resolveu preparar um café para todos, sem saber o que dizer. Tantas eram as perguntas que passavam por sua cabeça, mas nenhuma resposta as acompanhava. Estava muito confusa.

Foi José quem quebrou o silêncio:

— O que fará agora, Leonora?

Não suportando mais a agonia que sentia, Leonora se sentou ao seu lado no sofá e caiu em prantos.

— Não sei – entre soluços e lágrimas, falava baixinho para que sua mãe não a escutasse. – Como mudar para outro lugar se não possuímos condições? Estou tão perdida, que não sei por onde começar para atender a tudo o que o médico recomendou.

— Vocês não têm familiares em nenhum lugar? Não poderiam ir para perto deles?

Leonora balançou a cabeça negativamente. Não havia ninguém.

— Sabe, José, já enfrentei muitas coisas na vida, mas sempre tive minha mãe comigo, incentivando-me a superar minhas dores e dificuldades. Agora, serei eu que terei de fazer isso por ela... e, admito, estou com medo!

— Sei que você conseguirá, Leonora! Pelo pouco que já conversamos, percebi que é decidida, e vai conseguir ajudar sua mãe.

— Obrigada por esse incentivo. Acho que preciso de todos eles – disse, tentando sorrir. – Fico entristecida por termos nos conhecido somente agora, quando terei de ir embora.

Como impulsionado por essa declaração, José não teve mais dúvidas. Buscando as mãos de Leonora, olhou bem dentro de seus olhos e disse:

— Leonora, meu coração também está apertado por pensar que você terá de ir para longe. Sei que nos conhecemos há pouco tempo, mas para mim é como se nos conhecêssemos de longa data, e não quero perdê-la. Por isso, tenho uma proposta a lhe fazer: case-se comigo!

Leonora estacou, muda.

Aproveitando o silêncio, José reafirmou sua proposta:

— Se me aceitar, nós dois cuidaremos de sua mãe em um lugar melhor para a saúde dela. Não sou rico, mas juntos poderemos vencer todos os obstáculos que teremos na vida.

Leonora nem respirava. Não acreditava no que ouvia. Fora pega de surpresa. Totalmente desprevenida.

José continuava sem parar:

— Não precisa me responder agora, e... sei que pode não fazer sentido para você. E também compreenderei a sua negativa se não tiver nenhum apreço por mim...

Ivete, que estava indo à cozinha para beber um copo d'água, ouviu o pedido de casamento de José e estacou de felicidade. Não tinha dúvidas da graça do Senhor Deus sobre seu lar. Agora, não temia mais morrer e deixar a filha sozinha. Para não atrapalhar o casal em suas confidências, retornou para a cama em silêncio.

Como Leonora não respondia, José pensou: "Como sou burro! É claro que fui depressa demais com isso. Ela nem me conhece".

Todavia, as lágrimas de Leonora foram secando, e ela, piscando repetidamente para saber se não estava sonhando, disse um simples "sim".

"Sim, o quê?" – pensou ele.

— Sim – repetiu ela, enxugando seu rosto com as costas das mãos. – Adoraria me casar com você, José. Desde o primeiro dia em que o vi no restaurante, meu coração bateu mais forte. Seu jeito me parecia tão familiar, eu não sei, é como se já o conhecesse. Não sabia o porquê e ainda não sei, porém, nestes poucos dias em que estamos conversando e nos conhecendo, tenho certeza do quanto gosto de você e de que adoraria enfrentar os obstáculos da vida ao seu lado.

Ambos se abraçaram com carinho e foram contar à Ivete, que, feliz, fingia descansar.

Voltando da casa de Leonora, José começou a pensar que, pela segunda vez, sua vida iria dar uma reviravolta. A primeira foi quando conheceu Lizinha, sua mãe adotiva. Claro que ele estava muito feliz por Leonora ter aceitado o pedido de casamento, mas estava apreensivo por ter de viver longe de sua mãe. Lizinha o salvara das ruas, e ele não tinha como pagar a ela todo o amparo recebido.

Lizinha conheceu José quando ele contava pouco mais de onze anos e bateu à sua porta, numa manhã, perguntando se, por acaso, ela não estava precisando de alguém para capinar e arrumar o quintal, que já apresentava um aspecto de abandonado. Ele só pedia alguns trocados ao final do trabalho.

Ela olhou para aquele garoto baixinho, um tiquinho de gente, que parecia muito determinado a fazer um trabalho bem feito. Assim, tão logo Lizinha aceitou, José pegou as ferramentas que ela lhe emprestou e começou a trabalhar. Na hora do almoço, ela o fez parar para que almoçasse, imaginando o tamanho da fome daquela criança. E não estava enganada, ele praticamente engoliu toda a comida de seu prato, e ainda repetiu depois que ela lhe perguntou se queria mais. Tão logo ele terminou o almoço, voltou ao trabalho, mesmo Lizinha lhe tendo dito que deveria descansar após a refeição.

Quando já não tinha luz suficiente para enxergar o que fazia, José, exausto, percebeu que ainda faltava muito para terminar o serviço. Então, quando devolveu as ferramentas de Lizinha, disse que voltaria no dia seguinte para terminar o que tinha começado. Ela tentou pagar-lhe o trabalho do dia, mas ele não aceitou o dinheiro. Disse que precisava terminar tudo para só então receber. Parecia um homenzinho falando com ela. Então, encantada com aquela criança tão responsável, aceitou sua proposta e o surpreendeu com um lanche reforçado antes de ele ir embora.

José voltou logo cedo no outro dia, e ela percebeu que estava com a mesma muda de roupa, o que a motivou a descobrir onde ele morava, mas o menino era muito arredio para falar sobre sua vida.

Quando José terminou de limpar o quintal, ao final da tarde, Lizinha, que fez questão de oferecer-lhe um almoço caprichado para lhe dar forças, já tinha um bolo de milho bem gostoso com leite quente e chocolate.

Ao se despedir dela, Lizinha o pagou e lhe fez outra proposta: de ele voltar no dia seguinte para fazer outros trabalhos a ela, o que foi aceito.

Dia após dia, com muito tato, Lizinha conseguiu descobrir algumas coisas sobre a vida de José. Ele, finalmente, contou-lhe que vivia em uma casa abandonada num bairro distante dali, com outros garotos da mesma idade que ele. Ela ficou muito entristecida.

José, no entanto, dizia estar feliz, porque, pelo menos, ali não tinha ninguém a espancá-lo todos os dias. Antes de fugir de casa, o que aconteceu há pouco mais de um ano, ele morava do outro lado da cidade com seus pais. Infelizmente, o pai bebia muito e era bastante agressivo. Por isso, não necessitava de pretexto para brigar e surrar a esposa, mãe de José, que aguentava todo o sofrimento calada.

Um dia, após uma crise de agressividade do pai, sua mãe, fisicamente ferida, tentou sair de casa com ele, mas foi impedida violentamente pelo marido. Não tendo mais escolha, foi embora sozinha. Por não aceitar sua responsabilidade no ato desesperado da esposa de abandonar até o filho que amava, seu pai o culpava de tê-la feito ir embora e, constantemente, espancava-o. Pouco tempo depois, não aguentando mais tanta violência, José também fugiu de casa para nunca mais voltar.

Agora, José estava ajudando Lizinha em troca de comida e trocados, e ela não conseguia esquecer a história de dor daquele garoto. Ela sabia que, no dia seguinte, não mais o veria, porque já não tinha mais o que pedir para ele fazer em seu lar. Até limpar por dentro de todos os armários, ela inventou de fazer, somente para poder vê-lo no dia seguinte.

Aquela despedida do menino trazia uma enorme angústia para Lizinha, como se ela fosse perder alguém muito especial. Diante daquele sentimento que lhe abafava o peito, sentiu que seu verdadeiro desejo era que ele nunca mais fosse embora. Surpreendida com os próprios sentimentos, mas, ao mesmo tempo, feliz, Lizinha resolveu que tomaria uma atitude sobre o assunto e, após fazer sua oração da noite, foi dormir na expectativa do que aconteceria no dia seguinte.

Quando José chegou, pela manhã, ela o convidou para se sentar à mesa e, oferecendo-lhe, como fazia todas as manhãs, o café da manhã, sem mais delongas, disse-lhe:

— José, não tenho mais nenhum serviço de reparação urgente em casa para que possa me ajudar, mas tenho uma proposta a lhe fazer.

Ele olhou curioso para Lizinha, e ela continuou:

— Gostaria que viesse morar comigo.

Com cenho fechado e tentando salvaguardar um pouco do seu orgulho, ele disse:

— Eu não contei a minha vida para que a senhora ficasse com pena de mim.

— Você não entende. José, estou fazendo isso por mim. Há quase dois anos, estou sozinha neste mundo, porque meu marido faleceu, indo para junto de Deus, após ser acometido por uma doença. Estive casada por quarenta e sete anos, e nunca fomos abençoados com filhos, que era um dos meus sonhos de mulher. Agora, percebo o quanto essa solidão está me prejudicando, porque, após a morte de meu marido, nunca me senti tão feliz como agora, com você vindo aqui todos os dias e dividindo sua vida comigo.

Isso sem contar que poderá me ajudar em muitas coisas, porque, como bem viu, estava tudo por fazer, e o dono do imóvel nunca teve tempo para tomar essas providências! Então, não pense que estou fazendo isso porque tenho pena de você.

José, após olhar para ela como se quisesse lê-la por inteiro, sorriu e aceitou, com muita gratidão, o acolhimento daquela mulher que, em tão pouco tempo, já o tinha conquistado com seu carinho e consideração no olhar.

Passados os primeiros meses, Lizinha se deu conta de que José não estava estudando. Então, sabendo qual era o antigo endereço do menino, ela se dirigiu até lá para conversar com seu pai e conseguir os documentos pessoais dele. Sem eles, ela não conseguiria matriculá-lo na escola. Sozinha e sem falar com o menino de sua pretensão, ela chegou à sua antiga casa, e foi com muita tristeza que ela retornou para contar a José que o pai dele fora preso porque, quando soube do paradeiro de sua mãe, foi buscá-la e, num excesso de fúria por ter sido novamente repelido, acabou assassinando-a.

Foi um momento de muito sofrimento para aquela criança.

Em um desabafo, José contou a Lizinha que sua mãe tentou vê-lo algumas vezes enquanto ele ainda morava com o pai, e este não estava em casa, mas, tendo sido descoberta por ele, teve de fugir e esconder-se novamente. Contou também que, quando saiu de casa, tentou achá-la, mas ela já tinha se mudado do endereço que lhe dera por último, porque seu pai a havia encontrado lá e a ameaçado.

— Eu nunca mais a vi, Lizinha... Eu nunca mais a vi... — ele dizia, soluçando em seus braços.

Lizinha o abraçou com todo o carinho de seu coração, porque sabia que José amava profundamente a mãe e que ela jamais o abandonaria se não fosse seu marido agressivo.

Diante daquela realidade, Lizinha, ao final de dois anos, finalizou os trâmites da adoção, tendo sido um momento de muita felicidade para ambos.

José tentava retribuir todo o carinho que recebia de Lizinha sendo o melhor filho que ela poderia ter: estudava com afinco e a auxiliava na limpeza e conservação da casa.

Lizinha percebeu que, todas as vezes que precisavam de um serviço de pedreiro, de eletricista, José ficava prestando atenção no trabalho feito, querendo ajudar, para que, depois, ele mesmo resolvesse. Assim, não foi difícil pensar qual seria o futuro profissional de José.

Ao terminar a escola, Lizinha arrumou um emprego para ele com Maurício, um velho amigo de seu marido, como auxiliar de pedreiro.

José cresceu e, agora, chegou todo contente a casa, indo abraçar sua mãe e contar-lhe a novidade. Ela estava na cozinha, lavando louças.

— Mãe, eu tinha razão! Encontrei a mulher da minha vida!

— É aquela do restaurante, meu filho? Mas você nem a conhece direito.

— Sim, mãe. Mas ela é tudo o que pensei e muito mais.

— Que bom, José. E você conseguiu falar isso para ela?

— Sim... – ele respirou para falar tudo de uma vez só. – Eu a pedi em casamento!

Lizinha, abismada, parou o que estava fazendo e se virou para o filho:

— Mas, José, não é muito cedo para isso?

— Sei que a senhora tem toda razão em se preocupar, mãe. Mas, infelizmente, tenho algo muito triste para lhe contar. Lembra-se de que eu lhe falei que iria ao hospital com ela e sua mãe, em razão de esta estar doente?

Lizinha fez um sim com a cabeça.

— Ela foi diagnosticada com tuberculose em estágio avançado – disse com muita tristeza.

Lizinha sabia que isso não era bom. Ela mesma tivera amigos e parentes muito queridos que, em razão daquela doença, perderam a vida muito cedo.

— Foi por isso que a pediu em casamento? Por pena?

— Não, a senhora me conhece. Eu jamais faria por esta razão. Eu a pedi em casamento porque o médico prescreveu mudança para uma cidade que tenha o clima mais apropriado para a melhora de sua mãe. Naquele momento, eu sabia que não poderia deixá-la ir embora.

Apesar da apreensão pela atitude tão inesperada do filho e de pensar no quanto sofreria em tê-lo longe dela, Lizinha queria apoiá-lo. Eles já tinham conversado antes, e ela sabia o quanto o filho estava interessado naquela garçonete.

— Entendo, meu filho. O médico lhes deu alguma esperança?

— Para falar a verdade, não, mas quero acreditar que sim. A mãe de Leonora, Ivete, é uma mulher sensacional. Enfrentou tudo isso com serenidade e, mesmo quando a vimos se abater em razão do que o médico lhe dissera, logo sustentou uma confiança em Deus que eu, confesso, não tenho.

Lizinha, com um tom de tristeza na voz, perguntou:

—Vocês já programaram uma data para o casamento? E para a mudança?

Antes de José responder a essas perguntas, ele sugeriu, em tom de súplica:

— A senhora poderia ir conosco...

— Não, meu filho, não posso sair daqui. Este sempre foi o meu lar, e todas as minhas lembranças estão aqui. Mas não quero que se sinta culpado por isso. Quero que seja feliz e, se encontrou a mulher de seus sonhos, é com ela que deve ficar.

José a abraçou, mas disse estar um pouco entristecido por ela não aceitar ir junto com eles.

— Tem certeza, mãe? A senhora ficaria aqui sozinha... de novo!

— Tenho, meu filho. Ficarei bem. E, quando vier o primeiro netinho, vou visitá-los com certeza.

Ela riu da cara de satisfação de José. Ele sempre lhe dissera que seu sonho era ter filhos e amá-los como o pai jamais fizera.

Então, cauteloso, ele falou:

— Estou imaginando que nossa mudança acontecerá no prazo máximo de três meses, não mais que isso. Amanhã, planejaremos o que fazer, mas será nesse meio tempo que precisaremos nos casar, porque a mãe de Leonora não está nada bem.

Respirando fundo, Lizinha disse, tentando não se abater:

— Então, sua futura esposa precisa de um anel de noivado. Amanhã de manhã, vamos sair para comprar uma aliança, porque filho meu precisa fazer tudo certinho para que Deus abençoe esse casamento.

Ambos se abraçaram com o carinho infinito que existia entre eles.

Sem uma única palavra, Leonora e José, deitados na rede, na varanda de seu lar, interromperam suas lembranças para refletir, no silêncio de suas consciências, o que teria acontecido com eles se Lizinha não tivesse dado trabalho àquele menino franzino; se ela não tivesse abraçado, com tanto amor, a dor de José; se ela não tivesse sido, desde o início, o seu anjo da guarda.

Com uma lágrima não escorrida de seus olhos, José voltou a abraçar Leonora e, num curso agradável das lembranças, continuaram a recordar o início de suas vidas juntos.

* * *

José foi até a casa de Leonora com uma surpresa: ele foi selar o compromisso firmado com a entrega da aliança à sua noiva. Chegou acompanhado de sua mãe, que participou daquele momento mágico para o casal juntamente com Ivete. Ambas deram suas bênçãos aos filhos, emocionadas.

Para comemorarem o noivado, Lizinha levou um bolo confeitado à casa de Leonora, surpreendendo mãe e filha com aquele gesto carinhoso. Como eles precisavam discutir sobre o que fazer a partir dali, Leonora pediu que Lizinha e Ivete os ajudassem com suas largas experiências. Vendo-a tratar com tanto carinho, respeito e consideração sua mãe, José teve certeza de ter acertado ao pedi-la em casamento. Ele estava ali com as mulheres mais importantes de sua vida e, cada vez que seu olhar se deparava com o de Leonora, mais certeza tinha de que era com ela que queria passar o resto de sua vida.

Após tomarem várias decisões, eles combinaram que tentariam resolver todas as pendências existentes o mais rápido possível, para poderem se mudar o quanto antes. Assim, ficaria a cargo de Leonora, com uma ajuda de Lizinha, preparar todos os papéis para que pudessem se casar e até vender a posse da casa de Ivete nesse período. Para José, após decidirem a cidade para a qual se mudariam, ficou o encargo de viajar até lá e encontrar um novo lar para todos.

Leonora também não deixou de avisar ao patrão que não poderia continuar trabalhando porque precisariam mudar de cidade em razão da enfermidade de sua mãe. Explicou-lhe toda a situação e disse que sentia muito por ter de deixá-lo, pois o considerava muito.

— Se o senhor precisar, Seu Régis, posso trabalhar mais um tempinho para que possa contratar outra que me substitua. Só não disponho de muito tempo, infelizmente.

O bom patrão concordou prontamente, o que confortou muito Leonora, que não queria deixá-lo na mão.

José, por sua vez, avisou Maurício do acontecido e se comprometeu a ficar até o término da obra contratada.

O jovem casal acreditava que qualquer valor recebido por meio de seus patrões, em seus serviços, e mais o que conseguissem com a venda do imóvel de Ivete, poderia ajudá-los a pagar as despesas da viagem e a se instalar em alguma moradia na cidade escolhida, até que José pudesse começar efetivamente a trabalhar. A princípio, ambos concordaram que não seria bom Leonora trabalhar, para que pudesse dar todo o suporte necessário à saúde de sua mãe.

Um tempo passou, e Régis conseguiu uma substituta. Era, portanto, o último dia de Leonora no restaurante. No final do expediente, depois de tudo limpo e ajeitado, ele a chamou em seu escritório e lhe disse:

— Leonora, nestes poucos anos em que trabalha aqui conosco, aprendi a tê-la como uma filha. Sou viúvo há mais de dez anos e, como sabe, poucos meses depois de você ter começado aqui, a minha única filha foi chamada para estar com Deus, o que me fez ser uma pessoa muito só. E você percebeu isso, porque muitas foram as vezes que me amparou em minhas dores, inclusive quando estive doente, não me deixando sozinho em meu lar.

Antes de ela interrompê-lo para dizer que fizera de bom grado, Seu Régis afirmou, convicto:

— Sei que tudo o que fez por mim foi em razão de seu coração bondoso e não para angariar algum benefício. Trabalhou em nosso restaurante todo esse tempo com honestidade, dedicação e profissionalismo, provocando a satisfação dos nossos clientes...

Leonora estava comovida. Tentava engolir as lágrimas, que teimavam em cair. Seu Régis tinha razão quando afirmara que jamais fizera algo a ele pensando em ter algum retorno. Ela sabia que, sendo sozinho, ele precisava de ajuda, e toda a ação praticada foi natural e espontânea. No mais, quanto ao trabalho no restaurante, Leonora sempre achou que fosse natural trabalhar com amor e respeito, então, não faria diferente em qualquer outro lugar.

Ele continuou:

— Em razão desse sentimento que nos une, preciso perguntar-lhe se tem certeza sobre esse casamento. Você me disse que conheceu o rapaz há pouco tempo... será que ele é confiável? Você conhece a família dele, minha filha?

Ela adorava quando ele a chamava assim. Sentia-se abrigada pelo coração tão amoroso daquele senhor que a acolhera tão nova e lhe dera trabalho, apesar da total falta de experiência na área.

— Seu Régis, agradeço de coração a sua preocupação, mas não tema pelo meu casamento. Eu gosto muito do José, e ele é um jovem muito honesto e trabalhador, que está disposto a amparar a mim e a minha mãe neste momento tão difícil para todos nós. Sei que estamos sendo um pouco apressados, mas não poderíamos nos mudar sem estarmos casados sob as bênçãos de Deus.

Ele compreendia. Com uma pontada de tristeza, relembrou-se de sua filha. Se estivesse viva, jamais consentiria que ela fosse morar em outra cidade, com um jovem ao seu lado, sem os laços do matrimônio.

— Então, minha filha, não vejo uma forma melhor de ajudá-la no início de sua vida conjugal do que lhe pagar tudo o que devo, além deste presente de casamento. Uma pequena quantia para que você e seu futuro marido possam ter algo a mais para financiar o início de suas novas vidas.

Diante de ato tão carinhoso, Leonora, sem conseguir se conter, abraçou-o com entusiasmo e agradeceu de coração.

* * *

Ao chegar a casa, Leonora contou à sua mãe o que acontecera.

— Querida filha, vamos aproveitar a alegria do momento e agradecer a Deus por todas as dádivas que estamos recebendo...

Leonora, no entanto, baixou a cabeça, interrompendo-a ao dizer:

— Seria tudo perfeito se a senhora estivesse bem e com saúde.

Olhando-a nos olhos, Ivete replicou:

— O que é isso, minha filha? Perdeu a fé em nosso Pai? Se não estou bem de saúde é porque existe uma razão para isso. Deus é perfeito e sábio. Quem somos nós para dizer que Ele está errado em nos dar momentos de dor?

— Mas, mãe...

— Nada de "mas"! Sabe, na época em que sua avó morreu, revoltei-me porque não aceitava aquela morte. Naquele momento, a minha dor era imensa, e nada que eu ouvisse me consolaria. Com o passar do tempo, no entanto, percebi, ouvindo as pessoas comentarem sobre o caso clínico de minha mãe, que seria um horrendo sacrifício se ela continuasse a viver. Percebi que Deus a tinha poupado de muita dor e sofrimento e que desejar que ela ficasse comigo seria muito egoísmo de minha parte. Então, com esse novo entendimento, todo o meu descontentamento se dissipou. Pude compreender que não temos visão para enxergar o todo. Não temos as respostas para todos os nossos problemas, principalmente porque pensamos não os merecer, não é?

— E a senhora não os merece, porque é boa e crê na Justiça de Deus.

— Posso ser boa e crente, mas sei de minhas responsabilidades. Como culpar o Criador se fui eu que não me cuidei como deveria, nem fui ao médico quando você me aconselhou? Como justificar qualquer revolta se o que vivo hoje é somente a colheita dos frutos de minha própria negligência? Por isso, não volte seu coração contra Deus. Injustas seríamos nós se alimentássemos esse sentimento. Tente enxergar além da minha ausência quando eu me for. Talvez seja o melhor para mim. Vá dormir, mas busque antes o consolo em Deus e se entregue a Ele em oração sincera.

Leonora abraçou a mãe e, em silêncio, pensou o que será de si mesma quando não mais a tiver junto para orientá-la.

Ambas foram dormir, pedindo a Deus que o dia de amanhã fosse sempre melhor que o de hoje, segundo a Sua Sabedoria Divina.

10

Em razão das dificuldades que enfrentaram para solucionar algumas pendências, somente quando faltava pouco mais de vinte dias para José terminar seu serviço na obra, foi que Leonora pôde dirigir-se ao hospital para conversar com o médico sobre um lugar adequado para a recuperação de sua mãe.

Leonora havia ficado tão sem reação na última consulta, que se esqueceu de perguntar se o doutor tinha alguma ideia de onde elas poderiam ir. Agora, ela possuía pouco tempo, pois, dali a uma semana, estaria casada. Descobriu que o médico estava viajando e que só retornaria em quinze dias. Enquanto pensava no que fazer, lembrou-se da enfermeira que as atendeu naquele primeiro dia. "Será que ela me ajudaria?". Procurou-a por todo o hospital e, encontrando-a, conversou com ela, expondo sua questão. A enfermeira se lembrou, imediatamente, de uma cidadezinha que seria perfeita para o estado de saúde de Ivete.

— Ouvi o médico indicá-la a outra paciente que tinha poucos recursos financeiros. Acredito até que o doutor as direcionaria para lá.

Leonora não se conteve, deu um enorme abraço nela. Sentiu que achara finalmente um local para morarem. Saindo do hospital, Leonora foi à obra para levar a novidade a José, que, ao recebê-la, pediu folga a Maurício na sexta-feira e no sábado, para viajar.

Desse modo, na noite de quinta-feira, José comprou uma passagem para Realeza e para lá se dirigiu sozinho. Precisava alugar um imóvel dentro de suas possibilidades financeiras, porque não tinham conseguido ainda vender o imóvel de Ivete.

José retornou não cabendo em si de tanto contentamento. Conseguira iniciar a negociação de um sitiozinho que não estava em bom estado, porém, com o pouco que tinham, foi muita sorte conseguir aquele. O dono queria mudar e aceitaria, como parte do pagamento, a posse da casinha de Ivete e mais um valor, que seria pago com as economias de todos, com o presente de Seu Régis e com o que José receberia pela obra concluída. Infelizmente, porém, depois disso, ficariam sem nenhuma reserva financeira.

A mudança estava sendo preparada. Seria uma viagem longa e cansativa. Leonora preocupava-se com sua mãe, que já apresentava sinais de piora no pequeníssimo espaço de tempo em que haviam permanecido naquela cidade após a confirmação de sua doença. Mas queria confiar no Criador. Se Ele quisesse, sua mãe ficaria curada.

* * *

No dia do casamento, Maurício, padrinho de José, deu uma importância generosa aos noivos como presente de núpcias, o que lhes trouxe certa tranquilidade, porque sem nada não ficariam. Como ambos estavam desempregados e iriam morar em uma cidade ainda estranha para eles, preocupavam-se com as despesas do lar e com os remédios de Ivete naquele reinício de vida.

José e Leonora se casaram em uma cerimônia simples, mas bonita, poucas semanas antes da mudança para a nova cidade. Estavam todos muito felizes e esperançosos.

* * *

Uma porta bateu com o vento, chamando o casal sonhador de volta à realidade e ao tempo presente. Leonora, com uma ponta de saudade de sua mãe, lembrou a José o tardar da noite e, com muito carinho, levantaram-se da rede e, abraçados, foram dormir tranquilos.

11

Era um sábado ensolarado e, após ter auxiliado sua mãe a enxugar as vasilhas do café da manhã, Alexandre pediu para jogar futebol no campinho da cidade.

Permitindo a sua saída, Leonora deu-lhe um beijo de despedida e ficou, como era de costume, à porta do lar, vendo o filho ir por aquele chão de terra, todo feliz por poder se encontrar com os amigos.

Para chegar à cidade, por vezes, eles pegavam um atalho de aproximadamente três quilômetros de chão batido e com algumas elevações. Alexandre sempre o percorria com bastante facilidade. Naquela manhã, contudo, sentia o tempo muito seco e quente.

Após ter caminhado em torno de dois mil metros, começou a experimentar uma sensação estranha. Sentia-se sufocado e tonto, com uma forte necessidade de beber água. E por mais que tentasse, respirando fundo, abandonar aquele torpor, percebia que a sensação ruim não passava, só piorava.

Lembrou-se, então, de que, a poucos metros dali, diziam existir uma grande lagoa. Estacou com a imagem que lhe veio à mente de suas águas cristalinas. Não se sentia em condições de dar nem mais um passo. Pensou em voltar para casa, mas, da mesma forma que não conseguia ir adiante, também não aguentaria voltar.

O que faria? Alexandre tinha medo de ir até a lagoa porque, toda vez que falavam dela, ele sentia uma angústia profunda. Pensava que esse sentimento se dava em razão do temor demonstrado pelos moradores daquela comunidade, que a evitavam. Havia histórias, pouco explicadas, que aterrorizavam os moradores locais. Diziam que, em suas margens, acontecera uma trágica circunstância, e que aquele local agora era somente visitado por fantasmas do passado. Nem o dono fazia questão de mantê-la acessível.

O mal-estar que sentia, porém, era muito maior que o medo e, não suportando mais aquela sensação desagradável, iniciou uma caminhada na direção em que achava que a lagoa ficava. Com cautela, foi ganhando terreno entre as folhagens, porque o caminho que existia antes já havia sido invadido pelo mato e desaparecido.

Enquanto se esforçava para ultrapassar toda a vegetação, começou a ouvir uns murmúrios. Quanto mais próximo da lagoa chegava, mais os murmúrios aumentavam. Alexandre teve vontade de voltar, porque sentia crescer em seu peito uma sensação de sufocamento, de quase afogamento, mas, como que hipnotizado, continuou avançando até o seu destino. Começou a perceber um chamado entre os sons que escutava. "Alguém me chama? Mas quem? Ninguém sabe de minha presença neste local!" – pensou.

Observou que tanto os murmúrios quanto o chamado eram diferentes, pois não vinham de fora, e sim de dentro de sua cabeça. Não compreendia. Estaria imaginando coisas? Não tendo mais opção, continuou o percurso, até que viu a lagoa e uma jovem sentada às suas margens. Parou espantado. Ela era bonita e parecia reconhecê-la. Sabia, contudo, que ela não era daquelas redondezas. Olhava-a, no entanto, e tinha a impressão de serem velhos amigos. Percebeu que a sensação de sufocamento havia sido substituída por outra mais leve, como se estivesse sonhando.

Tentava superar aquele entorpecimento e, após alguns minutos, conseguiu dar alguns passos na direção da jovem, que ainda o olhava.

A alguns muitos passos dela, parou e gritou:

— Olá! Quem é você? Está perdida? Não sabe que é perigoso ficar aqui?

Nada. Diante do silêncio dela, continuou:

— Onde mora? Se quiser, posso levá-la para casa.

Nada. Ela somente olhava para Alexandre, como se o observasse com interesse, e sorria com muita serenidade.

"O que faço?" – pensou. "Não posso deixá-la aqui, pois ninguém frequenta este lugar, e ela, se não é destas bandas, poderá se perder."

— Por que não fala comigo? – perguntou a ela.

Diante de seu silêncio prolongado, Alexandre decidiu chegar mais próximo e convencê-la a ir para sua casa, pois, junto com seus familiares, descobriria de onde ela vinha. Alguém haveria de saber.

Enquanto tentava chegar até ela, viu a jovem levantar-se e, dando uns passos para trás, desaparecer na folhagem. Por mais que ele a chamasse e a procurasse, não a encontrou. Ela havia sumido.

Confuso por não entender o que havia acontecido, Alexandre, que já não sentia mais a sede que o castigara, afastou-se daquele lugar, porque, apesar de bonito, provocava-lhe desconforto. Correndo, foi à cidade para se encontrar com seus amigos, já estava muito atrasado.

A ninguém contou esse episódio. Também não saberia o que contar. Tudo passara tão rápido, que Alexandre duvidava se realmente tinha acontecido. Talvez o calor daquele dia o tenha feito imaginar coisas… só podia… Apesar de tudo, ao entardecer, retornou para sua casa, comprometendo-se a descobrir, no dia seguinte, se alguma jovem estranha foi vista por aquelas redondezas.

Tinha certeza de que ela não morava ali, mas também estava certo de que a conhecia. Conhecia sim!

12

Nas semanas seguintes, Alexandre procurou saber, sem chamar muito a atenção, se alguém tinha conhecimento de que alguma família nova teria se mudado para aquelas redondezas ou se algum morador teria recebido a visita de parentes naquelas últimas semanas, porém as respostas sempre foram negativas. Diante da total falta de informações, desistiu de encontrar a jovem. Imaginou que jamais a veria de novo e, assim, tratou de levar sua vida normalmente.

Em uma tarde de domingo, quando Alexandre se dirigia à cidade para auxiliar Seu Ozório na faxina de sua mercearia, teve despertada uma forte vontade de retornar à lagoa. Sentia como se, indo até lá, pudesse encontrar alguma resposta às suas perguntas. Diferentemente da primeira vez, agora ele foi entrando no mato alto que lá havia sem medo ou angústia.

Continuou sem muita pressa, espreitando para tentar identificar qualquer movimento próximo a ele. Quando pôde enxergar a lagoa, viu a jovem olhando para ele como se soubesse que viria. Neste momento, toda a sensação de leveza se repetiu, mas agora foi ela que se aproximou dele e lhe falou diretamente:

— Meu amigo, que bom que veio. Temos muitas coisas para conversar e esclarecer.

Sei que está confuso, porque, agora, eu vim falar com você e, na primeira vez, fui embora sem nada lhe dizer, mas isso foi necessário para que tivesse sua curiosidade aguçada a novas reflexões. Sei que meu semblante lhe é familiar, o que facilitará o nosso entendimento. Abra seu coração e sua mente, porque o que irei lhe dizer poderá surpreendê-lo.

Ela pediu que Alexandre se sentasse ao seu lado. Como se estivesse anestesiado, ele se sentou, e aquela jovem começou a narrar as inúmeras vezes em que estiveram juntos quando ele era criança. Enquanto ela falava, algumas lembranças foram emergindo na mente de Alexandre, trazendo-lhe a certeza de que era ela a sua amiga de infância. Era ela quem o acalentava em seus momentos de dor e dúvidas.

Num rompante, ele afirmou:

— Você é Aurora!

— Sim, sou eu!

Sei que não se recordava de mim, nem das inúmeras oportunidades que tivemos de levar, ao seu coração infantil, alguns esclarecimentos sobre as verdades divinas e eternas.

Somos amigos de muitos séculos, e essa amizade nos levou à parceria que firmamos antes de você reencarnar para que eu o auxilie, nesta existência, em uma tarefa de amor e consolo aos corações aflitos.

Neste momento, porém, só gostaria que você se relembrasse das certezas que tinha quando percebia haver algo mais do que o padre Hipólito afirmava em seus sermões de domingo. Essas certezas são os conhecimentos que já possui em sua alma, mas que foram relegadas ao esquecimento conforme você crescia. Quando menino, jamais deixou de enxergar a Justiça do Pai nas mínimas coisas; quando adolescente, porém, começou a não se preocupar com isso.

O tempo urge, todavia, e devemos nos apressar, pois muito temos a fazer enquanto estiver encarnado. Você é nosso amigo na matéria, o nosso companheiro de trabalho, e eu, sua orientadora espiritual. Juntos a outros tantos amigos, cumpriremos nossa tarefa bendita na Seara do Mestre Jesus. Sei que ainda é jovem, mas está mais do que preparado para abraçar a tarefa que nos foi delegada. Confie em Jesus.

Alexandre escutava Aurora, e suas palavras pareciam reveladoras. Entretanto, sentia-se confuso com tudo o que ouvia. Aurora, entendendo seu momento, disse-lhe:

— Não se preocupe, haveremos de nos encontrar de novo para termos outra conversa. Você é médium vidente e não terá problemas, como nunca teve, em me ver quando for necessário. Vá auxiliar o Seu Ozório. Quando terminar, retorne para casa, jante e durma.

Alexandre foi ter com Seu Ozório, que recompensou-o, como sempre, com um pequeno ordenado e produtos de limpeza e higiene para que levasse à sua mãe. No fim do dia, retornou ao seu lar, portando uma felicidade que nem ele saberia explicar.

Após o jantar, foi dormir e, em pouco tempo, caiu num sono profundo. Estava bastante cansado. Quando acordou, não lembrava se tivera algum sonho, mas também não se recordava do dia em que se levantara tão bem-disposto como naquela manhã. Vestiu-se e tomou seu café rapidamente, pois era dia de aula e muito precisaria andar para chegar até a cidade.

13

Alexandre tinha muitos colegas na escola e estudara nela toda a sua vida. Seus melhores amigos eram o Joca, o Chico e o João. Todos tinham a mesma idade, porém eram de famílias com um poder aquisitivo bem melhor que o seu.

Ao ser aceito para estudar ali, foi impossível não reparar nos comentários maldosos levantados, seja porque ele era de uma família diferente daquelas dos alunos que ali estudavam, seja porque quem o matriculou foi o próprio dono e diretor do Educandário. Seu Fabiano sempre foi conhecido por sua reputação de pessoa rígida e não tendenciosa à caridade, por isso, quando todos ficaram sabendo da entrada de Alexandre naquela escola de tão alto gabarito, sob a alegação de que ela precisava dos préstimos de um pedreiro, a explicação não convenceu os mais críticos. Mas, como a vontade dele era lei, os comentários foram se abrandando e nenhuma consequência maior sobre isso foi percebida.

Inicialmente, quando Alexandre precisava ir à casa de um dos seus colegas, Leonora dava-lhe mil recomendações, porque temia que o filho sofresse com atitudes menos dignas por parte daqueles que o receberiam em suas casas.

Um dia, porém, Alexandre, contando pouco mais de sete anos, perguntou a ela:

— Mãe, a senhora acha que não sou um bom amigo?

Surpresa, ela lhe disse:

— Não entendo sua pergunta, meu filho. Eu conheço seu coração, e é claro que você é uma pessoa fiel, amiga e companheira.

— É que a senhora fica sempre tão nervosa quando eu digo que vou à casa de um dos meus amigos...

Eu juro que, todas as vezes que vou lá, comporto-me direito. Os pais deles nunca brigaram comigo e até já me elogiaram, porque sempre arrumo, no final do dia, a bagunça que fizemos.

O sorriso de Alexandre, orgulhoso por se preocupar com a mãe e atender às suas recomendações, fez com que Leonora se lembrasse de sua mãe, que sempre lhe dizia: *"Filha, somos nós que devemos dar um norte ao nosso presente, construindo o melhor futuro que pudermos. Se colocarmos nas mãos dos outros a análise de nossa competência e aceitarmos somente aquilo que eles acreditam que somos, estaremos sempre à mercê da má vontade alheia. Se para alguns não somos ninguém, para outros seremos o que quisermos, e teremos neles aliados e amigos. Por isso, sempre relembre minhas palavras: crie uma fortaleza em seu interior, para que suas emoções não desmoronem na primeira investida de quem a desvaloriza, mas não deixe jamais os seus portões fechados para quem lhe quer bem"*.

Então, ela, baixando a cabeça, suspirou fundo, como se quisesse desabafar um pequeno sentimento que oprimia seu peito, sorriu para ele e, abraçando-o, elogiou-o por ser um bom menino e estar fazendo tudo direitinho.

Ele lhe deu um beijo estalado e foi com o pai à casa de um dos seus amigos para passar o dia.

Dos filhos de José, somente Alexandre estudava ali. Seus irmãos frequentavam uma instituição educacional filantrópica, fundada e mantida por Seu Antônio, um fazendeiro local, e sua esposa. Quando Alexandre, mais crescido, percebeu essa disparidade, quis sair da escola particular, porque não achava justo com os irmãos, mas seus pais não deixaram, dizendo-lhe:

— Filho, sabemos que parece ser muito injusta essa situação, mas, se essa oportunidade lhe foi ofertada, não serão seus irmãos que a tirarão de você. Além do mais, a escola em que eles estudam é muito boa também e, se tiverem qualquer dúvida, poderão tirá-la com você sempre que precisarem.

E assim foi. Alexandre jamais se esquivou de ajudar os irmãos no que eles precisassem.

Na sala de aula, Alexandre era muito prendado e estudioso. Nenhum dos professores tinha qualquer reclamação dele. Naquele dia, no entanto, algo inusitado ocorreu quando, em meio a uma explicação da professora de História, ele se deixou levar pela lembrança do acontecido na lagoa no dia anterior. Como se tivesse sido remetido ao passado, relembrou as inúmeras vezes que teve Aurora ao seu lado para ajudá-lo a superar suas dificuldades em entender a vida ou os seus familiares. E começou a se questionar sobre o porquê de ela ter voltado; sobre o porquê de ele a ter esquecido se ela lhe era tão importante...

Já disperso em suas lembranças, seus pensamentos voaram para uma outra figura de seus sonhos que também muito o intrigava... uma jovem adolescente, muito bonita e sempre sorridente. Nunca se lembrava dos sonhos que tinha com ela, mas sua imagem sempre o acompanhava ao acordar, trazendo-lhe uma saudade inexplicável.

De repente, sentiu alguém tocando seu ombro e ouviu seu nome sendo chamado ao longe, o que o fez voltar à realidade com um susto. A professora, ao seu lado, perguntou-lhe com ênfase:

— Alexandre, algo errado?

Ele baixou a cabeça, envergonhado, e afirmou que não num gesto negativo.

Por ser um aluno sempre muito presente na sala de aula, a professora estranhou aquele comportamento e pediu para conversarem depois da aula.

Terminadas todas as aulas, Alexandre foi à sala dos professores e aguardou a professora chegar. Quando esta o viu, levou-o para dentro e, fazendo-o sentar-se ao seu lado, perguntou-lhe:

— O que aconteceu, Alexandre? Você é um aluno sempre tão participativo, mas anda meio aéreo! Hoje, por exemplo, chamei-o três vezes para responder a um questionamento, mas nem me ouviu. Gostaria de conversar comigo sobre o que está acontecendo?

Alexandre gostaria, mas não tinha ideia de como iniciar aquele diálogo com a professora. Se ele próprio tinha muitos questionamentos, como poderia explicar suas dúvidas? Diante dessa situação, disse-lhe simplesmente:

— Professora, não está acontecendo nada. Tenho vivido uma situação tão inusitada que, hoje, relembrando-a, perdi o foco em suas explicações. Desculpe-me, e prometo que ficarei atento como sempre.

A professora sorriu. Sabendo que era natural para um adolescente esse tipo de coisa, deixou-o ir. Ela sabia que era um bom menino e que, se houvesse alguma coisa, ele conversaria com ela ou com alguém em quem confiava quando estivesse preparado. Despediram-se, e Alexandre retornou à sua casa.

Como havia demorado um pouco mais do que o normal, sua mãe foi requentar o almoço, de modo que deu tempo de Alexandre ir ao seu quarto para guardar o material escolar e descansar um pouco da caminhada. Estava ainda pensativo sobre o que ocorrera na escola, quando sentiu alguém ao seu lado. Virando-se, divisou, entre as sombras, uma luz, através da qual viu a figura de Aurora. Queria lhe perguntar muitas coisas e, quando estava prestes a fazê-lo, Aurora fez um sinal indicativo para que fizesse silêncio. Naquele momento, sua mãe entrou no quarto e chamou-o para comer. Alexandre procurou Aurora com o olhar, mas ela havia desaparecido.

14

Dias depois, após a aula, no retorno à sua casa, Alexandre começou a pensar em Aurora de novo. Fazia tempo que não a via. Não possuía mais dúvida de que ela era um espírito e, por isso e muito mais, tinha muitas perguntas sem respostas.

Caminhando devagar e pensativo, não notou que estava sendo observado. Ia compenetrado em seus pensamentos, quando escutou uma voz a dizer-lhe:

— Alexandre, suba na árvore mais próxima!

Por um ato reflexo, impulsionado pela ordem dada, fê-lo rapidamente. Quando chegou ao primeiro galho da frondosa árvore, sentiu, próximo ao seu pé, um hálito quente aliado a um latido estarrecedor. Automaticamente, puxou o pé e subiu para mais alto. Somente quando se sentiu seguro, parou para olhar para baixo.

Lá estava, debaixo da árvore, o cachorro do Seu Antônio, rosnando, latindo e espumando pela boca. Seu focinho estava todo sujo de sangue.

"Oh! Meu Deus! Ele parece estar com raiva! Apolo sempre foi meu amigo, só com raiva para ele me atacar. E aquele sangue? Será que já atacou alguém?" – pensou, desolado.

Minutos intermináveis se passaram, e Apolo não ia embora. Alexandre começou a se preocupar. Como poderia sair dali? E se alguém passasse pela estrada? Poderia ser atacado. Apolo era um cão muito grande e forte. Pertencia a uma raça chamada Fila Brasileiro. Seu Antônio tinha conversado com ele sobre isso, só não lembrava quando.

— Farei dele um campeão – dizia o vizinho fazendeiro, sorrindo.

Passou mais dez minutos, e nada... Apolo não arredava debaixo daquela árvore. Alexandre, por fim, começou a rezar. Tinha medo de alguém ser atacado e ele nada poder fazer. Rezava fervorosamente para que aquela situação se resolvesse e que ninguém se machucasse.

* * *

Nesse meio tempo em que Alexandre se via obrigado a estar em cima da árvore, começou a relembrar a maneira hilária como tinha conhecido e se tornado amigo do seu vizinho fazendeiro.

A fazenda ficava em um dos caminhos da residência de Alexandre para a cidade. Em um dia bem agradável de outono, estava indo a pé, como sempre, para assistir sua aula, quando começou a ouvir uma algazarra um pouco à frente. Eram latidos, gritos, risadas...

De repente, viu aproximar-se, correndo em sua direção, um grande cachorro. Paralisado, Alexandre não conseguiu sair do lugar. Aquela massa bruta saltou sobre ele, que, não aguentando o peso, caiu estatelado no solo, sendo todo lambido. Não conseguia se desvencilhar do cachorro. Após alguns segundos, que pareceram uma eternidade, Seu Antônio conseguiu retirar o cachorro de cima dele.

Enquanto puxava o cão, ele lhe perguntava se estava bem. Por alguns bons minutos, o jovem não conseguiu responder tal pergunta. Quando conseguiu se acalmar, olhou para o seu interlocutor e, vendo-o preocupado, começou a tremer, rir e fazer careta por estar todo melado e sujo.

Seu Antônio começou a rir junto com o jovem atacado por seu cão, porque a cena criada tinha sido cômica: Alexandre, de boca aberta, paralisado no meio da estrada, como um alvo a ser derrubado, até ele ria de si mesmo por ter sobrevivido e não ter sido comido por aquele monstro canino.

O dono do cachorro o convidou para que fosse se lavar em sua casa, pois seria expulso da escola se chegasse naquele estado. Ambos riram mais ainda.

O cachorro que o atacara era Apolo, ainda com cinco meses de idade. Enquanto se dirigiam à sede da fazenda, conversavam sobre o cão. Alexandre se surpreendeu por Apolo ser tão novo e tão, tão grande. Seu Antônio lhe explicava as características daquele animal tão bonito e quais seriam seus planos para ele.

Era normal Seu Antônio e Apolo passearem pela estrada para que o cão se acostumasse com o movimento de pessoas estranhas, veículos automotores e animais de tração, mas, daquela vez, ele surpreendeu o dono ao sair em disparada, puxando sua guia.

Apesar de todo o seu tamanho, Apolo era apenas um filhote. Por isso, Seu Antônio nunca pensou que ele poderia machucar alguém quando o levava a passear pela estrada.

Alexandre perdera uns quarenta minutos de aula por causa do feliz incidente. O susto foi grande, mas considerava uma felicidade ter conhecido seus vizinhos, Seu Antônio e sua amável esposa. Ela mandou um de seus empregados ir à escola com o jovem, para explicar o porquê de o aluno ter se atrasado para a aula e também o fato de suas roupas estarem amarrotadíssimas e sujas.

O casal acolhedor fez Alexandre prometer que retornaria outro dia para uma visita mais apropriada, o que foi aceito por ele com muita honra.

Quando ele chegou à escola, foi um sucesso. As enormes patas de Apolo em sua camisa deram muito que falar naquela manhã.

Depois daquele dia, ia vê-los periodicamente. Sentia, em seus novos amigos, um carinho imenso.

Um dia, ficou sabendo, por um dos empregados da fazenda, que, havia alguns anos, Seu Antônio e esposa perderam o único filho em um acidente de cavalgada. Na época, o filho deles, Camilo, tinha uns sete anos de idade. Ao ser perguntado se eles não tiveram o desejo de ter outros filhos, o empregado lhe contou que Dona Judite tivera complicações no parto de Camilo que quase provocaram sua morte, o que a impossibilitou de ter outros filhos.

— Sabe, meu jovem – disse o empregado que conhecia Alexandre havia muito tempo –, apesar de todo o sofrimento enfrentado, eles conseguiram superar suas dores. Dizem as más línguas que eles abraçaram uma religião que vem dos espíritos mortos! Mas o que lhe digo é que não me importa o que falam sobre isso, porque, se eles a usaram para buscar consolo e conseguiram, e do jeito que são bons com todo mundo, ela também deve ser.

Por incrível que pareça, aquela notícia não trouxe qualquer espanto para Alexandre.

* * *

Interrompendo seus pensamentos, Alexandre se lembrou de que ainda estava sentado no galho da árvore. Começou a sentir formigamento nas pernas; sua posição era muito desconfortável. Cada movimento que fazia, sob o olhar atento e enraivecido de Apolo, provocava mais latidos ensurdecedores.

De repente, viu o cão levantar a cabeça e ficar agitado. Ele procurava algo. Alexandre começou, então, a ouvir um barulho ao longe. Esperançoso, rezava para que fosse socorrido, porém, não à custa do sofrimento de alguém.

O barulho aumentava... era um carro. "Como posso fazer para ser visto daqui?" – pensou. Inesperadamente, o carro parou atrás da curva.

"Desligaram o carro. Se a pessoa que o dirige sair dele, Apolo poderá atacá-la! Ai, meu Deus! Quando este sofrimento irá acabar?" – pensava Alexandre, quando, num rompante, Apolo disparou pela estrada.

Começou a gritar para que quem estivesse ali tomasse cuidado:

— Cuidado, cão raivoso! Corre! – dizia.

O jovem ouvia, cada vez mais longe, os latidos frenéticos de Apolo e, de repente... um disparo de arma de fogo foi ouvido. O barulho foi estrondoso, mas, depois, só o silêncio reinou.

Após poucos segundos, ouviu que alguém o chamava.

— Sabem que estou aqui! – exclamou.

Foi descendo devagar, quase caindo, porque todo o seu peso estava sendo suportado por seus braços. Suas pernas doíam muito por causa das cãibras que sentia. Com medo de partirem sem ele, gritava o mais alto que podia, avisando que estava ali.

Já debaixo da árvore, viu Seu Antônio dobrar a estrada portando uma espingarda. Era ele quem gritava e vinha ao seu encontro, querendo saber se estava bem.

Sendo sustentado pelo amigo, ambos se dirigiram ao carro para que Alexandre ficasse o mais confortável possível. Passaram pelo corpo de Apolo, abatido, e Alexandre não pôde deixar de se lamentar por ele.

Quando já estavam dentro do carro, Seu Antônio questionou com ele o que havia acontecido, e Alexandre descreveu todos os detalhes.

O fazendeiro o encarou estranhamente, porém, nada disse, até que Alexandre perguntou a ele como sabia de sua presença ali.

— Estava na fazenda, procurando Apolo, quando divisei, perto de uma das cercas, uma das minhas ovelhas, estraçalhada. No início, não consegui pensar que bicho poderia ter feito aquilo com a ovelha, mas imaginei que Apolo havia corrido atrás dela, pois via claramente suas patas no local e o sangue na cerca, como se a tivessem pulado para se refugiar dentro do bosque que fica ali perto. Enquanto tentava achar um novo rastro de Apolo, vi uma linda jovem que corria em minha direção.

Continuou após um longo suspiro:

— Para minha surpresa, pois jamais a tinha visto por estas bandas, chamou-me pelo nome, afirmando que meu cachorro estava para atacá-lo e implorando que a seguisse. Explicou-me que, por pouco, você não fora mordido, pois havia subido numa árvore. Prontamente, eu e meus rapazes viemos ao seu encalço. Ela veio na cabine do carro comigo, indicando-nos o local exato, mas pediu que parássemos antes da curva para surpreendermos Apolo. Logo após tê-lo alvejado, eu não a vi mais!

— Era mesmo preciso ter matado Apolo? – perguntou Alexandre, comovido.

— Sim, não podíamos arriscar. Você, mais do que ninguém, sabe o quanto sinto por esse sacrifício, meu jovem, porque eu gostava muito dele!

Após terem colocado o corpo de Apolo na caçamba da caminhonete, Seu Antônio disse-lhe, ligando o carro:

—Vamos, Alexandre, eu o levo para casa.

Chegando à casa do jovem, o fazendeiro narrou aos seus pais o que havia acontecido e recomendou que ele tomasse um banho quente para relaxar e aliviar o incômodo das cãibras que sentira.

— Quanto ao estado emocional – afirmou –, só o cuidado da família o aliviará.

Quando se despediu de todos, falou baixo para Alexandre:

— Gostaria de conversar algo mais sobre o ocorrido. Você poderia passar na minha fazenda depois?

Alexandre balançou a cabeça positivamente. Seu Antônio foi embora com seus homens, deixando-o a pensar no que teria acontecido com ele se Apolo o tivesse pego! Suas reflexões foram interrompidas por seu pai, que veio buscá-lo para auxiliá-lo no banho. Ele sentia muitas dores no corpo, provocadas pela posição que fora forçado a ficar, além do desgaste emocional sofrido.

Depois de tomar um lanche reforçado, foi se deitar, não deixando de agradecer aos Céus pela sua vida ter sido poupada e por estar bem.

Somente após uma semana daquele incidente, pôde Alexandre ir à fazenda para conversar com o vizinho, como havia se comprometido.

Era domingo, por volta das dez e meia da manhã. Estava Seu Antônio na varanda de sua casa, dando instruções ao capataz, quando viu Alexandre. Foi, então, à sua direção e o recepcionou com um forte abraço.

A fazenda era uma das maiores e mais bem tratadas da redondeza. Possuía muitos empregados para a realização das tarefas, mas seu dono não deixava de orientá-los pessoalmente. Todos gostavam muito dele e da esposa, pois eram muito bons e carinhosos. O casal não deixava de prestar-lhes qualquer auxílio, amparando as famílias, que viviam em casinhas independentes, construídas nas terras do patrão com toda a infraestrutura que se poderia ter.

A única exigência do casal para contratar alguém era que, tendo filhos, os funcionários teriam de mantê-los na escola, onde era fornecido todo o material escolar. Ambos acreditavam na importância de serem todos instruídos.

Dona Judite também não deixava nenhuma família passar frio ou fome, mesmo que esta tivesse recebido seus proventos em dia. Se tivessem uma boa razão para não conseguirem pagar suas dívidas, os patrões faziam de tudo para auxiliá-los a colocarem a vida financeira em ordem. Mas, se o endividamento fosse em razão de bebedeiras ou ausência de responsabilidade, esse empregado seria demitido e perderia todas as regalias.

Essas ações conquistavam ainda mais o respeito e a admiração de todos da comunidade.

Seu Antônio tinha pouco mais de sessenta anos. Era bem-apessoado, de traços marcantes no rosto queimado pelo sol. Era alto e forte. Já se encontrava com, praticamente, todos os cabelos embranquecidos e, apesar disso, eles não o envelheciam. Seus olhos castanhos emanavam força de caráter, mas também, estranhamente, uma serenidade que a todos agradava. É claro que já havia cultivado alguns inimigos em sua vida e, quando acreditava estar errado, pedia desculpas com humildade e urbanidade.

Ele não demorou a iniciar a conversa que levou Alexandre ao seu lar. Quando se acomodaram na sala, foi logo dizendo:

— Desde logo, peço a você as minhas mais profundas e sinceras desculpas pelo que aconteceu naquele dia em que Apolo o atacou.

— Ora, Seu Antônio, não foi culpa sua!

— Não, mas me sinto na obrigação de me desculpar. Eu estava viajando a negócios e, quando retornei, fui pego de surpresa, levando um tempo precioso para tomar as medidas necessárias e resolver o problema.

— Se o senhor se sente melhor assim, *tá* desculpado! – disse Alexandre, sorridente.

— Obrigado! Agora, vamos ao que o trouxe aqui. Talvez não faça sentido para você o que vou lhe pedir, afinal, tudo o que aconteceu naquele dia foi muito estranho, mas acredito que, com sua ajuda, conseguirei compreender alguns fatos. Para isso, acredito que preciso compartilhar com você tudo o que vivi antes do ocorrido.

Fez uma ligeira pausa, como se estivesse pensando na maneira de começar, e continuou:

— Naquele dia, quando acordei, não me sentia muito bem. Estava apreensivo, como se algo ruim fosse acontecer. Para fugir daquela forte impressão, detive-me a tomar um bom café da manhã, o que, infelizmente, traduziu-se em uma atitude inútil, porque aquela sensação não me abandonou. Assim, preocupado de ser algo com Judite, apressei-me em findar as negociações e tentei ligar para ela, mas, como você deve saber, nem sempre as ligações telefônicas se completam. Ainda preocupado, voltei para casa mais cedo do que havia programado. Chegando à fazenda, vi Judite na varanda e, por ela estar bem, suspirei aliviado. Porém, esse alívio durou muito pouco.

Logo depois, estava eu, novamente, apreensivo. Após um banho, consegui almoçar e fui descansar por alguns minutos. Tive um sonho conturbado, no qual Apolo estava muito agitado. Ao longe, via uma das margens daquela lagoa assombrada, e de lá corria até mim uma jovem, de quem não pude ver o semblante e que me falava algo que me atormentava demais. Acordei sobressaltado, com palpitações cardíacas e respiração ofegante. Dei um salto da cama e coloquei-me a procurar Apolo, porque, somente naquele momento, percebi não o ter visto quando cheguei de minha viagem. Normalmente, ele me recebia com festa, você sabe!

Após uns quinze minutos de procura, um de meus capatazes veio em meu encalço para me avisar de que uma de minhas ovelhas premiadas havia sumido.

Tive a certeza de que algo estava realmente errado!

Sem demora, orientei-o firmemente para reunir alguns homens e providenciar a busca da ovelha e a de Apolo, porque não o achava. Sem esperar qualquer resposta do capataz, afastei-me para outras providências, não notando que ele queria me dizer algo mais. Pela urgência da situação, o capataz decidiu informar-me mais tarde que, aguardando o meu retorno, tinham prendido Apolo, por parecer ter contraído raiva. Após trinta minutos de procura na fazenda, ao me aproximar do bosque, vi o que restara da ovelha e os sinais da luta travada. Veio a mim a jovem... e o restante você já sabe.

Parou de falar no momento em que trouxeram um jarro de suco para ambos. Depois de beber sua laranjada, continuou:

— Você pode estranhar a razão de eu estar narrando tudo o que me aconteceu naquele dia, porém, vários detalhes intrigantes me chamaram a atenção, e imagino que somente você poderá me esclarecer outros tantos detalhes para melhor compreendermos aquele incidente.

E perguntou:

— Você contou que, quando estava em perigo, uma voz o alertou para que subisse na árvore mais próxima, não foi? Mas, se existia alguém ao seu lado, aonde foi parar, para que não tenha sido pego por Apolo?

Somente nesse momento, Alexandre se deu conta deste detalhe e teve que dar razão ao amigo por achar aquilo estranho.

— Além disso, veio até mim uma moça, que eu nunca tinha visto, chamou-me pelo nome e descreveu o ocorrido entre você e Apolo. Até imaginei que teria sido ela quem o alertou. O problema é que a distância entre o local onde eu estava e a árvore que você subira era razoavelmente longa, o que a impossibilitaria de chegar a pé tão rápido como chegou, se você ficou mesmo os vinte e cinco minutos em cima da árvore.

Alexandre confirmou a informação com a cabeça.

— Então, como eu estava do outro lado da fazenda e levei de oito a dez minutos de carro para chegar até você, não tinha como ela ir tão rápido a pé e sem se sujar! Na hora, eu não tinha me tocado, mas, ao relembrar o episódio, percebi que nem os sapatos dela estavam empoeirados da terra da estrada.

Seu Antônio falava e tentava ver, nos traços de Alexandre, algo que pudesse descrever o que seu ouvinte estava pensando. Percebendo que aquele jovem parecia tão intrigado quanto ele, continuou:

— Outro fato que me surpreendeu foi que, quando chegamos ao local em que você e Apolo estavam, ela sumiu! Perguntei a todos que foram comigo, e ninguém a viu se afastar!

Como imagino que a conheça, porque ela me falou o seu nome, vou descrevê-la: ela deve ter uns vinte e poucos anos, trajava um vestido branco bem limpo, sapatinhos brancos, é alva de pele, com cabelos castanhos claros, lisos e compridos, seus olhos são castanhos mesclados com o dourado do mel. Você a conhece?

Alexandre, surpreendido, não conseguiu disfarçar. Era Aurora que o fazendeiro descrevia!

"Acertei!" – pensou Seu Antônio. – "Acho que agora minhas dúvidas serão finalmente respondidas!"

Mas, para frustração daquele fazendeiro, Alexandre continuou calado.

16

Diante de tantas revelações, Alexandre se sentia confuso. Até aquele momento, só ele havia visto Aurora. Temia que Seu Antônio pensasse que ele era louco e não queria perder sua amizade.

O experiente fazendeiro, porém, resolveu interromper seus pensamentos:

— Alexandre, vejo que a conhece. Não posso obrigá-lo a me dizer o que sabe, mas posso dizer que isso me ajudaria muito a esclarecer algumas dúvidas que me tomam a paz. Digo a você: fique à vontade para me dar qualquer tipo de explicação... até mesmo as mais estranhas – enfatizou essa última frase, como que avisando que esperava uma resposta não muito dentro dos padrões da razoabilidade.

Alexandre se lembrou do que aquele empregado do Seu Antônio lhe contara sobre este acreditar em uma doutrina trazida pelos espíritos e resolveu contar-lhe o que sabia. Narrou toda a história, começando pela lagoa, onde voltou a ver Aurora. Seu Antônio o escutava, interrompia-o quando não compreendia algo e pedia que continuasse quando esclarecido.

Terminada a narrativa, o jovem olhou para o fazendeiro, temendo que ele o chamasse de louco. Enquanto contava sua história, observava-o, mas, apesar das perguntas, e de seu claro interesse, seu ouvinte não demonstrou se acreditava nele ou não.

Após alguns minutos de reflexão, Seu Antônio se manifestou:

— Alexandre, tudo o que me contou e o que presenciei na semana passada só confirmam a minha teoria de que fomos testemunhas de manifestações espirituais, e que você, meu jovem, é um médium bem afinado que poderá dar suporte a outras tantas manifestações que se fizerem necessárias.

Vendo que Alexandre ficara quieto, o amigo fazendeiro questionou:

— Você entende essas terminologias?

— Aurora já me falou sobre isso. Sobre mediunidade, reencarnação, essas coisas... Mas pouco entendo.

— Então, permita-me dizer algo. Há muitos anos, me disseram que era para eu ficar atento no futuro, porque eu perceberia que algo divino iria acontecer. Esse algo traria conforto e auxílio a muitos que o buscassem. Perguntei o que seria e disseram que seria um trabalho, junto aos encarnados, que estaria vinculado diretamente aos espíritos que compõem a falange de nosso Senhor Jesus Cristo. O que me disse hoje, Alexandre, só confirma que esse trabalho está para se realizar... E o tempo é agora!

Alexandre nada falava, somente o ouvia, buscando compreender a dimensão de tudo o que lhe era informado. Ficou ainda mais surpreso porque Seu Antônio estava repetindo tudo aquilo que Aurora havia lhe falado às margens da lagoa. Após uma breve pausa, Seu Antônio continuou:

— Para que você compreenda melhor o que digo, gostaria de contar-lhe algo muito pessoal.

Há quarenta anos, Judite e eu tivemos um filho. Seu nome era Camilo. Infelizmente, ele desencarnou muito jovem em uma cavalgada. Neste período, quase enlouqueci. Não aceitava o que considerava ser uma injustiça praticada por Deus. Camilo era o nosso tesouro! Todos o admiravam por ser uma criança bela e serena. Ele nos completava e nos dava uma felicidade sem igual.

Infelizmente, por causa desse divertimento que inventei para entreter os amigos de longe que vieram nos visitar, ele caiu e morreu. Na época, pensava não poder suportar sua ausência. Judite, tanto quanto eu, também se sentia culpada, imaginando o quanto fora descuidada ao permitir que nosso filho participasse de entretenimento tão perigoso. Nós estávamos definhando em autopiedade e saudades de nosso pequeno Camilo.

Parou a narrativa por alguns segundos, como se estivesse recompondo suas emoções. Ao se sentir melhor, continuou:

— Após alguns meses de seu desencarne, em uma noite tranquila de verão, estávamos Judite e eu dormindo, quando sonhei com Camilo. Ele estava lindo! Veio me pedir que parássemos de chorar por ele. De forma simples e cândida, explicou-me o quanto nós o estávamos prejudicando com o nosso sofrimento desenfreado e a saudade exacerbada. Dizia-me que estava muito bem, que morava com minha mãe na casinha dela em uma colônia espiritual e que já estava estudando com outros de mesma idade. Apesar da saudade que sentia de nós, estava muito, muito feliz.

Eu fiquei surpreso. Não compreendia o que ele dizia. Como poderia estar *morando* com minha mãe, que havia falecido uns dois anos antes dele? Em uma casinha? Estudando? E que colônia era essa que ele mencionava? Como se estivesse me lendo por inteiro, ele me respondeu:

"— Pai, existem realidades sobre o plano espiritual de que, enquanto estamos encarnados, não nos lembramos ou não temos consciência. Nós vivemos em cidades espirituais onde trabalhamos, estudamos e aprendemos o que é importante para o nosso progresso, como filhos de Deus. Onde vivo atualmente, somos todos irmãos; e a disciplina, o respeito e o amor reinam em todos os corações. Ainda não pude aprender tudo, mas estou tentando. Vovó, meus professores e amigos muito me auxiliam para que eu compreenda alguns desses mistérios."

— Se isso tudo é verdade, filho meu, deixe-me estar com você!

Era isso que eu suplicava a ele, Alexandre. A saudade que sentia dilacerava minha alma.

E a resposta que recebi foi:

"— Pai, não posso lhe dizer quando virá para este lado da vida, porque eu não sei, mas sei que não é agora. Tente compreender suas emoções para voltar a ser o dono de sua harmonia interior. Busque o consolo em Jesus."

— Nenhum argumento dele me consolava, Alexandre. Consegue me entender?

Eu não queria ouvir meu filho. Assim, diante do meu desespero, para dar suporte a Camilo e me socorrer, apareceu ao meu lado minha mãe, que me enlaçou em seus braços. Não suportando mais a dor que sentia, chorei no seu colo materno.

Quando me reestabeleci, ela me disse:

"— Querido filho, não se desespere mais. Nenhum sentimento em desequilíbrio traz benefício àquele que o detém. Você, hoje, não pode estar conosco, pois ainda não é o seu momento de partir desta vida. Lembre-se de que só a Deus é dado o direito de retirar a vida de um filho Seu. Cada espírito, enquanto vivo neste planeta Terra, tem aprendizados vários para adquirir. É pela carne que o filho do Altíssimo se purifica dos pecados e das chagas que o atormentaram durante as primeiras fases de sua existência infinita neste Universo Cósmico e Divino."

"Você, meu querido filho, tem uma missão a cumprir de suma importância para todos aqueles que necessitam da compreensão e do amor de seus irmãos em Jesus."

"Por enquanto, você aprenderá a ser um filho de Deus. Siga os ensinamentos do Cristo: amar, respeitar, amparar e, por vezes, resignar-se diante da vida. Esses são alguns dos princípios fundamentais que deverá aplicar daqui para frente."

"E você não estará sozinho nesta caminhada. Lembre-se de que estaremos juntos em sua busca pela evolução. Sua esposa o ajudará, porque já existem a caridade e a fraternidade para com o próximo em seu coração. Abra-se a novos entendimentos e, para que compreenda nossa condição de espíritos, faça a leitura de obras nas quais poderá embasar sua pesquisa. Nenhum ser humano deveria ficar sem o estudo que enobrece a alma e dá dignidade ao indivíduo."

Após alguns segundos com a cabeça abaixada, Seu Antônio continuou sua narrativa:

— Eu me sentia diferente, Alexandre. Se, no início daquela visita, estava desesperado e sem esperanças, naquele momento a sensação que tinha era de estar leve e forte para suportar as adversidades da vida.

"— Papai – disse-me Camilo –, diga para mamãe que estou muito bem e que ela pare de se culpar, pois era o meu momento de abandonar o corpo carnal. Nada que vocês fizessem iria mudar meu destino!"

"Diga que a amo muito e que um dia estarei com ela, como estive com o senhor hoje. Agradeçamos a Jesus por nos permitir essa graça do encontro fraterno de espíritos que se amam!"

Era perceptível o quanto Seu Antônio tentava se controlar, mas a emoção que sentia ao relembrar aquele encontro com o filho era sempre muito forte para ele. Ao sentir-se mais confortável, ele continuou:

— Senti o abraço apertado de meus dois entes queridos e despertei. Como me sentia feliz! Não contive meus impulsos e acordei Judite para lhe dizer que tinha estado com Camilo e mamãe e dar o recado deles. Expliquei todos os detalhes daquela experiência, e

Judite, emocionada, passou a me perguntar coisas que eu não sabia responder.

O que posso lhe dizer, Alexandre, é que, depois dessa noite, tudo mudou.

* * *

Seu Antônio parecia um menino sapeca contando ao amigo uma descoberta que muito o fez feliz. Ele disse a Alexandre:

— Após algum tempo estudando a chamada Doutrina Espírita, tomamos consciência da amplitude do ensinamento de minha mãe quando ela afirmou que '*nenhum ser humano deveria ficar sem o estudo que enobrece a alma e dá dignidade ao indivíduo*'.

Percebi que a ausência dos conhecimentos espirituais me levou a sofrer intensamente e a me vitimizar demais quando o que a vida me trouxe foi um aprendizado doloroso, mas não sem significado. Saber disso me trouxe paz e conforto à alma.

Então, fui mais além! Se a ausência desse conhecimento me tornava ignorante das verdades espirituais, o que dizer também da ausência de conhecimento das verdades materiais? Aprendi que estamos aqui, em um planeta escola; e, se viemos para cá, é para aprendermos também sobre o que existe aqui. Como alguém pode enxergar o que vive e as suas consequências, se não tiver a mente aberta para as mínimas coisas do mundo?

— O senhor tem razão — concordou Alexandre. — Minha mãe não pôde estudar muito. Ela teve de abandonar o estudo muito cedo, o que a leva a ter bastante dificuldade de compreender alguns assuntos que eu, meus irmãos e até o meu pai, pelo estudo que temos, vemos com mais facilidade.

Percebo que, só por ela achar que nada sabe, sente-se menor e despreparada até em relação aos meus irmãos mais novos.

— Exatamente, e foi por isso que Judite e eu chegamos à conclusão de que, se o orbe terrestre é chamado pelo plano espiritual de planeta escola, deveríamos contribuir para que o maior número de crianças tivesse condições de ampliar seus horizontes com uma educação escolar de base. Por esta razão, construímos e mantemos uma escola em nossas terras.

— Nossa! E é graças a essa conclusão tão bonita de vocês que meus irmãos hoje podem estudar. Nossa família sempre foi muito grata por essa atitude generosa que tiveram.

— Enquanto Deus nos der condições de manter essa instituição, é o que faremos, Alexandre.

Seu Antônio respirou fundo e continuou:

— Bem, o estudo que iniciamos por orientação de nosso filho Camilo e de mamãe nos trouxe alguns conhecimentos sobre essa doutrina tão esclarecedora e confortadora, dando-nos condições de nos sentirmos mais aptos a viver em harmonia e a prestar auxílio a todos aqueles que precisem de nós.

Como Camilo havia prometido, ele veio à Judite uma semana depois, e em mais algumas outras noites, trazendo-nos esclarecimentos sobre a vida espiritual e um pouco sobre essa tarefa que hoje estou lhe contando.

Seu Antônio silenciou-se, na tentativa de manter aquelas lembranças em sua mente o máximo que pudesse. Alexandre sentiu que não deve ter sido fácil para aquele casal a perda do filho, ainda mais tão novo.

Lembrando-se da presença de seu ouvinte, Seu Antônio continuou:

— Alexandre, tudo o que me disse só pode significar que o trabalho antes mencionado está para se iniciar e, diante de tudo o que já aconteceu, entendo que nós trabalharemos juntos para a sua concretização. Ainda não sabemos como, mas, com certeza, irão nos informar.

Alexandre ouviu atentamente tudo o que Seu Antônio lhe disse, mas estava um pouco perdido. Talvez porque, por mais que se esforçasse, não tinha ideia sobre como poderia ser esse trabalho que ele afirmava que fariam.

"O que um garoto de quatorze anos poderia fazer para ajudar alguém?" – questionou-se.

Alexandre e Seu Antônio foram interrompidos pela entrada brusca, na sala, de um dos empregados da fazenda, que pedia, sem fôlego, o auxílio de seu patrão, pois o filho, Onofre, estava ardendo em febre, e nenhum dos remédios ministrados fez com que ela cedesse.

Os três se dirigiram, o mais depressa possível, à casa do capataz Carlos, pai de Onofre. Lá chegando, a criança estava em sua cama, muito pálida e tremendo, com a mãe zelosa e chorosa ao seu lado. Ela dizia já terem feito de tudo para a melhora do filho, mas que nenhum banho frio ou remédio surtia efeito. O médico o medicara havia três dias, mas a febre não cedia, e seu quadro só piorava. E, infelizmente, o médico saíra da cidade para atender um paciente e não tinha hora para voltar.

Alexandre, sem se impressionar, como que movido por uma força maior, chegou perto do enfermo, colocou a destra sobre sua testa, fechou os olhos e, intuitivamente, começou a rezar. Seu Antônio, sem perder um detalhe sequer, observava-o. Já lera muitos livros sobre manifestações espirituais através de médiuns. Desconfiava que ali já não era o jovem Alexandre quem tomava aquela atitude. Seu semblante mudara: estava mais suave e até sua voz, mais cândida.

Para Seu Antônio, a oração pronunciada era de uma elevação e fé surpreendentes:

— Amado Jesus, encontra-se neste mundo, ainda de provas, um irmão seu que, caminheiro do bem, tenta, empreendendo esforços, quitar seus débitos com seus credores mais antigos. Por isso, meu Jesus, a atitude fraternal dele diante daqueles que foram algozes do passado é sublime tentativa de resgate de suas próprias falhas pretéritas. Sem compreenderem aqueles irmãos o quão prejudiciais estão sendo para si mesmos e para o irmão que, ainda jovem, na carne se encontra, retornam aos erros de outrora, não possibilitando a renovação entre si do amor e da fraternidade, da esperança e da indulgência, impedindo o resgate sincero de todos esses seres.

Sabendo o quão prejudicial é anteciparmos o término de nossa vida terrena, conceda a este seu irmão enfermo a oportunidade de abrir-se para a luta diária nesta existência bendita. Jesus, receba-os, pais e filho, com amor e esperança, para poderem todos juntos subir às escalas mais altas de seus próprios aprendizados, ultrapassando as barreiras e respeitando os Seus desígnios.

Que eu possa, Jesus Amigo, com a Sua permissão, e a deste menino que sofre, auxiliá-lo neste conflito íntimo, retirando-o deste torpor e, junto com ele, restabelecer-lhe a saúde perdida.

E, finalizando, Alexandre elevou seus olhos aos Céus e disse:

— Não há o que temer, quando permitimos que Deus esteja entre nós!

A partir dali, Alexandre iniciou, intuitivamente, um movimento lento e ordenado com as mãos sobre o corpo deitado do doente, agora balbuciando uma oração inaudível àqueles que ali estavam presentes.

Não entendendo bem o que Alexandre estava fazendo, Carlos fez menção de interrompê-lo, mas seu patrão o impediu. Ficaram, assim, observando-o por mais alguns minutos.

Quando entendeu terminada sua tarefa, o jovem se dirigiu aos pais de Onofre e afirmou categoricamente:

— Se fizerem o que eu disser, Onofre ficará bom dentro de três dias a contar desta última hora. Se o examinarem agora, constatarão que sua febre baixou e, gradativamente, cederá com o passar das horas. Vocês deverão, a partir desta noite, e sem exceção de nenhuma, às vinte horas, em harmonia e amor fraterno, orar a nosso Pai Divino.

É importante fazê-lo acreditando no poder da prece e agradecendo, sinceramente, pelo fato de estarem juntos nesta existência e por terem recebido um filho tão belo para complementar suas vidas.

Coloquem na mesa da sala, na qual realizarão as orações, uma garrafa de água cheia. Esta será ministrada ao doente, em colheradas de sopa, durante todo o dia seguinte.

Aviso que o remédio do médico da Terra é tão importante quanto a água fluidificada. Continuem ministrando-o como foi orientado pelo doutor. Se tiverem dificuldade para orar, acredito que Seu Antônio poderá auxiliá-los. Se desejarem, ele poderá ler e explicar o Evangelho do Mestre Jesus para que melhor compreendam a importância da vida terrena e de nossas responsabilidades perante os semelhantes.

Imediatamente, o fazendeiro se colocou à disposição para ajudá-los.

Alexandre continuou:

— Quem é o mais próximo de nós? Se Jesus nos disse que deveríamos amar a Deus sobre todas as coisas existentes no mundo e ao nosso próximo como a nós mesmos, não conseguiremos amar, seja quem for, se não compreendermos a essência da Paternidade Divina, que nos ampara e ensina.

Para tanto, precisamos enxergá-Lo em nós, respeitando-nos como Seus verdadeiros filhos. Assim, amaremo-nos mutuamente como irmãos universais e cumpriremos a segunda parte do mandamento trazido por Jesus. Pensem sobre isso e apliquem em suas vidas os ensinamentos a vocês direcionados. Meus irmãos, estejam com Deus.

Enquanto Alexandre parecia voltar ao seu estado consciente, Seu Antônio pediu a Carlos que lhe entregasse o termômetro para verificar a temperatura de Onofre. A febre havia cedido um pouco. Mostrando o avanço aos pais do doente, disse-lhes que providenciaria o Evangelho para que pudessem, naquele mesmo dia, iniciar a reunião para o auxílio à criança.

Os pais do enfermo estavam surpresos. O que acontecera? Apesar das dúvidas e espanto marcantes, ficaram extremamente agradecidos pela melhora parcial do filho amado.

Após verificar se todos estavam bem, Seu Antônio chamou Alexandre para irem embora. Mas, antes de partirem, solicitou aos que ficaram que fossem discretos e que não comentassem o que acontecera ali naquela tarde.

Chegando à casa sede da fazenda, Seu Antônio não conseguia mais evitar a curiosidade de saber o que realmente acontecera. E disse:

— Os pais de Onofre nada compreenderam, Alexandre...

— Se eu falasse ao senhor que sei o que aconteceu, estaria mentindo. O que sei é que tive uma sensação de confiança e paz para fazer o que fiz e dizer o que disse. Sentia Aurora ligada a mim, repassando-me aqui – apontou para a própria cabeça – o que era para ser transmitido às pessoas daquele lar. Ela me explicou o que Onofre tem e como poderia ajudá-lo.

E vi que de minhas mãos saíam raios luminosos que se direcionavam à cabeça e ao tórax do doente, sendo absorvidos pelo seu corpo como se fosse uma esponja. Vi também que esses raios de luz amenizavam os pontos escurecidos que existiam nele e ao seu redor.

De repente, como se tivesse caído em si, disse:

— Ah, Seu Antônio! Será que estou enlouquecendo?

O amigo aproximou-se dele e, negando, abraçou-o com carinho, dizendo que tinha certeza de que todas as suas dúvidas seriam respondidas com o tempo.

Observando o horário, Seu Antônio percebeu o avançar das horas e pensou que os pais de Alexandre poderiam estar preocupados. E, por isso, solicitou a um empregado que o levasse embora, não sem antes lhe pedir que retornasse outro dia para conversarem melhor.

Passados três dias, Alexandre e seus irmãos estavam em casa, estudando, enquanto a mãe se encontrava na cozinha. Eles ouviram um barulho de cavalos vindo em direção a casa.

Leonora pediu a Alexandre que visse quem era a visita inesperada.

Ao abrir a porta, reconheceu imediatamente o cavaleiro. Era Carlos, pai de Onofre, que vinha puxando outro cavalo selado. "O que será que aconteceu?" – pensou Alexandre, preocupado. Não havia comentado nada com seus pais e irmãos sobre o infortúnio de Carlos, não que fosse de seu costume ter segredos para com sua família, mas, sim, porque não saberia como explicar o ocorrido; assim como não se sentiria bem em comentar um assunto pessoal daquele casal e seu filho.

Carlos desmontou e veio em direção a Alexandre. Leonora já estava na varanda ao lado do jovem, sorrindo. Mas, sem cumprimentar ninguém, Carlos abraçou Alexandre e começou a chorar. Mãe e filho ficaram sem reação, diante do choro daquele homem.

Ao ver o quadro que se formou, Carlos, já um tanto sem graça, enxugou as lágrimas que corriam soltas em sua face e pediu desculpas à Leonora pela sua atitude. Informou a ela que seu patrão solicitava permissão para levar Alexandre à fazenda.

Apesar de estranhar muito a atitude do amigo, Leonora o conhecia havia muito tempo e sabia que podia confiar nele. Perguntou a Alexandre se ele não tinha nenhum compromisso naquele momento, o que foi respondido negativamente. Então, com a permissão concedida, Carlos e Alexandre dirigiram-se à fazenda.

Não pronunciaram uma só palavra durante o percurso inteiro. Alexandre, apesar de não saber o que poderia ter acontecido, sentia a presença de Aurora, o que o tranquilizava. Foram diretamente à casa de Carlos, onde já se encontravam a esposa dele, seu patrão e Dona Judite, conversando.

Seu Antônio, sorrindo, levou Alexandre ao quarto de Onofre, que dormia tranquilamente. Carlos, vindo logo atrás com sua esposa, disse-lhe por fim:

— Nosso filho está curado. Sua febre cedeu completamente desde esta madrugada e, há pouco, ele acordou com fome. Demos-lhe de comer e, agora, dorme. Sabemos que foi você quem o curou, Alexandre. Como poderemos agradecer-lhe?

Sob a influência de Aurora, ele ponderou:

— Por que me agradecer, se nada fiz? Toda a cura realizada em seu filho foi permitida por nosso Amado Mestre Jesus.

E Aurora, vendo que o casal ainda carecia de explicações, disse por intermédio de Alexandre, já mudando o tom de sua voz:

— É preciso que compreendam que o filho de vocês se tornou doente por haver desequilíbrio emocional e psíquico nesta casa. Vocês deixaram que seu lar fosse perturbado por forças espirituais que ainda não conseguiram compreender a graça e a bênção de seguirmos o caminho bendito que nos foi ensinado pelo Cristo.

Enquanto você e sua esposa não se compreenderem como companheiros de jornada nesta existência terrena; enquanto não se permitirem amar verdadeiramente sem os resquícios do ciúme e da incompreensão, darão sempre ensejo ao desequilíbrio íntimo e do lar.

> Infelizmente, é Onofre quem está sofrendo os infortúnios por vocês hoje plantados. Ele sofre por se sentir incapaz de ajudá-los a sair de um turbilhão de mágoas e intolerâncias recíprocas e, por isso, inconscientemente, havia praticamente desistido de viver.

Carlos e sua esposa estavam espantados. "Como poderia aquele jovem saber algo tão íntimo sobre suas vidas?" – pensaram.

A primeira vez que Carlos ouvira comentários sobre as influências espirituais fora quando ainda era jovem e audacioso. Um grande amigo seu da juventude sempre conversava com ele sobre esse assunto. Carlos, porém, não queria se ater a detalhes, pois se sentia tolhido dos prazeres carnais quando o escutava falar em reforma íntima e crescimento espiritual. Qualquer circunstância que pudesse impedi-lo de viver livremente não seria por ele levada em consideração naquele tempo. Além do mais, ouvia de muitos que aquela doutrina não era de Deus, então, era mais uma desculpa para não aceitar os seus ensinamentos.

Hoje, porém, mais velho e responsável, após ter quase perdido o filho, dava-se a oportunidade de pensar diferente. Era curioso como aquelas verdades ditas a ele por aquele jovem o atingiram fundo, pareciam ter o poder de fazer emergir todos os seus pecados mais constrangedores. Carlos não podia deixar de sentir culpa por tudo o que já fizera sem se lembrar de Deus, mas estava aliviado por saber que o filho iria sobreviver e alegrar todos os seus dias.

* * *

Aquelas noites de evangelização foram muito importantes para todos. A mãe de Onofre também estava enlevada. Seu Antônio e Dona Judite tentaram levar àquele casal uma visão espírita sobre o Evangelho lido, esclarecendo-o sobre a missão de Jesus, cujo foco era o crescimento da humanidade pelo exercício do amor junto ao próximo. Eles também explicaram as consequências advindas do afastamento dos filhos de Deus do caminho de seu crescimento interior e que esse ato também pode levá-los a sofrer influências espirituais, que nada mais são do que um reflexo de suas próprias ações e pensamentos equivocados, que lhes provocavam mais dor e sofrimentos.

Dona Judite lhes disse em uma das reuniões:

— A humanidade pode enxergar a Misericórdia Divina pela descoberta das inúmeras oportunidades que recebe para corrigir erros e desgarrar-se de culpas por meio de sucessivas vidas. Por isso, não vamos nos fixar aos erros do passado. Tentemos agir, de agora para frente, demonstrando nossa boa vontade e determinação em fazer diferente.

Assim, associando o que ouvira naquelas reuniões de evangelização às últimas palavras de Alexandre, a mãe de Onofre, como Carlos, sentia-se sensibilizada e agradecida. Ela era uma pessoa bondosa. Amava demais o marido e o filho, mas, também por esse motivo, mantinha um sentimento de ciúme quase doentio de ambos. Suas brigas com Carlos eram em decorrência desse sentimento que amargurava seu coração. O marido não podia se atrasar que ela construía em si pensamentos de traição e, em seguida, de revolta. Quando chegava, Carlos era bombardeado por perguntas e insinuações, em sua maioria, maldosas, que causavam as brigas entre o casal.

Carlos também não facilitava a vida de ambos. Bebia muito com os amigos, chegando, muitas vezes, madrugada adentro, deixando esposa e filho preocupados. Quando bebia, era muito violento com todos, o que levou a esposa, inúmeras vezes, a dormir trancada com Onofre em seu quarto. As brigas verbais e físicas provocadas por eles eram aterradoras, e Onofre tudo ouvia e sentia.

Por tudo isso, os pais de Onofre sentiram o peso em suas consciências. Intimamente, resolveram pela modificação de seus atos, o que provocou nos protetores espirituais daquele lar uma gratidão pelo auxílio recebido. Era a primeira vez que seus protegidos se propunham a uma modificação mais íntima. Muito já havia sido feito a fim de que o casal se voltasse para a reforma de suas atitudes, no entanto ambos só viam as facilidades e desenvolturas advindas da vida material. Com o passar do tempo, foram dando margem às influências negativas, impedindo, assim, a prestação do auxílio divino.

Mas, na Seara de Jesus, não há lugar para o desânimo. Os protetores espirituais percebendo a oportunidade que se fazia presente, ou seja, a doença de Onofre e a atenção de seus genitores para um único objetivo, que era sua melhora, entraram em contato com o grupo de socorro do qual Aurora era integrante, para que, por meio de Alexandre, as orientações devidas pudessem ser ouvidas naquele lar tão necessitado de auxílio.

Aurora, fazendo-se ouvir por intermédio do médium, deu aos pais de Onofre a chance de perceberem o que estavam verdadeiramente plantando em seus corações e no coração do filho que tanto amavam.

Após aqueles dias de muitas reflexões, Carlos perguntou:

— O que podemos fazer para nos desculpar? Como poderemos poupar nosso filho tão querido de nossa insensatez?

Aquelas eram as mesmas indagações de sua esposa.

— Continuem com seus corações voltados para o Pai Misericordioso; não parem de realizar o Culto no Lar; realizem preces coletivas uma vez por dia, durante as quais todos estarão envolvidos no ambiente harmonioso que somente a oração proporciona; voltem-se para aqueles que também almejam a evolução íntima, sem dar as costas àqueles que necessitarem de seus conhecimentos espirituais.

Somente sentimos o consolo quando também o proporcionamos a outrem. Temperem a vida de vocês com os ensinamentos de Jesus, tendo, como consequência, uma salada gostosa a ser saboreada dia a dia. A luz se fará nesta casa e se expandirá a todos que com vocês tiverem contato. Esta é a tarefa dos obreiros de Jesus, sejam eles encarnados ou desencarnados.

Os pais de Onofre se calaram. Não podiam mais falar. Estavam extremamente sensibilizados. "Como Deus é Bom, permitindo que recebamos tão iluminado esclarecimento!" – pensavam.

Apesar das poucas reuniões que tiveram, Seu Antônio lhes havia explicado o auxílio espiritual que os encarnados recebem dos irmãos desencarnados e, somente agora, entenderam que não era Alexandre quem falara para eles todo esse tempo, mas sim um mensageiro de Jesus.

Despedindo-se e abençoando-os com a Paz do Cristo, Aurora interrompeu a ligação mediúnica. Alexandre, sentindo-se muito bem, agradecia o aprendizado ofertado. Seu Antônio entendera, finalmente, qual seria sua tarefa e muito agradecia a Deus pela confiança que nele depositara.

Após as despedidas, todos retornaram, leves e realizados, aos seus lares, enquanto Carlos se prontificava a levar Alexandre para casa.

19

Já passava das dezoito horas quando Alexandre chegou ao seu lar. Ele sabia que teria de explicar o ocorrido aos pais e não mentiria. Estavam todos esperando por seu retorno para o jantar e, com sua chegada, foram comer. Enquanto isso, sua mãe quis saber o que acontecera na fazenda, para que ele tivesse que ir lá tão subitamente naquela tarde. Alexandre, então, serenamente, pôs-se a relatar tudo o que ocorrera desde o dia em que estivera, pela primeira vez, na lagoa assombrada.

Sem a família perceber, José foi ficando vermelho de indignação. Pensava que o filho estava enlouquecendo ou, pior, sofrendo novamente a influência dos demônios, como considerava que acontecia quando o filho ainda era criança. Alexandre nem tinha terminado sua refeição, tampouco o relato, quando José se levantou muito irado e disse:

— Tudo isso foi só coincidência ou fruto de sua imaginação muito fértil. Nada disso aconteceu. Proíbo-o de comentar com qualquer pessoa sobre essas mentiras. Você não sabe o que fala! Está louco? Se continuar a dizer essas barbaridades, vai apanhar até que o demônio deixe seu corpo.

Vá para seu quarto, não quero mais vê-lo na minha frente!

José nunca falara assim com qualquer um de seus filhos. Todos o olharam, surpresos. Leonora não compreendia a reação de José. Estava tudo tão claro agora. Todas as respostas para os seus questionamentos mais íntimos estavam sendo dadas por seu próprio filho. Mas por que

José não via a realidade? Infelizmente, ele se levantou da mesa e foi para o quarto, não queria escutar mais ninguém naquele momento.

Alexandre também se recolheu ao seu quarto. Não estava bravo, mas triste. Lembrou-se da reação de seu pai anos atrás, quando ainda era pequeno e não concordava com algumas ideias do padre Hipólito. Nada havia mudado. Assim, ele deveria ter se lembrado de que o pai poderia não aceitar toda aquela novidade. Jamais imaginou, porém, aquela reação tão agressiva. As palavras dele o atingiram profundamente.

Pedindo a que seus filhos, Gustavo, Alice e Frederico, que continuassem a jantar, Leonora foi ter com Alexandre e, baixinho, disse-lhe:

— Filho, não se preocupe. Seu pai não o compreendeu, mas haverá um dia em que ele enxergará o que você tentou lhe dizer. Não fique magoado com ele. Depois, conversaremos mais sobre tudo aquilo que nos disse, porque eu acredito que o que você viveu nesses últimos dias foi uma realidade divina! – interrompeu-se, pois José a chamava.

Beijou Alexandre e saiu.

20

José esperava Leonora no quarto. Quando a viu entrando, pediu que fechasse a porta e se aproximasse. Ela, mal chegou perto dele, foi logo dizendo:

— José, o que houve? Jamais o vi falar com nossos filhos daquela maneira! E logo com Alexandre, que é um exemplo de simplicidade... – e parou de falar, porque observou que José não estava bem.

Leonora o abraçou carinhosamente e o deixou falar:

— Meu Deus, Leonora – disse-lhe José, quando pôde –, o que fiz? Não pude me conter. Bem sei o quanto Alexandre nos é um bom menino. Jamais o vimos atentar contra a nossa confiança, porém, como posso aceitar suas palavras? Isso é coisa do diabo, Leonora. Não permitirei que ele utilize meu querido filho como instrumento para o mal!

— Meu marido, o que o faz pensar dessa forma? Quando foi que Alexandre, fazendo o que fez, prejudicou alguém ou fez o mal? Pelo que relatou, ao contrário, só trouxe àqueles que estiveram com ele a alegria e a vontade de se voltarem a Deus e de reverem suas posturas no próprio lar e fora dele.

Neste momento, o mentor de Leonora, sem que ela tivesse consciência, a intuía para que pudesse abrir melhor seu coração e levar mais entendimentos a José. Ela não sabia que seus amigos espirituais a estavam auxiliando, porém sentia a confiança necessária para falar com José, como estava fazendo. E, enquanto o mentor de Leonora a auxiliava nos pensamentos, o de José também ministrava passes reconfortadores em seu pupilo.

José queria muito aceitar o que sua esposa lhe falava, porém receava abrir suas defesas para aquele tipo de manifestação maligna. Padre Hipólito sempre afirmara ser pecado o contato dos filhos de Deus com os espíritos, pois estes seriam os transviados do caminho e só provocariam o mal àqueles que os ouvissem.

Leonora, utilizando-se de uma passagem bíblica, alertou-o:

— Como pode dizer que isso foi uma obra maligna, se o próprio Cristo não condena isso? Lembra-se de que Ele disse que o mal não age contra o mal?

E, pegando a Bíblia, ela a abriu e leu a passagem em Marcos 3, 22-30:

> "22 Também os escribas, que haviam descido de Jerusalém, diziam: "Ele está possuído por Belzebul: é pelo príncipe dos demônios que ele expele os demônios". 23 Mas, convocando-os, dizia-lhes em parábolas: "Como pode Satanás expulsar a Satanás? 24 Pois, se um reino estiver dividido contra si mesmo, não pode durar. 25 E se uma casa está dividida contra si mesma, tal casa não pode permanecer. 26 E se Satanás se levanta contra si mesmo, está dividido e não poderá continuar, mas desaparecerá. 27 Ninguém pode entrar na casa do homem forte e roubar-lhe os bens, se antes não o prender; e então saqueará sua casa". 28 "Em verdade vos digo: todos os pecados serão perdoados aos filhos dos homens, mesmo as suas blasfêmias; 29 mas todo o que tiver blasfemado contra o Espírito Santo jamais terá perdão, mas será culpado de um pecado eterno". 30 Jesus falava assim porque tinham dito: "Ele tem um espírito imundo."

Leonora parou a leitura para que José refletisse as verdades evangélicas e, percebendo seu silêncio, continuou:

— Sei que é difícil para você compreender tal situação, porém escute-me: não acho tão estranha essa situação em que vive o nosso filho. Se isso é verdade, o auxílio que ele pode proporcionar aos outros com a ajuda de Deus é uma bênção!

Eu acredito que, quando padre Hipólito nos diz sobre a existência de espíritos maus, ele não está errado, não. Porém, se pensarmos que Deus é Magnânimo e Bondoso, não deveríamos acreditar que Ele permitiria que ficássemos à mercê de espíritos desorientados, sem o auxílio de outros tantos espíritos que compreendessem a Sua palavra.

Se somente existissem os maus junto a nós, como poderíamos nos defender deles, se não os enxergamos ou sabemos de sua presença? Por isso, Deus nos concede seus anjos da guarda. Se esses anjos são bons, quem serão eles senão espíritos bons? Poderíamos entender que Aurora é o anjo da guarda de Alexandre...

José via lógica em tudo o que Leonora dizia. Se ele fosse admitir, honestamente, não conseguiria argumentar sem levar para o lado apelativo de suas alegações. No entanto, algo o fazia repudiar tal ideia.

Naquele momento, José se prendia aos tabus de sua vivência católica. Lizinha fora quem lhe apresentara aquelas ideias. Pelo carinho que sentia por ela, fez-se seguidor assíduo do Catolicismo, mesmo tendo, logo no início, questionado alguns de seus dogmas. Entretanto, observando que Lizinha se magoava profundamente com as dúvidas que externava, parou de fazê-lo e aceitou toda e qualquer ideia, buscando não questioná-la para melhor compreendê-la. Agora, deparando-se com essa nova visão da vida, sentia que, se a aceitasse como uma possibilidade verdadeira, estaria desrespeitando a memória de sua mãe.

Neste instante, sentiu a raiva subindo-lhe as faces e disse para Leonora rispidamente, levantando-se da cama:

—Você está tentando me convencer de que o que aconteceu com Alexandre é normal? Será que também está possuída por algum demônio? Se quiser acreditar nessas mentiras, vou logo avisando que não permitirei que influencie meu filho para o pecado!

Nem terminou de falar, saiu batendo a porta atrás de si. Leonora ficou trêmula. Nunca vira José naquele estado, ele nunca falara com ela daquela forma.

Triste, Leonora foi se deitar cedo. José, entretanto, não havia retornado ao quarto até o momento em que ela, finalmente, conseguiu dormir.

Seus filhos não puderam deixar de escutar as palavras de desagrado emitidas por eles. Ouviram também o choro sentido da mãe até adormecer.

Alexandre não entendia o que fizera de errado. Se Aurora somente ajudou a família de Carlos, qual era a semelhança dela com o mal? Por que seu pai não podia compreender aquela situação, se até sua mãe o fizera?

Já sonolento em sua cama, não conseguia impedir que a tristeza o dominasse. Não pretendia causar tamanho embaraço em seu lar, levando seu pai a tratá-los daquela maneira.

Apesar de tudo, não conseguia sentir raiva dele. Desde pequeno, compreendia que as verdades de seu pai eram diferentes das dele, porém, não entendia por que Aurora não o desaconselhou a conversar com ele, sabendo que seu pai não estava preparado para aceitar aquela situação.

21

Sem perceber que já havia dormido, Alexandre enxergou Aurora ao seu lado. Ela o levou para um lugar muito bonito. Era um jardim florido, com árvores frondosas. Ouvia-se, ao longe, uma melodia suave e revitalizante. Naquele lugar, tudo era paz e amor. Sentaram-se em um dos bancos existentes ali. Alexandre queria falar, mas não conseguia. Estava entristecido, e seus sentidos pareciam querer se ligar àquele ambiente de ternura e de paz.

Foi Aurora quem falou primeiro:

— Querido amigo, por que se sente desolado? Você queria que eu o tivesse avisado de que seu pai não estaria preparado para receber a sua verdade? Então, qual seria o seu mérito em fazer as escolhas importantes de sua vida, se fosse eu a determinar a ação que deveria tomar cada vez que tivesse um problema a resolver?

A verdade deve sempre prevalecer, Alexandre; e essa é uma lição que você já aprendeu em seu coração. Apesar de não estar magoado com o seu pai por você saber que ele não pensa como você, está chateado pela forma que ele rebateu a sua verdade.

Meu amigo, muitas serão as vezes em que testemunhará tais reações das pessoas que conhece, como também das que jamais viu. Terá que se acostumar com elas. Seu pai foi o primeiro, porém, acreditamos que não ficará nessa posição por muito tempo. A demora se dará pela aplicação da liberdade que tem de escolher qual atitude tomar; mas veja que ele hoje sustenta suas argumentações pelo medo do novo, como pelo respeito que sente por Lizinha, nossa irmã querida. Haverá oportunidade em que ele poderá reavaliar seus conceitos.

Por enquanto, enfrente tal obstáculo com amor e resignação, que o sofrimento se amenizará.

Deu uma pausa, como se quisesse que Alexandre refletisse sobre o que foi dito por ela. Depois, continuou:

— O momento adequado para que seu pai se deparasse com sua mediunidade foi este. Quanto mais tempo deixasse passar, mais ele se sentiria enganado e resistente à boa nova. Sua atitude já era esperada.

Aprenda com aqueles que compreendem você, e abrace-os. Seu Antônio é o seu grande aliado nessa tarefa, e outros virão. Sua mãe e seus irmãos precisarão ser orientados, pois também serão atingidos pela lembrança inconsciente do trabalho bendito e se tornarão obreiros da tarefa no bem. Espere, no entanto, que sua mãe venha até você, pois, somente nesse momento, estará preparada para a verdade espiritual. Seus irmãos a seguirão, não tenha dúvida!

Após um momento de silêncio, Aurora continuou:

— Prepare-se, meu amigo, pois muito deveremos trabalhar de agora em diante. Seu pai, no tempo certo, será trazido aqui para esclarecimentos vários, quando emancipado de seu corpo físico. Porém, lembre-se de que ele é detentor de livre-arbítrio e poderá ou não aceitar as orientações.

Mas acredite que, com harmonia e amor no coração, e com a fé que nos fortalece no Altíssimo, atingiremos nosso objetivo.

Alexandre olhava para baixo como se estivesse pensando no que estava sendo dito. Aurora, chamando sua atenção com um toque em seu braço, continuou:

— Agora, uma pessoa muito especial o espera... – ela apontou para que ele se virasse à direita, de onde vinha uma senhora que foi imediatamente reconhecida por ele.

Era sua avó Ivete. E Alexandre correu até ela e a abraçou:

— Avó amada, que saudades! Como sinto sua falta! Como seria mais fácil se a senhora estivesse ao nosso lado para nos orientar.

Ela o convidou para que se sentassem no banco e o deixou desabafar suas dores:

— Papai não me compreende, vó. Está agindo como antes, quando eu era pequeno, e ele, com rigor, lutava contra as verdades que trago em meu coração.

— Meu neto, conheço suas apreensões porque tenho acompanhado o desenrolar de suas vidas e sei que o que sente é natural, mas não se entregue a esse sentimento. Tudo está seguindo o seu curso, conforme vocês escolhem os caminhos que desejam trilhar. Não duvide da benevolência do Altíssimo, que jamais nos abandona, principalmente quando temos em nosso coração a vontade de realizar o bem.

Não tema nada e abrace a Sabedoria do Divino, que o acompanha para que o melhor aconteça a cada nova etapa de seu viver.

— Mas, vó, papai está irredutível. Aurora disse que ele será trazido aqui para poderem conversar com ele. Será a senhora convencê-lo de que ele está errado?

— Meu querido, não se preocupe com isso. Ele terá a pessoa certa para estar com ele e levá-lo ao bom entendimento. Mas não o veja como aquele que nada sabe, e sim como aquele que ainda não teve todo o esclarecimento para enxergar outra verdade; porque, meu filho, se ele tem Deus no coração e age segundo as Suas leis, não pode estar errado.

Muitos de nós precisamos portar verdades que nos preenchem e nos norteiam a cada momento de nossa existência, e são essas verdades que nos fortalecem para superarmos todas as nossas imperfeições e nos lapidarmos para outras tantas experiências com outras tantas verdades.

— Ah, vó, não estou compreendendo o porquê de tantas amarras!

— Meu querido, a vida é simples, e simples são as experiências que vivemos. Somos nós que a complicamos. Então, veja: você acredita que o entendimento sobre a sua espiritualidade traz a libertação das suas dúvidas, não é?

Alexandre meneou a cabeça afirmativamente.

— Mas, se assim fosse, Deus estaria sendo injusto com todos os Seus filhos que não tiveram contato com essa doutrina que tanto consola! Então, eles não seriam salvos?

Alexandre tentava acompanhar o raciocínio de sua avó. Ela continuou:

— Será que toda a humanidade tem condição de compreender sua própria espiritualidade?

Não, meu anjo, não tem, porque algumas pessoas não podem ainda ter, em seu viver, o conceito do livre agir tão abrangente como o Espiritismo traz.

Enquanto estamos neste planeta escola, escolhemos, muitas vezes, abraçar uma religião em que suas crenças nos fazem seguir uma vida com limitações, porque acreditamos que nos perderíamos muito rápido se ficássemos livres em nossas escolhas.

Por essa razão, cada religião é importante, e perdemos tempo demais brigando entre nós, querendo descobrir qual é a melhor. Entenda que todas as religiões têm seu propósito na vida de seus fiéis. Não existe hierarquia entre elas, existe somatória de experiências, com as quais o ser humano angariará entendimento e compreensão em cada uma de suas vidas e evoluirá espiritualmente.

— Mas, então, não posso querer que papai me entenda nesta doutrina espiritualista? Não posso desejar que ele mude para nos apoiar?

— Claro que pode, porque isso também é um ciclo natural. Mas ele precisa compreender antes o seu próprio momento. Quando uma pessoa sente que suas velhas crenças já não respondem mais a todas as suas dúvidas sobre a vida, ela buscará outras fontes de saber e crescer. E não se iluda, até um espírita pode deixar de sê-lo para buscar outras verdades!

Por tudo isso, você precisa ter paciência, porque seu pai chegará nessa fase de mudança espontânea. Mas ele ainda precisa enxergar um pouquinho mais essa vivência espiritual na vida de sua família para perceber o que e como ela é.

Por enquanto, o que ele sabe sobre a doutrina dos espíritos tem base em ideias preconceituosas de quem nem mesmo a conhece. Dê tempo a ele.

E, assim, ambos conversaram durante um bom tempo. As palavras de conforto e ânimo da avó foram um bálsamo para o coração aflito do neto.

Retornando ao corpo físico, Alexandre acordou felicíssimo, porque trouxe a lembrança de sua experiência no plano extrafísico, tendo agora muita esperança no porvir.

22

Após o incidente com o pai, Alexandre buscou não comentar qualquer assunto a respeito dos espíritos com ele. Continuou em sua rotina normal: ia à escola; auxiliava o pai quando podia; ajudava seus irmãos com as lições escolares e dava uma mãozinha para sua mãe em casa. Em nenhum momento deixou de ser o filho bom que sempre fora, o que fez José achar que tudo tinha sido esquecido.

A única mudança em seus hábitos foi que, aos sábados, passou a se dirigir com mais frequência à casa do Seu Antônio. Como José trabalhava aos sábados, saindo sempre muito cedo, Alexandre saía logo depois dele e retornava por volta das onze horas da manhã.

Seu Antônio e Alexandre se tornaram ainda mais parceiros. Estudavam os livros espíritas que Aurora indicava e os que já tinham. Como Alexandre não tinha recursos financeiros para comprá-los, pegava-os emprestado com o amigo.

Desde o início do estudo, Alexandre ficava fascinado com a lógica e a simplicidade da doutrina, lendo tudo com muita avidez; mas somente na casa do fazendeiro, porque tinha medo de seu pai, em casa, flagrá-lo com os livros e, então, provocar conflitos junto à família. Seu Antônio nada sabia disso.

Em pouco tempo, o capataz Carlos e sua esposa souberam dos estudos feitos pelo patrão e pelo jovem Alexandre. Como não queriam mais deixar de fazer o Evangelho no lar, solicitaram que todos pudessem estudar juntos em sua humilde casa.

Assim, aquelas reuniões de estudo começaram com a presença de Alexandre, Seu Antônio, Dona Judite, Carlos e sua família. Posteriormente, porém, não existia mais espaço na sala da casa, porque alguns empregados da fazenda e suas famílias pediram para participar delas também.

Carlos e Mariana não conseguiram fazer segredo do que acontecera com o filho Onofre, nem de como haviam melhorado em seu relacionamento após terem sido orientados pelos espíritos do bem. Assim, muitos se interessaram em conhecer tal filosofia, que poderia trazer tanta felicidade aos corações desalentados. As reuniões, então, foram transferidas para um galpão da fazenda.

Mas, da mesma forma que alguns tiveram interesse em conhecer essa nova forma de enxergar a vida, muitos ainda a repudiavam por puro desconhecimento, e daí o preconceito.

Leonora, por sua vez, começou a estranhar as saídas prolongadas de seu filho aos sábados. O filho ficava fora por umas três horas. Como era uma mãe muito presente, quando o viu, certa vez, aprontar-se novamente para sair, resolveu perguntar o porquê de suas saídas frequentes à fazenda vizinha. Honestamente, Alexandre disse que participava dos estudos da Doutrina Espírita Cristã que realizavam lá.

A mãe, então, quis saber mais: o que estudavam, como eram as reuniões, quem participava e, por fim, quis saber se ela e seus irmãos também poderiam participar. Alexandre não se surpreendeu com a reação da mãe. Aurora já o havia alertado de que era só uma questão de tempo para que aquele interesse surgisse.

A partir daí, mãe e filhos começaram a frequentar juntos as reuniões. Todos adoravam os encontros de sábado e não queriam faltar a nenhum. E, apesar de ser contra manter um segredo do marido, para não haver conflitos, Leonora pediu aos filhos que não contassem ao pai a participação deles nos estudos. Por esta razão, quando ele não saía para trabalhar, todos ficavam em casa.

Quem coordenava as reuniões era Seu Antônio, e Alexandre era seu apoio, pois, pela sua mediunidade, ouvia as orientações dos amigos espirituais, podendo responder a questionamentos e corrigir qualquer entendimento errôneo ou incompleto de seus participantes.

Realeza, contudo, era uma cidade pequena, e boatos começaram a se espalhar sobre as reuniões que aconteciam na fazenda. Muitos até inventaram que ali eram realizados rituais satânicos com matança de animais. E foi por meio de um desses boatos que José ficou sabendo de sua realização. Felizmente, até aquele momento, nada tinha sido falado sobre a presença de sua família nela. Como ele ainda estava muito irritado com o vizinho fazendeiro, por este ter apoiado as alucinações de Alexandre com os mortos, preferiu não se pronunciar com quem o havia informado sobre o assunto, mas aqueles boatos lhe desagradaram muito, aumentando ainda mais sua insatisfação e seu preconceito.

Já havia algum tempo que Alexandre sentia que eles deveriam falar com seu pai sobre os estudos no sábado, mas Leonora sempre dava uma desculpa para não o fazer.

Certo dia, entretanto, quando Alexandre retornava das aulas escolares, em seu caminho para casa, voltou a ter os mesmos pensamentos. Deu um sorrisinho por perceber que aquela ideia só podia ser uma inspiração dos bons espíritos.

Depois que começara a estudar a Doutrina Espírita, Alexandre percebeu que Aurora se utilizava desse proceder com mais frequência, não aparecendo tanto para ele. Apesar do pouco tempo de estudo, já havia aprendido que os amigos espirituais não poderiam infringir o seu livre-arbítrio, vindo lhe falar diretamente sobre determinados assuntos, então, inspirações benditas sempre haveriam de surgir para que o melhor fosse alcançado pelos envolvidos.

Vinha, assim, a inspiração do plano imaterial, apesar de não ser deste modo literal que ele captava:

— Necessária é uma conversa com Leonora para que ela esteja preparada para qualquer que seja a reação de seu pai quando o informarem de suas escolhas. Sei que têm muito receio de criar um conflito familiar, porém é preciso que seu pai saiba por vocês, e não por outros, de suas participações nas reuniões de estudo.

A verdade precisa prevalecer para não haver a perda de uma confiança já conquistada. Converse com sua mãe sobre isso. Não se esqueça, Alexandre, de que, para acertarmos em nossas escolhas, devemos sempre buscar a harmonia e a paz em nosso coração por meio da prece. Ela é o refúgio para nossos tormentos.

E Alexandre prometeu a si mesmo que conversaria novamente com sua mãe sobre o assunto.

23

Após o almoço, enquanto auxiliava a mãe na arrumação da cozinha, Alexandre se pôs a falar sobre o assunto que sabia ser extremamente delicado para ela. Desde aquela reação agressiva de José, quando a ameaçou se apoiasse o envolvimento do filho com os espíritos, Leonora temia conversar com o marido como antes, principalmente no que se referia àquele tema:

— Mãe, chegou a hora de conversarmos com papai sobre nossas idas às reuniões de sábado. Ele precisa saber por nós, e não por terceiros...

Leonora empalideceu e só não caiu porque Alexandre a segurou e fê-la sentar-se. Deu-lhe um copo d'água e esperou que se recompusesse.

Sentindo que já estava melhor, foi Leonora quem disse, demonstrando todo o seu receio em ter que vivenciar outro momento desagradável com o marido:

— Você tem certeza de que devemos contar agora a ele? — Alexandre respondeu que sim com um aceno da cabeça, e ela continuou: — Eu sabia que este dia chegaria. Admito que hoje fico insegura para falar com ele sobre as mínimas coisas, sentimento esse que nunca existiu entre nós. Da outra vez, seu pai se transfigurou, sendo extremamente ríspido, e isso me magoou muito. Imagina confessarmos que não o estamos atendendo ao irmos às reuniões de sábado? Ele não nos compreenderá, como também não compreende essa doutrina cristã tão consoladora e simples. Como o faremos aceitá-la, se é tão resistente?

—Temos de acreditar em Deus – respondeu Alexandre. – Se Ele permitiu que nossa família tivesse a compreensão das verdades espirituais, mesmo com papai pensando diferente, alguma razão há. Poderemos ter muitas dificuldades, mas nada é impossível para aqueles que têm o bem em seu coração. A confiança no Altíssimo nos eleva e nos permite seguir em frente, na busca pelo nosso ideal cristão.

Leonora estava mais consolada, mas não deixava de se sentir apreensiva. "Como falariam com José?" – pensava sem parar, relembrando o olhar rancoroso e as palavras duras do marido para ela ao sair de casa, batendo a porta atrás de si.

Seus mentores a tudo acompanhavam. Apressaram-se em harmonizar seus amigos encarnados para que estivessem prontos para a conversa que teriam mais à noite. Alexandre, percebendo que era necessário, pediu à mãe que orasse caso não se sentisse confiante, pois não estariam sozinhos nesta jornada e, se acreditassem na Justiça Divina, José estaria apto, no momento certo, para ingressar naquela Seara de Amor e Caridade.

Alexandre saiu da cozinha. Ela, querendo extrair de seu coração a angústia que a sua falta de coragem provocava, firmou seu pensamento em uma oração. Um pouco mais calma, Leonora conseguiu voltar aos seus afazeres domésticos, vindo ao seu pensamento, de vez em quando, o que teriam de enfrentar mais tarde.

À noite, na expectativa de uma reação mais explosiva do marido, Leonora chamou os filhos mais novos à sala e lhes explicou o dilema que iriam enfrentar quando o pai chegasse a casa. Tentou demonstrar, em suas palavras, uma confiança que estava longe de possuir, mas que era o seu anseio conquistar.

Ao contrário de sua família, que estava um pouco tensa, ao chegar a casa, José estava cansado, mas aparentava tranquilidade. Tudo tinha dado certo naquele dia para ele, quer fosse no trabalho ou fora dele. Beijou sua querida esposa e filhos, que se reuniram na cozinha para jantar e, quando terminaram a refeição, todos foram para a sala, como era de costume. Sem dar tempo ao marido de falar qualquer coisa, Leonora lhe pediu que prestasse atenção no que a sua família queria lhe dizer.

Atencioso e curioso, José pôs-se a ouvi-la:

— Meu querido, por sermos uma família unida e rica no amor e na compreensão mútua, temos algo a lhe contar que esperamos que você compreenda.

Leonora respirou fundo e, olhando nos olhos do marido, receosa, mas criando coragem, continuou:

— Há alguns meses, estamos participando de lindas reuniões de estudos cristãos na fazenda do Seu Antônio...

— Como? – perguntou ele num rompante. – Vocês estão frequentando reuniões nas quais são feitos aqueles cultos satânicos com matança de animais?

— De onde você tirou isso, José? – questionou ela, horrorizada. – Mas é claro que não!

Nas reuniões, estudamos o Evangelho de Jesus, tendo como base a Doutrina Espírita.

José, irritado, estava quase se levantando quando a ouviu pedir, suplicante:

— Por favor, escute-me.

Ele se sentou no sofá novamente, mas muito contrariado. E Leonora continuou:

— Com esses estudos, estamos nos sentindo muito bem, preenchendo, com o entendimento da verdadeira face de Deus, um vazio que existia em nós.

Tudo o que aprendemos tem como base uma fé raciocinada, dando-nos a capacidade de responder a algumas das muitas perguntas que eram persistentes em nossas mentes e nos incomodavam. É maravilhoso termos respostas que nos auxiliam a compreender as dificuldades pelas quais passamos, as diferenças entre os filhos do Altíssimo numa vida em que só vemos desigualdades e preconceitos e, principalmente, saber o nosso verdadeiro papel na construção de nosso ser interior.

A cada ensinamento, sentimos mais conforto, mais gratidão e compreensão pela essência do Amor e da Bondade de nosso Pai por nós.

Leonora parou um pouco para sentir a reação de José. Ele estava ali, parado, parecendo ainda muito irritado com tudo aquilo, olhando para ela sem nada dizer. Então, mirando também nos filhos, ela resolveu se abrir. E, buscando toda a sua coragem, continuou:

— José, já contei a você que, desde pequena, sempre questionei sobre o porquê de Deus ter escolhido, dentre tantas famílias, a minha para enfrentar tantas dificuldades, fossem elas financeiras, de abandono, de preconceito... Minha mãe sempre buscou me dar os melhores conselhos possíveis, conselhos esses que repassei para cada um de vocês, meus filhos – disse, olhando diretamente para eles –, mas os meus questionamentos e insatisfações com essa escolha de Deus sempre foram enormes e sempre tive de me esforçar para relembrar cada um desses mesmos conselhos que eu dava quando me sentia injustiçada por Ele.

Nunca, nunca, nos sermões dominicais, tive as minhas perguntas respondidas, porque, quando as fazia em meu íntimo, sempre me freava por saber que não me deixariam questionar os desígnios divinos. Assim, era difícil demais de aceitar, por questões que não me cabia discutir, a ideia de que Deus nos criara para vivermos uma única vida, na qual, segundo o Seu arbítrio e justiça, alguns nasceriam com todas as facilidades e outros, com todas as adversidades.

Que justiça era essa?

Quando comecei a participar das reuniões na casa de Seu Antônio, inúmeras respostas me foram reveladas e trouxeram paz para o meu coração. Descobri que Deus ama a todos nós indistintamente, dando-nos tantas oportunidades de vivências quantas necessárias para a absorção dos melhores aprendizados.

Alexandre e seus irmãos se encararam, porque jamais poderiam imaginar que sua mãe sofresse em razão disso. Ela sempre fora muito forte e determinada e, agora, surpreendia-os com aquela revelação.

José, por sua vez, queria dizer que ela estava errada, porque, entre muitas coisas, não poderia haver uma vida anterior, a qual ninguém se lembrava de ter vivido. Mas ele não se sentia nem à vontade nem preparado para contradizê-la. Olhava para seus filhos e via o quanto eles estavam atentos e espantados com as declarações da mãe. Olhava para ela e via o quanto deveria estar sendo difícil confessar tudo aquilo. Assim, inspirado por uma força maior, preferiu manter-se calado.

E ela continuou:

— José, o bom entendimento das verdades divinas nos leva a compreender a nossa responsabilidade pelas ações que praticamos e as consequências que delas resultarão, fazendo-nos mais cautelosos em não cumprirmos as leis de amor, justiça e caridade que nos norteiam.

Nossos filhos sempre foram bons e nos respeitaram porque assim os ensinamos. Agora, eles fazem isso porque entendem que tal prática é um tesouro que ninguém conseguirá retirar deles. Podemos ser pobres aqui no plano da matéria, mas nos enriquecemos dia a dia para usarmos esta riqueza interior em outros patamares de vivência.

Tenho que confessar também que voltar a estudar me fez ter mais segurança em mim mesma e na minha capacidade de pensar e refletir. Quantos anos faz que me sinto incapacitada para muitas experiências do cotidiano, porque tive de abandonar a escola? Agora, vejo-me capaz de levar aos que me escutam as minhas conclusões sobre o assunto do dia, enriquecendo os nossos estudos. Claro que nem sempre compreendo tudo, mas nossos filhos e amigos me ajudam a entender...

Leonora, com os olhos brilhando, demonstrava tranquilidade, apesar de tudo. As palavras que dizia eram a sua verdade e, mesmo sabendo que o marido não tinha a mesma visão que ela, seu desabafo estava confortando sua alma.

A menção de Leonora sobre a boa postura de seus filhos fez com que José voltasse seu pensamento para um episódio acontecido naquela mesma manhã, e que ele não tivera tempo de comentar com a família.

*** * ***

José precisou ir à cidade para comprar um material que havia terminado e que era imprescindível para finalizar a tarefa daquele dia. Enquanto estava atravessando a praça central, ele escutou alguém chamá-lo:

— José! José!

Então, olhou para os lados até que viu a figura do Seu Ozório vindo em sua direção. Ele, sorrindo, disse-lhe:

— José, meu amigo! Quero muito falar com você. Quero lhe entregar isso como prova do meu agradecimento pelo bem que sua família fez por mim.

Seu Ozório entregou-lhe um envelope em cujo interior estava um volume de dinheiro de alto valor. José, surpreso, disse:

— Seu Ozório, não sei o que o senhor está falando e não entendo o porquê de estar me dando todo esse dinheiro!

— José, seus filhos não contaram o bem que me fizeram?

Bem, eu mesmo vou lhe dizer: há dias, eu estava desesperado, não sabendo mais onde procurar, pois perdera um malote em que tinha colocado o valor das vendas de dois meses inteiros e mais um guardado para pagar as minhas dívidas no banco. Eu tinha débitos que venciam naquele dia e que eram inadiáveis. Os juros do banco me quebrariam se tivesse de renegociar a referida dívida.

Já tinha comunicado a perda aos meus filhos e esposa, e todos estavam procurando o malote em casa, no quintal, no armazém e no depósito. E, quase no meio da tarde, cada um foi chegando e dando-me a má notícia de que nada tinham encontrado.

Juro, José, que eu tinha perdido as esperanças e, desesperado, já estava me preparando para ir ao banco e conversar com o gerente, buscando uma forma de não fechar meu estabelecimento.

Foi quando seus três filhos mais novos chegaram à mercearia. Eles estavam ainda de uniforme e com a fisionomia de sedentos e cansados. No meu desespero, eu lhes disse que estávamos fechados, porque precisava sair. Foi Alice quem me disse:

"— Seu Ozório, já estamos indo embora. Não queremos comprar nada, mas acreditamos que esse pacote é seu, porque tem o nome da sua mercearia nele. Pedimos desculpas por abri-lo, mas não sabíamos o que tinha dentro e poderia ser só lixo, coisa sem importância."

Ozório parou de falar, emocionado, mas continuou:

— José, Gustavo estava carregando o meu malote!

Eles vieram me entregar mesmo sabendo que era muito dinheiro e que, se ficassem com ele, eu nunca poderia reclamá-lo. Estavam sorrindo para mim e, por minutos, fiquei parado, sem reação, por não acreditar que aquilo era real. Talvez porque eu nada tenha dito, Frederico me falou, preocupado:

"— Seu Ozório, juramos que não pegamos nenhum centavo. Pode contar tudo. Achamos esse pacote lá na estrada, quando íamos para casa, voltando das aulas extras que tivemos. Ficamos curiosos porque, o senhor sabe, é um pacote diferente. Viemos para a cidade para entregá-lo, porque sabíamos que a esta hora o senhor estaria aqui, e não em casa. Se fizemos algo errado, desculpe-nos."

Nesta hora, meu amigo, lembrei-me de que tive de parar na estrada porque o meu pneu furou. Para pegar o estepe, tive de tirar tudo o que estava em cima dele, inclusive algumas caixas, o malote e outros muitos papéis. Acho que acabei voltando com tudo para o lugar e não percebi que o malote tinha ficado para trás!

Infelizmente, como eu já estava atrasado e o banco ia fechar, peguei o malote e agradeci os meninos apressadamente, fechando a porta da mercearia atrás de mim.

Consegui resolver todas as pendências bancárias e financeiras, a não ser esta, que era a mais importante – disse seu Ozório, apontando para o envelope. – Quero que você, José, receba esse valor, porque o que seus filhos fizeram foi o resultado de toda a boa educação que você e Leonora lhes deram. O que estou oferecendo aí é pouco pelo muito que eles demonstraram em caráter e honestidade. Quanto a eles, peço a você que os mande à minha mercearia esta semana, para que eu possa agradecer-lhes pessoalmente e dar-lhes o que quiserem pegar.

José não cabia em si de tanto orgulho dos filhos. Escutava tudo isso com o coração feliz. Em nenhum momento, duvidara da maneira como os filhos agiriam, mas, sabendo que tiveram a honestidade colocada à prova, teve a certeza de que ele e Leonora não erraram na forma de educá-los.

Seu Ozório continuou:

— Meu coração ficou muito triste quando, após retornar para casa, percebi o quanto os meninos andaram naquela estrada para voltar e entregar aquele tesouro para mim. E, mesmo vendo-os cansados e sedentos, nada ofereci a eles para que pudessem retornar mais recompostos para casa.

Tentando devolver o envelope, José lhe agradeceu, dizendo:

— Você não precisa premiar quem age com honestidade. Eles não fizeram isso pensando em retribuição. Fizeram isso porque sabiam que era o certo.

— Tenho certeza disso, meu amigo! Mas faço questão de que aceite, porque faço por gratidão! Se não quiser usar esse dinheiro agora, guarde-o. Talvez, vocês precisem dele no futuro. É você quem decide. Ele é seu.

José, voltando ao presente, começou a se questionar se fora somente pela boa educação dos pais que seus filhos agiram com tanta responsabilidade ou se fora pelo que sua esposa acabara de relatar. Voltou sua atenção para Leonora, que continuava a falar:

— ... nos sentimos muito bem por estarmos estudando, mas sofremos por não termos você ao nosso lado, para nos dar coragem nos momentos em que encontramos dificuldade no aprendizado.

Meu marido, somos sua família e, em nenhum momento, quisemos lhe esconder qualquer situação ou circunstância de nossa vida. Infelizmente, tivemos medo de perdê-lo por você não poder, ainda, compreender nossa busca por uma verdade mais consoladora! Entretanto, pelo amor e respeito que lhe temos, queremos que saiba onde estamos e, quem sabe, até venha a aceitar a nossa escolha.

José estava pasmo! Não tinha coragem de pronunciar qualquer palavra. Apesar de suas emoções estarem em desalinho, a única sensação que sabia existir dentro de si era a de abandono, como quando sua mãe se fora, e ficara somente seu pai a massacrá-lo todos os dias. Prometera, desde aquela época, que jamais faria seus filhos passarem pelo que passou, e não quebraria a sua promessa. Eles eram tudo para ele.

Olhou para Leonora e para seus filhos e viu esperança em seus olhos, mas também apreensão, por temerem uma reação violenta de sua parte, como da última vez. Mas não, naquele momento José já não sentia mais vontade de brigar, apesar de se sentir irritado e emocionalmente debilitado. Deu-lhes mais uma olhada, levantou-se sem nada falar e foi para seu quarto. Não teve vontade nem de comentar o prêmio oferecido pelo Seu Ozório. Falaria sobre isso outra hora. Agora, só queria ficar só.

Leonora e as crianças entreolharam-se. Imaginaram várias reações de José, porém não aquela passividade. Viram-no levantar-se e retirar-se irritado, mas mudo e alquebrado. Nenhuma palavra foi pronunciada.

Leonora acompanhou os filhos às suas camas e, imaginando respeitar a vontade de José, deitou-se no sofá, pois, após ir ao quarto e dar-lhe um beijo de boa noite, ele deu-lhe as costas sem nada falar.

24

Leonora não sabia o que os esperava. Seu marido jamais fora violento com ela ou com seus filhos, porém, sempre que conversava sobre religião, ele dominava a conversa e não aceitava ideias diferentes das dele. Ela sabia do amor e da dívida de gratidão que José possuía com Lizinha, que era muito católica e o levava à missa toda semana. Acreditava que era por isso que ele não aceitava nada de diferente.

Seus pensamentos voaram para alguns anos atrás. Leonora simpatizara imediatamente com a mãe de seu marido. Apesar do pouco tempo que tiveram para se conhecer, Leonora pôde constatar o carinho e o amor que José e Lizinha sentiam um pelo outro.

Infelizmente, porém, não pôde usufruir tanto quanto gostaria de sua companhia; poucos meses depois do casamento, Lizinha faleceu de um infarto fulminante, sendo sepultada, com simplicidade, no cemitério local ao lado do túmulo de seu marido. Somente José e umas poucas senhoras amigas estiveram presentes. Leonora não pôde ir porque o casal não achou aconselhável deixar Ivete sozinha.

"Como são lindas as relações de amor firmadas pelos laços da adoção!" – pensou ela. Quando José contou que Lizinha era sua mãe adotiva, Leonora se surpreendeu.

Isso a fez pensar em quantas mães e pais buscam os filhos pelos orfanatos afora e, quando os encontram, reconhecem-nos e os amam do fundo de seus corações.

Suas lembranças a levaram para a adolescência, quando, vez por outra, estando em casa, ajudava a mãe na costura. Ivete tinha uma cliente antiga que não conseguia ter filhos. O sonho da cliente era ter uma menina. Todas as vezes em que ela ia encomendar ou consertar uma roupa, desabafava um pouquinho, falando sobre quantas vezes se dirigira aos mais diversos orfanatos, das mais variadas cidades, à procura daquela que seria a sua filha.

Por três anos, a cliente procurou, até que, quando já estava para desistir, um milagre aconteceu. Ela caminhava pela rua quando viu um menino ser atropelado por um carro, tendo o motorista fugido do local do acidente. Ao ver aquele menino estirado na rua, não conseguiu deixá-lo só. Acompanhou-o ao hospital e se responsabilizou por ele até sua família chegar. Quando o médico retornou para lhe dar notícias de seu estado, descobriu que ele era um menino de rua que não tinha ninguém para protegê-lo.

Leonora sorriu com a emoção que sempre a inunda quando tem lembranças como essas. Se o sonho daquela mulher era ter uma linda menina, tudo mudou quando ela viu aquele ser indefeso estirado ao chão. Chamou o marido, que descobriu que seria pai de um rapazinho de sete anos ao chegar ao hospital, porque ela não renunciaria ao filho que eles finalmente haviam encontrado.

Leonora não esquecia o sorriso daquela mulher ao contar todo o ocorrido para sua mãe. Ela irradiava amor, e Leonora sabia que foi amor que aquele menino recebeu por toda a vida, vindo daqueles pais que o adotaram.

"Filhos do coração, não existe expressão mais adequada para esta relação de amor!" – pensou ela.

Leonora nunca tinha parado para analisar como aquela cliente sabia ser aquele menino o seu filho. Mas, agora, pensando nas verdades espirituais, tudo ficava mais claro. Se todos temos uma programação para nortear as nossas experiências terrenas e fazer com que a nossa existência seja a mais útil e proveitosa possível, e se aquela mãe não podia ter um filho consanguíneo, a vida levaria o verdadeiro filho a ela no tempo certo e da forma mais apropriada; o filho que já estava programado para fazer parte da vida dela e do marido e, juntos, crescerem e evoluírem.

"Como é magnífica e misericordiosa a Providência Divina!" – pensou Leonora, agradecendo a Deus pela graça da vida.

Por alguns minutos, Leonora tinha se esquecido do momento difícil que estava vivendo. Foi despertada de suas lembranças quando José entrou na cozinha para tomar o desjejum. Ele nem olhou para ela. Tomou rapidamente um copo de café quente e saiu para o trabalho sem dirigir-lhe uma única palavra.

Leonora sentia-se dolorida. A dor era mais íntima do que propriamente física. Por ter dormido no sofá, de mal jeito, seus músculos e coluna latejavam sofridamente; mas a dor física não se comparava ao sofrimento íntimo que machucava seu coração. Não era acostumada a brigar com José, tanto que contava nos dedos as discussões que tiveram durante o casamento. Normalmente, quando divergiam um do outro, conversavam e entravam em um consenso. Ela e José jamais deixaram de se falar como agora acontecia. Prefeririria mil vezes que ele brigasse, espernasse, ou fizesse qualquer coisa parecida, do que aquele silêncio que ele adotou.

Pouco depois, as crianças vieram tomar o café da manhã para ir à aula. Quando o filho mais velho viu o semblante da mãe, entendeu sua luta íntima. Os demais nada perceberam, mas perguntaram pelo pai. Dizendo Leonora que ele já havia saído, fizeram o lanche matutino e saíram em disparada. Alexandre, no entanto, ficou para trás propositalmente. Queria saber se poderia fazer algo para auxiliá-la.

— Papai já foi trabalhar mesmo, mamãe?

Tendo sido respondido com um sinal afirmativo de sua mãe, continuou:

— Como ele reagiu hoje, pela manhã, com a senhora? Não brigaram, não é?

— Não, meu filho. Ele ainda está irritado, mas não brigou comigo. Seu pai estava com pressa, tomou seu café rapidinho e foi embora.

— Talvez se eu não tivesse dado importância ao que Aurora e Seu Antônio me falaram, nada disso teria acontecido – disse Alexandre, com uma entonação de voz triste e arrependida.

— Não pense nisso, Alexandre. Tenho certeza de que seu pai deve estar pensando sobre o assunto que conversamos ontem, antes de vir ter conosco. Imagino como deve estar sofrendo, mas, desde o início, sabíamos como seria difícil para ele.

E é por amor ao conhecimento cristão e pela nossa necessidade íntima do aprendizado; por confiarmos na Providência Divina, que abraçamos essa filosofia que nos explica os mistérios da vida e da morte, as nossas responsabilidades perante o Pai Majestoso, as leis que nos governam e sua aplicação justa diante de ações praticadas por nós com a liberdade de nossas escolhas.

Não me arrependo de tê-la abraçado, meu filho, e espero que você também não. Continuaremos indo às nossas reuniões. Se fizermos a nossa parte, confio que será providenciado, por nossos amigos espirituais, o caminho que conduzirá José a nós.

Alexandre despediu-se da mãe, que percebeu o quanto o filho estava abalado com tudo o que acontecia. Ele, por sua vez, não tinha muito tempo para pensar, precisava dirigir-se à escola rapidamente, pois já se encontrava bastante atrasado, e havia um bom caminho a ser percorrido.

***

Faltavam cinco minutos para o sinal tocar quando entrou na sala de aula. Estranhou a ausência da professora, porque ela sempre fora muito pontual e, normalmente, faltando quinze minutos para sete horas, ela já se encontrava sentada à sua mesa, pronta para lecionar.

Na sua falta, os alunos conversavam animadamente. O sinal tocou, e a professora não chegou. Os alunos começaram a estranhar algo que Alexandre já havia percebido uns dez minutos antes.

Passaram mais dez minutos, e nada.

— Será que adoeceu? – alguns perguntavam.

Especulavam várias situações, até que a diretora entrou na sala e, muito séria, pediu silêncio aos alunos, no que foi imediatamente atendida. Então, disse:

— Informo que a professora Gertrudes não poderá vir hoje. Está doente e de cama. Como essa seria a única aula de vocês, pois teremos Conselho de Classe hoje e amanhã, estão dispensados. Aqueles cujos pais vêm buscar ao final da aula podem aguardar no pátio, sem muita bagunça, pois as outras turmas estão tendo aula. Lembrem-se de que amanhã vocês também estarão liberados. Tenham um bom final de semana e até segunda-feira.

A classe se alvoroçou. Teriam dois dias livres!

Apesar da alegria geral, Alexandre se sentiu aflito. Não estava tranquilo. Seus amigos o abordaram, chamando-o para jogar uma pelada, mas até isso ele dispensou. Lembrou-se da conversa que tivera com sua mãe pela manhã, e sentiu toda a angústia pela situação que se formou em seu lar.

Foi caminhando em direção à sua casa, pensando em como tudo seria diferente se não tivesse ido àquela lagoa assombrada. Mas, entre um pensamento e outro, conflitantes, percebeu que quem não saía de sua mente era a professora Gertrudes. Ele só pensava em quem a socorreria caso passasse mal, pois considerava que, talvez, ela morasse sozinha, e estava doente.

Adiantou-se por mais alguns metros em direção à sua casa, mas aqueles pensamentos estavam tão recorrentes que Alexandre resolveu, pelo menos, ver como ela estava. Assim, dirigiu-se para a residência de sua professora.

Alexandre nunca tinha ido à casa de Dona Gertrudes e, chegando lá, estremeceu. O que poderia dizer a ela sobre estar ali? Pensou e resolveu ser sincero. Tocou a campainha. Foi a própria professora quem atendeu e não parecia nada bem. Vendo-o ali, estranhou, mas foi logo esclarecida por ele de sua presença:

— Bom dia, professora! Vim aqui para ver se a senhora está precisando de alguma coisa. A diretora nos contou que está adoentada e pensei que, talvez, estivesse precisando de alguém para auxiliá-la.

A professora Gertrudes sempre fora muito rigorosa com seus alunos, e poucos eram os que gostavam dela, tinha consciência disso. A espontaneidade de Alexandre a cativou. Convidou-o, então, para entrar.

Dona Gertrudes era uma mulher com pouco mais de sessenta anos. Possuía ainda alguns cabelos negros entre os muitos grisalhos que compunham sua cabeleira sempre bem-arrumada e penteada com um coque rijo. Usava óculos de armação preta e lentes grossas.

Naquele momento, porém, estava bem desarrumada, com seus cabelos soltos em desalinho, usando uma camisola coberta por um robe bem grosso, e descalça. Apesar da expressão de doente, portava um ar mais leve.

Alexandre reparou como sua casa era simples, mas bem-arrumada. Tudo parecia estar no lugar. Havia flores e pequenos bibelôs sobre os móveis. As frutas também faziam parte da singela decoração. Os móveis eram, em sua maioria, de cor clara, suavizando o ambiente. Aquela não se parecia com a casa que ele imaginava para Dona Gertrudes.

"Por que será que ela não deixava transparecer a pessoa sensível que decorara aquela sala?" – pensou.

Alexandre se sentou na poltrona que havia sido indicada por ela e a observou. A professora demonstrava dificuldade para andar, para se sentar e até mesmo para falar. Era visível que algo estava muito errado. Esquecendo-se de todas as dúvidas que povoavam sua mente minutos antes, Alexandre, em prece silenciosa, colocou-se à disposição dos mensageiros de Jesus para o auxílio de sua professora, se fosse possível. Imediatamente, sentiu-os ao seu lado.

Dona Gertrudes estava um pouco sem graça, porque fazia muito tempo que um aluno seu a visitara... ainda mais estando tão desarrumada. Receava dar a ele uma má impressão. Porém, sentia-se tão mal, que deixou para lá aqueles pensamentos.

Percebendo o seu desconforto, Alexandre lhe perguntou como poderia ser útil. Talvez, indo buscar um remédio na farmácia, ou o médico... qualquer coisa. Sem haver tempo de responder, Dona Gertrudes sentiu um desconforto profundo, que a fez encolher-se. Depois, começou a sentir uma dor, só que agora vindo devagar e aumentando progressivamente. As dores estavam terríveis e se concentravam no abdômen e nas costas. Sentia que poderia vir a desmaiar.

Quando se encolheu novamente pela dor aguda, que não diminuía, Alexandre a segurou e a fez deitar-se no sofá. Ela não aguentava esticar o corpo, pois a dor era muito forte. Aceitando seu papel com confiança, Alexandre permitiu que seus amigos trabalhassem, aplicando um passe, conjuntamente a uma prece fulgurosa, para aliviá-la do tormento que a castigava.

Após algum tempo, Dona Gertrudes já se sentia melhor. Tão melhor, que jamais havia sentido aquela sensação de leveza e, apesar das dores que ainda a incomodavam, pôde atribuir o alívio à atitude inusitada que Alexandre tomara.

Aurora a informara, por meio do amigo médium, que a melhora seria temporária. Imediatamente, deveria ser chamado o médico local para vê-la, pois seu apêndice havia supurado.

— Fique deitada e, se possível, em prece, que voltarei logo com o médico – disse Alexandre para ela.

Alexandre correu até o consultório do doutor Mário. Lá chegando, encontrou-o abrindo o consultório e, ofegante, informou-lhe a situação de Dona Gertrudes e de seu apêndice supurado. O médico estranhou um garoto de quatorze anos dar qualquer diagnóstico, mas percebeu a possível gravidade da situação, o que o fez acompanhá-lo rapidamente à casa da enferma.

O pequeno alívio que sentira na ausência de seu aluno foi passando à medida que o médico ia tocando em seu abdômen e questionando sobre o que sentia. A dor estava tão profunda, que o médico imediatamente confirmou o diagnóstico dado por Alexandre, sabendo que deveria realizar uma operação de emergência.

O hospital da sua cidadezinha, entretanto, não tinha estrutura para uma cirurgia daquela importância. Somente o da cidade vizinha, que se encontrava a muitos quilômetros de distância, poderia oferecer um atendimento adequado. Sem outra opção, foi buscar seu carro para que pudesse ele mesmo levá-la o mais rápido possível.

Alexandre nada mais tinha a fazer ali. Porém, o medo de Dona Gertrudes era tanto, que o agarrava pela mão e não o soltava. Não haveria problema de ele ir com ela, só que ninguém de sua família sabia que estava ali. Como seus pais se sentiriam se fosse sem avisá-los?

Quando o médico chegou de carro, tomou conhecimento do problema de Alexandre e, entendendo seu dilema, disse-lhe que passaria em seu consultório, e sua secretária os avisaria, já que estes não tinham telefone. Sendo assim, o adolescente, despreocupado, foi com eles.

Durante todo o percurso, Alexandre, que havia colocado a cabeça da professora no colo, tentava rezar pelo seu conforto e cura. Mas, estando Dona Gertrudes a gemer mais à medida que o tempo passava, Alexandre sentia muita dificuldade de se concentrar.

Já eram três horas da tarde quando chegaram ao hospital. A paciente foi imediatamente conduzida ao centro cirúrgico, tendo o doutor Mário entrado na sala de operação para acompanhar a cirurgia.

Na sala de espera, Alexandre firmou o pensamento em uma oração, pedindo a Jesus o auxílio da espiritualidade para que tudo ocorresse bem.

Depois de um bom tempo aguardando, perguntou a uma enfermeira, e ela lhe disse que todo o procedimento cirúrgico demoraria algumas horas e que, por isso, deveria arrumar algo para passar o tempo e não ficar ansioso. Alexandre resolveu se direcionar à enfermaria das crianças, ficar conversando e brincando com elas.

Foram muitas as brincadeiras que alegraram a tarde de todos, e o tempo passou bem rápido.

Achando que a cirurgia já estava em seu estágio final, Alexandre achou melhor voltar à sala de espera e aguardar. Esperou ainda por volta de uns quarenta minutos, quando os médicos saíram da sala, e doutor Mário foi ter com ele.

Era visível o cansaço estampado no rosto do médico, que, após lhe dar notícias da enferma, afirmou que já passava das dezoito horas e que seria mais prudente se ambos dormissem aquela noite ali, pois estariam se arriscando muito na estrada. Alexandre ficou preocupado com seus pais, mas sabia que não poderia discordar, porque o doutor Mário estava certo. E ambos, então, se dirigiram para uma das pensões que existiam perto do hospital.

Como, nesta época, poucos eram aqueles que tinham um telefone em suas residências, o doutor Mário já tinha se antecipado em informar sua secretária de que eles poderiam não retornar naquele mesmo dia e de que ela deveria enviar o mensageiro da clínica para informar os pais de Alexandre sobre todas as possibilidades.

Para que o jovem não se preocupasse, ele lhe disse enquanto esperavam o jantar:

— Alexandre, não precisa ficar aflito, porque a minha secretária já está acostumada com essas situações.

Assim, ambos jantaram tranquilos e, em seguida, foram dormir, porque estavam exaustos.

* * *

Infelizmente, a tranquilidade vivenciada por doutor Mário e Alexandre não condizia com a realidade sentida pela família do jovem.

O mensageiro da clínica adoeceu e não foi trabalhar naquele dia, impossibilitando a secretária de entrar em contato com os pais do jovem para avisá-los da viagem.

As preocupações começaram por volta das sete horas da noite, pois José, ao chegar a casa, não estava com o filho.

Apesar de Alexandre não ter aparecido durante todo o dia, era comum para Leonora que, quando ele não tivesse qualquer obrigação ou dever de casa para fazer, fosse ajudar o pai na obra e só voltasse com ele à noite. Por isso, até aquele momento, Leonora estava tranquila.

Preocupados com o sumiço de Alexandre durante toda a noite, Leonora e José percorreram vários pontos da cidade em busca de informações, inclusive no hospital e na delegacia e, somente quando não tinham mais para onde ir, voltaram para casa, tentando não sucumbir aos pensamentos bastante pessimistas sobre o que poderia ter acontecido com o filho.

26

Na manhã seguinte, Alexandre e o doutor Mário foram bem cedo visitar Dona Gertrudes. Enquanto doutor Mário conversava com o médico que a acompanharia nos próximos dias, Alexandre foi diretamente ao quarto da enferma para lhe dar bom dia. Lá chegando, observou que ela já estava acordada e que olhava para o vazio como se pensasse em algo. Parou na porta, em respeito às suas reflexões. Poucos segundos depois, Dona Gertrudes o viu e, sorrindo, pediu que viesse para mais perto. Alexandre foi ter com ela, já lhe perguntando se passava bem.

— Graças a Deus, estou muito bem. Obrigada! Quero muito lhe agradecer por tudo o que fez por mim. Se estivesse sozinha naquele momento, nem sei o que teria acontecido!

Novamente ela parou, como se estivesse pensando em algo, mas nada lhe falou. Ele se sentou em uma cadeira perto de sua cama e observou o ambiente. O quarto onde ela estava era pequeno e simples, porém muito asseado. Só continha a cama, a cadeira em que estava sentado, um armário de uma porta e alguns aparelhos médicos. A janela, ao contrário, era bem grande, o que proporcionava à paciente uma visão bonita dos jardins do hospital.

De repente, a enferma se voltou para ele e perguntou:

— Alexandre, como soube que meu apêndice havia supurado? Como você pôde, concretamente, aliviar as dores que eu sentia somente impondo suas mãos em minha direção e rezando?

Enquanto Alexandre, meio sem jeito, tentava buscar uma resposta satisfatória para dar a ela, doutor Mário entrou no quarto com o outro médico para fazer a apresentação rotineira. Após o procedimento normal, informou à paciente que Alexandre e ele iriam embora, mas que ela teria alta dali a dois, três dias, e o hospital o avisaria de sua ida para casa.

Mais alguns poucos minutos de conversação e eles se despediram. Quando Alexandre foi abraçá-la, ela o reteve e disse-lhe, com ar de seriedade, mas com um bonito sorriso nos lábios:

— Nossa conversa não terminou, mocinho. Quando eu voltar, gostaria que fosse me visitar.

Ele se comprometeu com ela, e, então, despediram-se amigavelmente.

Os dois teriam de enfrentar uma viagem pela frente e queriam chegar, antes do almoço, à sua cidade.

* * *

Enquanto isso, após os filhos terem saído para a escola, Leonora e José retornaram à delegacia para saber se tinham obtido algum resultado com as buscas por Alexandre.

Infelizmente, nada. Durante toda a noite, os policiais procuraram pela cidade, mas nem sombra do jovem sumido.

Ainda confiantes, os pais de Alexandre foram à escola, onde tiveram a informação de que, no dia anterior, as aulas haviam sido suspensas em decorrência da doença da professora e do Conselho de Classe e também de que Alexandre tinha saído da escola tão logo os alunos foram dispensados.

Após saírem dali, José disse à esposa com um sorriso, para encorajá-la:

—Vamos visitar cada um dos amigos de Alexandre. Quem sabe ele foi se divertir com eles ontem e se desligou do tempo, ficando muito tarde para voltar para casa.

Cada um deles, porém, tinha a mesma resposta para dar:

— Não, ele não está aqui. Alexandre saiu da escola direto para casa ontem. Pelo menos, era para onde ele estava se dirigindo. Mas aconteceu alguma coisa com ele antes da escola? Porque ele estava bem chateado, a ponto de não aceitar nem jogar uma pelada com a gente!

Leonora sabia que eles tinham razão. O filho saíra de casa chateado, mas aquele motivo seria grave o bastante para ele ter sumido? Ela já não sabia mais o que pensar. Começou a rezar em silêncio e pedir inspiração aos bons espíritos para que lhe sugerissem a ideia de mais algum lugar onde pudesse procurar Alexandre.

A imagem da fazenda de Seu Antônio lhe veio à mente, e ela disse a José que fossem até lá para procurar.

Mesmo ainda sentindo certa hostilidade pelo vizinho fazendeiro, em razão daquele assunto dos espíritos, José não foi contra aquela ideia. Dirigiram-se para lá o mais rápido que puderam.

Seu Antônio e sua esposa os receberam muito bem, mas, vendo-os angustiados e apreensivos, perguntaram imediatamente o que havia acontecido.

— Nosso Alexandre sumiu! – disse Leonora quase chorando. – Por acaso, ele se encontra aqui com vocês?

Com a negativa do casal, a última esperança daqueles pais se esvaeceu. Leonora, não aguentando mais, pôs-se a chorar. José abraçou-a carinhosamente.

Para não piorar a situação, José tentava dissimular seu próprio desespero, mas muitas cenas horríveis ficavam passando por sua cabeça, imaginando o que poderia ter acontecido com o filho.

Vendo o sofrimento dos pais de Alexandre, Dona Judite foi à cozinha a fim de preparar copos de água com açúcar para acalmá-los. Seu Antônio os convidou para se sentarem na sala e esperou que eles explicassem o que tinha acontecido. Quando terminaram o relato de tudo o que já tinham feito para achar o filho, Seu Antônio levantou e chamou seu capataz imediatamente. Com um mapa da região na mão, ele triangulou as procuras e mandou vários dos seus empregados para procurá-lo em diversas áreas daquela localidade e um pouco mais além.

Depois de todos os planejamentos e determinações, o vizinho fazendeiro e sua esposa voltaram a atenção aos pais aflitos, para oferecer-lhes apoio, levando-lhes lindas palavras de conforto e esperança. Leonora, que já os conhecia melhor pelos estudos aos sábados, foi se sentindo mais calma, até que conseguiu parar de chorar.

Seu Antônio falava com eles sobre a confiança que deveriam ter em Deus, e José, ouvindo-o, agarrou-se na sua fé e esperança, e mesmo que não tivesse, naquele momento, as respostas para os seus questionamentos mais angustiantes, queria acreditar que elas viriam com a permissão do Altíssimo.

E ainda pôde perceber o quanto aquele casal se importava com Alexandre. José pensou: "Vejo neles o quanto estão apreensivos, mas realmente estão buscando nos trazer consolo neste momento de desolação. E por que se preocupam conosco? Quem somos nós para eles? Nosso filho sempre nos falou do quanto são generosos com todos da fazenda e do quanto ele gosta deles e os admira... mas nunca pensei que eles também o tinham em seus corações!".

Após vê-los tão preocupados e dispostos a ajudá-los, José afastou a má impressão que tinha do vizinho e, talvez por acreditar que não estavam mais sozinhos naquela busca, deixou-se acalmar.

Naqueles poucos momentos juntos, José se sentiu tão acolhido em sua dor, que se viu conectado àquele casal como somente duas vezes se sentiu na vida: uma, com Lizinha, sua mãe adotiva, e outra com Maurício, seu antigo patrão e amigo. Este se transformara quase em um pai para ele, quando ainda era um jovem aprendiz de pedreiro e que, havia muito, tinha se esquecido do que era ter uma boa figura masculina em sua vida.

Durante a viagem de volta, Alexandre começou a pensar em muitas coisas, inclusive no médico que estava ali ao seu lado. Conhecia o doutor Mário havia muito tempo, sentia que ele tinha um coração muito bondoso e que todos de sua família o admiravam.

Lembrava-se de uma situação ocorrida quando tinha pouco mais de três anos de idade, e sua avozinha não passava bem. Já era noite, e sua mãe, sem alternativa, teve de ir buscar o doutor Mário na cidade, levando-o à sua casa.

Já era bem tarde quando eles chegaram e, com certeza, o doutor estava dormindo quando foi contatado por sua mãe. Apesar disso, durante todo o tempo em que esteve com a paciente, tratou-a com desvelo e sempre sorrindo.

Quando deixou a enferma, foi conversar com Leonora na sala, informando-a da necessidade de adquirir um remédio para combater a debilidade em que sua mãe se encontrava. Leonora, não conseguindo conter as lágrimas, afirmou não ter condições naquele momento de comprá-lo. Explicou que José não se encontrava em casa, pois estava trabalhando numa fazenda que ficava muito longe e só retornaria dali a quatro dias... talvez, com algum dinheiro e que o que ela tinha somente daria para pagar pela consulta naquele horário tão inapropriado.

Dona Ivete era sua paciente fazia muito tempo, e o doutor Mário sabia das dificuldades enfrentadas por aquela família tão digna e esforçada. Assim, ele disse:

— Leonora, não se preocupe! Vamos conseguir essa medicação, tenho certeza. Preciso ir agora, mas retornarei assim que puder para verificar o estado de Dona Ivete, está bem?

Alexandre não viu o médico retornar, porque o sono de uma criança pequena se sobrepõe a qualquer preocupação que ela possua; mas ele se lembrava de sua mãe contando ao seu pai a surpresa que tivera ao ver o médico retornando, ainda naquela madrugada, com o remédio em mãos para medicar a paciente. E ainda da emoção em seus olhos ao contar que, ao terminar, ele não aceitou qualquer remuneração pelas visitas, tampouco pelo remédio comprado. Sua mãe contou ao seu pai que o doutor Mário lhe havia dito que toda remuneração de que ele precisava estava nas gargalhadas que dera com a confusão feita pelo farmacêutico que não encontrava seus óculos e, por isso, não conseguia ler o nome dos remédios. Por mais que o doutor, à frente do balcão, apontasse para onde estava a medicação, o rapaz pegava a errada e, então, desistindo de procurar, pediu ao médico que entrasse e fosse, ele mesmo, pegá-la nas prateleiras.

* * *

A viagem seguia o seu curso, e os pensamentos de Alexandre também. Começou a relembrar as dificuldades que seus pais e a avó enfrentaram no início. Claro que muito do que sabia hoje fora contado por eles mesmos, porém, às vezes, surpreendia-se com algumas lembranças vivas de circunstâncias que ocorreram quando era ainda muito pequeno, como foi o caso daquela visita noturna do médico.

Ficou sabendo, por meio de seus pais, que a propriedade, de pouco menos de três mil metros quadrados, estava muito abandonada quando a compraram. Mas foi uma oportunidade que seu pai não podia perder e que sua mãe ajudou a transformar no que é hoje, totalmente útil e muito jeitosa. A casa, à época de sua aquisição, era bem menor e apresentava muitos problemas. Para que pudessem viver melhor, precisaram praticamente demoli-la. Foi com muita dificuldade que levantaram, parede por parede, uma nova casa para morarem, porque o tempo de José e os recursos eram escassos. Com muita determinação, conseguiram realizar o sonho deles: uma casinha alegre e arejada, como a doença de sua avó exigia.

Muitos foram os sacrifícios, porém a família não se deixou desanimar diante das dificuldades. A avó era o braço forte dos recém-casados. Era ela quem os animava, não permitindo que ficassem tristes ou desesperançosos.

Para auxiliar José, seu amigo e antigo patrão, Maurício, o indicou para a reforma da casa sede de uma das fazendas de um cliente antigo. Como o cliente não tinha pressa para terminar, um pedreiro sozinho poderia fazer o que era preciso. Para José, esse trabalho foi um presente divino, pois iria remunerá-lo muito bem. No entanto, por ser longe de sua casa, precisaria dormir lá na fazenda. Sendo assim, retornava ao seu lar somente aos sábados e domingos, quando aproveitava para levantar a sua própria moradia. Foram meses de muitas privações, mas sua determinação, aliada ao amor de sua esposa e sogra, fez com que suportasse cada uma delas.

Quando o trabalho contratado foi finalizado, o dono da fazenda, maravilhado com o bom gosto e profissionalismo de José, passou a indicá-lo aos seus amigos. E, a partir daí, ele sempre trabalhou pelas redondezas.

Além da remuneração acordada, o dono da fazenda também ofereceu todo o material de construção que sobrara, porque soubera que José estava construindo sua própria casa. Como o cliente resolvera não mais construir uma pequena choupana às margens do rio de sua propriedade, muito material ficou sem uso. José ficou bastante agradecido com a oferta, mas não teria condições de levar toda aquela sobra para as suas terras. Entendendo a situação embaraçosa do obreiro, o cliente, além do material, também providenciou o transporte.

Foi assim que puderam, com muita fé, determinação e com o auxílio dos amigos conquistados, realizar o sonho de ver sua casa erguida e, com ela, iniciarem suas vidas com humildade e conforto.

Inicialmente, a casa era menor. Era composta por uma sala, onde Dona Ivete gostava de se sentar em uma poltrona e ali coser, dois quartos, uma cozinha e um banheiro. Posteriormente, com a vinda dos filhos, José teve que ir aumentando o número de cômodos para acomodar a todos.

A avó pôde presenciar, ainda encarnada, o nascimento de seus dois primeiros netos e viveu até Alexandre completar quatro anos de idade. Faltando algumas semanas para o seu desencarne, o estado de saúde dela havia piorado muito, de modo que não conseguia mais se levantar da cama. Leonora havia sido orientada para que Alexandre e Gustavo não ficassem próximos à avó, porém, certa vez, quando tentava afastar Alexandre do quarto dela, este a olhou fixamente e disse-lhe:

— Mãe, não se preocupe comigo. A vovó irá morrer dessa doença, mas eu ainda tenho muito a fazer aqui. Por isso, não tema, que não ficarei doente.

Aquelas palavras soaram fundo no coração de Leonora. Ela sabia o quanto avó e neto se amavam e, apesar de todo temor, não conseguiu mais separá-los. Alexandre ficou ao lado de sua avó até o final. Apesar do cansaço e das dores muito fortes que sua mãe sentia, Leonora percebia que a presença de Alexandre a auxiliava, e muito, a enfrentar aquele momento, embora ela jamais tenha perdido o sorriso de seus lábios. Mesmo acamada, ainda era ela quem confortava os integrantes daquela família.

Chegando próximo ao final da vida, Alexandre ouvia a avó contar à filha que estava sendo visitada por muitos de seus familiares e amigos que já haviam partido antes dela, e que todos sorriam e davam-lhe forças para continuar com sua luta, pois ainda não era a hora de ela estar com eles.

Ivete relatou que, em uma daquelas noites tranquilas, quem esteve com ela foi sua mãe. E contou sobre como se sentiu fortalecida naquele momento. A mãe de Ivete dizia que não demoraria muito para estarem juntas novamente e que a filha estaria deixando o corpo vitoriosa por ter vivido em nome do Cristo e espalhado o amor. Alexandre a tudo escutava e entendia por que ele também os via. Infelizmente, Leonora achava que Ivete estava delirando por causa da doença.

Em seu quarto, Leonora sempre chorava baixinho pelo medo que tinha de perder a mãe. Ela não se conformava com a ida prematura daquela que sempre a amara e amparara quando tudo parecia não ter mais solução.

Em uma noite, porém, Alexandre foi até ela, subiu em sua cama e a abraçou com muito carinho, dizendo:

— Mãe, não fique triste. Vovó logo, logo estará curada. A doença só existe no seu corpo, não na sua alma. Quando ela se for, alçará voos por ter cumprido sua missão nesta vida terrena.

Não foi uma ou duas vezes que Leonora se surpreendia quando Alexandre falava com ela daquela maneira. Ele parecia uma pessoa adulta falando e ponderando.

— Depois, ela não desaparecerá para sempre – continuava. – Nós não poderemos vê-la por certo tempo, mas cada um terá o seu dia para se reencontrar com ela. Como consolo, imaginemos que ela fará uma pequena viagem para um local distante, mas que a reencontraremos mais tarde.

Sua mãe o escutava, mas não compreendia como poderia aquela criança afirmar tudo aquilo com tanta certeza.

No entardecer de um lindo dia ensolarado, Ivete desencarnou como viveu, serenamente, tendo todos que amava ao seu redor.

* * *

José e Leonora permaneceram, por quase uma hora, com Seu Antônio e Dona Judite. Quando saíram de lá, nem todos os empregados do fazendeiro haviam retornado, mas ele prometeu àqueles pais que até à noite lhes levaria alguma notícia.

O que os pais de Alexandre queriam mesmo era ficar ali para saber do resultado das buscas, mas precisavam voltar para casa, porque, quem sabe, Alexandre tivesse voltado e, pela hora, os outros filhos já deviam estar quase chegando para o almoço.

Ao voltarem para casa, Gustavo, Alice e Frederico estranharam, naquela hora do dia, a presença do pai e a ausência de Alexandre. José tentou contornar as perguntas com as mesmas respostas superficiais da noite anterior para não os preocupar.

Depois que todos acabaram de almoçar, José foi ao seu quarto para trocar de roupa, porque não queria ir trabalhar. Sentia vontade de estar com sua família. Seu coração estava oprimido pelo sumiço de Alexandre e queria sentir a presença de seus outros filhos, como para ter a certeza de que eles não iriam sumir também.

Quando saiu do quarto, José ouviu Leonora conversando com os filhos sobre o sumiço de Alexandre. Ele não compreendeu o comportamento dela. Eles eram crianças e não precisavam passar por aquilo. Mas não tinha como impedi-la; então, parou no corredor e ficou à espera, pois, se precisassem dele, estaria ao lado de sua família. Ela lhes disse, quando começaram a chorar:

— Meus filhos, não se desesperem. Como eu lhes disse, não sabemos onde Alexandre está, e sua falta é dolorosa para nós, mas não podemos perder as esperanças. O que já aprendemos em nossas reuniões de sábado, na casa do Seu Antônio?

Frederico, enxugando os olhos, disse:

— Que devemos acreditar que tudo o que ocorre conosco vem com uma finalidade e é para o nosso bem.

— Que não somos vítimas em nenhuma situação! – continuou Gustavo.

— Que não podemos deixar de acreditar que Jesus está conosco, mesmo quando parece que tudo está muito ruim e errado! – disse, por fim, Alice.

— Isso mesmo, meus filhos. Nossa certeza é de que Jesus está do nosso lado e, por consequência, do lado de Alexandre. Neste momento, não sabemos onde ele está, e isso nos entristece, o que é muito natural. Por isso, não estou aqui para impedi-los de sentirem a falta do irmão de vocês.

Sinto meu coração arrasado por não saber o que aconteceu com ele, mas não podemos alimentar essa dor, que surge como uma avalanche de sofrimento sobre nós, porque Alexandre pode estar bem, esteja onde estiver, e estaremos aqui, sofrendo à toa.

Já avisamos na delegacia que ele está sumido; Seu Antônio e todos os seus empregados também o estão procurando... então, por enquanto, vamos nos unir como uma família cristã e entregar a Deus o destino do nosso Alexandre, acreditando que ele está bem onde quer que esteja, combinado?

José pensou: "Tenho certeza de que Leonora está usando todas as suas forças para ajudar os nossos filhos a enfrentarem este momento".

Mas um pensamento lhe tomou os sentimentos, e José baixou a cabeça com uma lágrima rolando por sua face:

"Acho que ela também deve estar tentando, de todas as formas, não me condenar pelo sumiço de nosso filho. Ela disse que os amigos de Alexandre estavam certos quando disseram que ele tinha saído de casa muito entristecido. Será que ele, como eu no passado, fugiu de casa? Se eu não tivesse sido tão bruto e intransigente, talvez ele ainda estivesse aqui conosco. E como eu poderia condenar a minha esposa se ela quisesse me culpar pelo ocorrido?"

Leonora continuou conversando com os filhos, e José ficou atento às palavras dela e, ao contrário do que esperava, ouviu sua esposa dialogar com os filhos com a luz da esperança e da segurança que ela tinha em Deus. Em nenhum momento, para sua surpresa, a raiva fez morada no coração dela!

"Será que tudo isso é fruto do aprendizado que eles estão tendo?" – pensou José. "Será que estou certo ao rejeitar, com tanto rigor, um caminho que nem me dei uma oportunidade de conhecer?"

José se lembrou de Seu Antônio. Refletiu no quanto ele tinha ficado irritado com aquele fazendeiro por achar que ele influenciara seu filho para o mal, no quanto o tinha julgado e condenado por considerar que ele tivera essa atitude tão vil. Mas, quando José o conheceu mais a fundo, percebeu ser um homem íntegro e bom, sinceramente preocupado com seu filho, com sua família. Sem pedir nada em troca, mudou a rotina de toda a sua fazenda para acharem Alexandre e confortar ele e sua esposa, que estavam inconsoláveis. "Isso não é a verdadeira face do ser cristão?" – pensou ele.

Foi aí que José compreendeu o que sua família buscava e que ele não queria ver. Daí entendeu como estava sendo tolo de julgar aquela doutrina pelas vozes de quem também não a conhecia.

Como reflexo dessa revelação, José chorou e se prostrou ao chão por sentir o pesado fardo que tinha colocado em suas costas. Toda a angústia dos dias anteriores, nos quais tinha sido tão radical com o filho, e a dor de não o ter ao seu lado pesavam-lhe na alma.

José se lembrou de Ivete e de sua mãe, Lizinha. Elas jamais desistiriam de corrigir seus erros, e ele também não.

Alexandre e doutor Mário chegaram à sua cidade por volta das dezoito horas. Doutor Mário prometeu levar Alexandre para casa, porém, antes, necessitava passar no consultório. Alexandre esperava o prestimoso médico no carro, enquanto este fora resolver suas questões.

Poucos minutos depois, Alexandre viu doutor Mário sair apressado do consultório e vir em direção ao carro. Entrou, já ligando o veículo. Sem fôlego, o médico entregou ao adolescente um bilhete de sua secretária, no qual informava não ter conseguido avisar aos pais de Alexandre daquela viagem inesperada, em razão da doença do mensageiro.

Contrariado, o médico dizia que não era para ele se preocupar, que ambos explicariam a razão de sua ausência a eles, e tudo ficaria bem. Doutor Mário afirmava aquilo ao jovem, mas uma culpa imensa se instalara em seu peito.

Alexandre, por sua vez, ficou muito angustiado com a notícia e começou a pensar no quanto seus pais deveriam estar preocupados ou, pior, bravos com ele.

"Papai já estava muito irritado comigo com tudo o que tinha acontecido…" – pensou o jovem, começando a ficar com medo da reação dele, imaginando que ficaria de castigo por anos por ter saído sem lhe ter dado alguma satisfação.

Aurora veio ajudá-lo, falando à sua mente perturbada:

— Alexandre, não faça isso. Observe a desarmonia que traz para o seu templo material e espiritual conjecturando fatos que não tem certeza de terem acontecido. Não se permita o sofrimento sem causa justa. Sua família está bem. Claro que triste e apreensiva, mas verá o reflexo positivo de sua boa ação e dos fatos que dela sucederam. Acredite em Jesus e acalme-se!

Alexandre sentiu a presença da amiga e compreendeu o pensamento intuitivo trazido para a sua harmonização. Tentou se acalmar. Compreendeu que o sofrimento antecipado de sua parte não lhe traria qualquer benefício.

Doutor Mário, entretanto, estava bem nervoso. "Como aquilo pôde acontecer?" –pensava envergonhado. Como poderia se explicar aos pais de Alexandre, sem que imaginassem que ele era um ser humano totalmente irresponsável?

Olhando para Alexandre, não entendia como ele permanecia tão calmo. No início, sentiu que ele havia ficado preocupado, mas, de repente, serenou-se. Ele, ao contrário, não conseguia se desligar da sensação de ter sido, mesmo que indiretamente, o causador de um sofrimento tamanho àquela família tão boa.

Faltava pouco. Mais uns cinco minutos, e eles estariam na casa daquele que ele considerava um estranho adolescente.

Desde criança, Alexandre o intrigava. Lembrava-se de uma de suas reações junto à sua mãe para consolá-la pela morte da avó. Enquanto todos choravam sua partida, ele, abraçado à mãe sofrida, passando sua pequena mão por seus cabelos, dizia-lhe:

— Mãezinha, não chore. Vovó agora não sentirá mais dor. Não foi ela que morreu, mas, sim, o seu corpo doente. Quando puder, sei que nos abençoará em nossa longa caminhada, pois seu coração é belo e feliz.

"Como uma criança de três ou quatro anos poderia dizer coisas tão profundas? Era tão enfático e inocente! Ele tinha a visão dele sobre a morte de sua avó e, seguro, descrevia-a para a mãe para consolá-la na sua perda. Isso me marcou profundamente!" — pensava.

* * *

Estavam estacionando na frente da casa de Alexandre, quando Leonora saiu porta afora e, reconhecendo os ocupantes do carro, chorou de alívio. Chamou todos para que viessem, pois Alexandre estava chegando. Quando ele saiu do veículo, ela veio até o filho e o abraçou, beijando-o várias vezes com carinho. Todos vieram para abraçá-lo também. Seu pai e seus irmãos ficaram ao seu lado, sorrindo e chorando de pura alegria de vê-lo bem, na companhia de doutor Mário.

Leonora convidou todos para entrarem, mas não largou o filho. Queria tê-lo em seus braços um pouquinho mais, como a provar para si mesma que aquilo não era um sonho e que seu filho tinha retornado ao lar.

Na sala, José perguntou ao médico, após este ter se sentado, o que havia acontecido. Queria saber como o achara, se sabia de algo...

Prestimoso, doutor Mário esclareceu a todos os pormenores da aventura de Alexandre, contando, desde o início, o que acontecera, pois, na viagem, o jovem o colocou a par de todo o ocorrido. Descreveu sua ida à casa de Dona Gertrudes e como ela começou a sentir fortes dores no abdômen, levando Alexandre a ir buscá-lo em seu consultório, por perceber que o caso dela era grave. Em poucos minutos, estavam ambos com a enferma e era detectado o apêndice supurado.

— A partir deste momento, tudo foi muito corrido!

Fui buscar o meu carro para levar Dona Gertrudes para o hospital da nossa cidade vizinha, por ser um dos mais bem aparelhados da redondeza, e, como ela não soltava Alexandre, ele foi conosco, não sem antes eu me comprometer a informar vocês sobre a nossa ida. Infelizmente, minha auxiliar que recebeu o recado não conseguiu, por situações adversas, avisá-los.

Por procedimentos médicos e burocráticos, ficou tarde demais para retornarmos no mesmo dia e, por não sabermos que vocês não tinham sido avisados, dormimos em um hotelzinho lá perto.

Hoje, ao amanhecer, dirigimo-nos ao hospital para buscarmos atualização com os médicos sobre o estado de saúde de Dona Gertrudes e retornarmos para casa. Na viagem, apesar de tranquila, aconteceram alguns incidentes com o carro, que conseguimos resolver a contento. Porém, em decorrência deles, mais tempo foi perdido. Estávamos despreocupados, porque imaginávamos que todos soubessem de nosso paradeiro. Somente quando chegamos, descobrimos que vocês ignoravam onde Alexandre estava.

Peço muitas desculpas por toda preocupação que devo ter provocado em sua família.

Foi Leonora quem falou:

— Por favor, não se preocupe, doutor. Só de vermos nosso filho são e salvo; de sabermos que ele se afastou de nós para auxiliar Dona Gertrudes, já estamos nos sentindo muito bem.

Não podemos mentir dizendo que não nos preocupamos: fomos à delegacia, ao hospital, à escola e até às casas dos amigos de Alexandre, buscando saber o paradeiro dele ou o que poderia ter lhe acontecido, mas tudo isso já passou, e temos que pensar no que de bom nos foi trazido pela vida.

Sabe, apesar da grande dor que sentimos, acabamos por nos unir mais do que nunca e aprendemos muito ao tentarmos superar os sentimentos que nos martirizavam a alma pela falta de notícias de Alexandre.

Numa atitude muito humilde, José, não se deixando envergonhar pela presença do médico, fez uma confissão:

— Sim, minha esposa tem razão, doutor Mário, muitos aprendizados tivemos nesses últimos dois dias. Hoje à tarde, quando estávamos todos aqui, Leonora conversou com os nossos filhos, trazendo-me uma lição de fé e esperança que havia muito eu não via.

Leonora ia dizer algo, mas ele acenou a ela para que não o interrompesse, porque senão desistiria de falar:

— Sim, Leonora, eu escutei o que disse para os nossos filhos e foi aí que percebi o quanto estava sendo injusto com minha família.

Sabe, doutor Mário, nestas últimas semanas, tenho sido muito intransigente com algumas escolhas que minha família tem feito, como a de querer assistir às reuniões na fazenda do Seu Antônio, e a dor que senti ao perceber-me intolerante foi tão profunda que, não nego, prostrei-me ao chão por sentir-me muito egoísta. Senti também todo o peso que vinha carregando nestes últimos dias e, diante deste sentimento, orei, pedindo a Deus forças para mudar.

Lembrei-me de uma passagem bíblica e pedi perdão a Ele por, até aquele momento, não ter percebido a mensagem, a verdadeira mensagem do Cristo, que disse quando aqui na Terra esteve: "na casa do Meu Pai há muitas moradas". Percebi que essa passagem poderia ser aplicada também para as religiões, porque, se elas falam de Deus, de Seu amor, não há como Ele não estar nelas. Então, tudo fez muito sentido para mim.

Ao me recompor, dirigi-me à cozinha e os abracei com amor. Ficamos todos assim, por alguns minutos, mas que pareceram uma eternidade de paz e harmonia. Pela primeira vez, depois de muito tempo, rezamos juntos ao Pai, para que nos protegesse e também o nosso Alexandre, onde ele estivesse.

Hoje, passamos o final da tarde juntos, conversando e integrando-nos melhor a Deus, como jamais fizemos antes em nossa vida, pois, naquele momento, somente Ele poderia nos consolar da ausência de nosso Alexandre.

Por tudo isso, doutor Mário – finalizou José –, não peça desculpas pela falta de sua secretária. Apesar da angústia sofrida, aprendemos a valorizar aquilo que somos e como estamos hoje. Graças aos Céus, nosso filho voltou e está bem. Como bem disse Leonora ao senhor, se o nosso sofrimento foi em prol do auxílio que puderam dar à Dona Gertrudes, só temos a agradecer.

Doutor Mário estava abismado. Nunca, em toda a sua vida, tinha testemunhado um ato de fé tão profundo quanto o daquela família. Ele via, em seus olhares, que nada daquilo era da boca para fora. Eles sentiam o que estavam falando.

Ficou curioso quando José mencionou as reuniões na fazenda do Seu Antônio. Já ouvira falar delas, mas não deu tanta importância, porque a informação que teve veio, infelizmente, de uma fonte nada segura e muito preconceituosa. Mas, agora, ali, vendo na prática o que aquelas reuniões ensinavam, estava curioso para saber mais. Porém, conteve-se, aquele não era o momento adequado para questionar a família sobre elas.

Um barulho lá fora interrompeu seus pensamentos, levando todos a se dirigirem para a varanda. Era um dos empregados do Seu Antônio que viera para dar-lhes alguma satisfação das buscas empreendidas. Não tendo notícias nas buscas pela região, Seu Antônio mandou que procurassem doutor Mário, porque ele poderia saber de algo, mas, quando chegaram ao seu consultório, este já estava fechado. Foram, então, à procura dele em sua residência, onde não havia ninguém. Por isso, foram atrás de sua secretária, que os informou da viagem do médico e do jovem Alexandre para a cidade vizinha.

Mas qual não foi sua surpresa ao ver Alexandre e o doutor Mário ali na varanda com a família.

José lhe falou:

— Queremos agradecer a todos vocês, inclusive ao Seu Antônio e à Dona Judite, por não terem medido esforços para achar o nosso Alexandre. Graças a Deus, ele já retornou da viagem, nos braços de nosso querido doutor Mário.

Satisfeito, o cavaleiro retornou rápido para a fazenda a fim de sossegar o coração dos patrões.

José, então, disse para o bom doutor:

— Fique conosco para o jantar, pois já vamos servi-lo. É o nosso convidado. A comida é simples, mas Leonora cozinha muito bem!

O médico aceitou o convite, e todos passaram uma noite muito agradável juntos.

29

Todos se levantaram cedo. Era sábado, dia de reunião de estudos na fazenda, e Leonora não sabia o que fazer, porque José, até aquela hora, não havia saído para o trabalho. Apesar do que haviam conversado com o doutor Mário, Leonora duvidava que seu marido houvesse modificado seu modo de pensar em tão pouco tempo. Ele era contrário à participação de sua família naquelas reuniões e, sobre esse assunto, não havia muito para discutir.

José entrou na cozinha para tomar café. Estava feliz e assobiando. Ele sabia que tivera um sonho muito agradável, mas não conseguia se lembrar do que se tratava. Abraçou sua esposa e lhe deu um beijo na face.

Leonora retribuiu-lhe com um sorriso, e estranhou, ao vê-lo, o fato de ele ter colocado uma roupa boa para trabalhar, porém nada comentou.

Já estavam a tempo de pegarem a estrada, quando José finalmente disse:

— Já não é hora de irmos à reunião? Pelo que me lembro, você disse que ela tinha início às oito, não é isso?

Leonora ficou até aturdida. Não cabia em si de contentamento. Poderia até imaginar que José viesse a aceitar que eles continuassem a frequentar as reuniões doutrinárias, mas que ele os acompanharia, ah, isso não! Sem se conter, pulou em seus braços e deu-lhe um comovido beijo.

Neste momento, Alexandre ia entrando na cozinha e, ao ver a cena amorosa, deu um pequeno sorriso e saiu sem ser notado.

"Graças ao Pai, a paz parece ter retornado ao nosso lar" – pensou.

Ao se afastar da esposa, mas ainda abraçado, José olhou no fundo de seus olhos e, sério, disse-lhe:

— Eu vou porque as últimas experiências que vivi me fizeram acreditar que o que vocês estão estudando é bom e cristão. Se tudo o que você afirmou é o resultado de todos os estudos que estão fazendo lá na fazenda do Seu Antônio, então, não há o que temer nessa Doutrina Espírita.

Percebo que o meu maior erro até aqui foi ter julgado essa doutrina antes de conhecê-la mais profundamente. Ouvirei os seus ensinamentos com meus ouvidos e os verei com meus olhos e, somente a partir de mim mesmo, emitirei minha opinião sobre ela.

Leonora sorriu para ele. Sabia o quanto deveria estar sendo difícil para o marido tomar essa decisão.

Faltando alguns minutos para sair, a família começou a escutar o barulho de um carro aproximando-se da casa. Alexandre e Leonora foram até a varanda e perceberam que eram Seu Antônio e Dona Judite, que vinham em sua caminhonete. Com um sorriso nos lábios, o casal visitante saiu do carro, e ambos, visivelmente emocionados, foram até a varanda para abraçar o jovem amigo.

— Judite me fez trazê-la aqui para vermos pessoalmente se você está bem. Como não sabíamos se vocês iriam à reunião, não queríamos ter de esperá-la terminar para vê-lo.

Todos saíram e vieram cumprimentar os amigos visitantes. Eles se abraçaram com muita alegria. O casal tentava entender o que contavam, pois os irmãos de Alexandre falavam juntos sobre o retorno dele para casa e o alívio que todos estavam sentindo.

Depois de rápida conversa, e de tudo esclarecido, Seu Antônio percebeu que, junto com a esposa, precisava voltar para abrir a reunião de estudos. Sem saber muito o porquê e ante um impulso de esperança, ele perguntou, olhando diretamente para José, se a família queria uma carona e, com alívio e felicidade, viu-o acenar positivamente com a cabeça, acompanhando a todos.

As crianças amaram passear na caçamba da caminhonete.

* * *

Quando entraram no galpão onde a reunião aconteceria, muitos já se encontravam presentes. José não sabia o que esperar, porém tinha compreendido que seu lugar era com sua família e que tudo o que escutara até ali o havia convencido de que estivera errado em não tentar, pelo menos, compreendê-la. Sua esposa o chamou para se sentarem junto com os filhos em uma das fileiras de cadeiras mais atrás. Ela imaginou que ele ficaria mais à vontade se sentassem mais no fundo.

Leonora estava radiante porque o marido viera à reunião. Sua presença era tudo o que ela queria, e, reconhecida, agradecia a Deus pelo auxílio da espiritualidade na condução dos eventos para o convencimento dele.

José, por sua vez, não perdia nenhum movimento naquele galpão. Via pessoas, num silêncio respeitoso, entrarem no local, mas todas sorridentes. Percebia que a maioria delas não era dali da cidade.

Alguns minutos se passaram e viu Seu Antônio dirigir-se à longa mesa colocada à frente das cadeiras enfileiradas. Para sua surpresa, Alexandre levantou-se e foi ter com ele, sentando-se ao seu lado. Olhou com ar de indagação para Leonora, que lhe pediu que esperasse e visse por si mesmo. Mais duas senhoras foram solicitadas a sentar à mesa. José não conhecia nenhuma das duas.

Agora, o silêncio era total. As pessoas esperavam: umas orando, outras lendo... o respeito era predominante. Seu Antônio se levantou e, agradecendo a presença de todos, disse que eram todos bem-vindos. Pediu a Alexandre que fizesse uma prece inicial, e este a fez de forma tão singular e penetrante, que comoveu o pai.

Em seguida, Seu Antônio apresentou a todos uma das senhoras que foi se sentar com eles à mesa e que, segundo ele, falaria a todos sobre um tema espírita. Ela aparentava uns cinquenta anos de idade. Tinha uma pele branquinha, na qual se podia ver o rubor de suas bochechas. Seus cabelos escuros contrastavam com sua pele alva, e seus olhos claros lhe davam um ar angelical. Sua voz, firme, demonstrava o quanto acreditava em suas próprias palavras.

— O tema que será abordado hoje é "Vidas Sucessivas" – disse Seu Antônio.

No mesmo instante, José se lembrou de que Leonora, ao informá-lo de que estavam frequentando aqueles estudos, falara sobre isso e de que a reação imediata dele foi rechaçar todos os argumentos trazidos por ela, mesmo sem qualquer embasamento mais pontual.

— Meus amigos, bom dia! – começou a palestrante.

Estamos hoje aqui para falar de algo que é simples, mas que para nós, que vivemos nesta matéria, pode ser difícil de acreditar: vivermos mais de uma vida neste planeta. Parece-nos impossível tal realidade porque não nos lembramos de quem já fomos e, por isso, não parece ser crível que já estivemos aqui antes e em outra roupagem!

Mas, a partir do momento que aceitamos essa verdade, a vida fica mais fácil de ser compreendida, porque todas as injustiças que enxergamos e todas as diferenças entre os seres humanos terrenos são retiradas das costas do nosso Pai Celestial e recaem sobre as nossas escolhas anteriores e os seus reflexos, por consequência.

Não existe sensação mais incapacitante do que imaginarmos que, se estamos vivendo uma existência de extrema dor, isso se dá porque Deus assim o quis, sem nada termos feito para merecer esse tormento... bem, pelo menos, nada de que tenhamos nos lembrado!

Esse é um dos pensamentos que passa pelos corações e mentes de muitas pessoas em agonia, principalmente quando veem alguém com uma postura muito menos digna ser portador de uma saúde ímpar e de uma vida sem dificuldades.

José cochichou com Leonora:

— Parece até que ela escutou aquilo que você me disse na quarta-feira!

Leonora confirmou com a cabeça e voltou sua atenção à palestrante, que continuava com suas considerações:

— Para nós, que ainda estamos em um processo de evolução espiritual, tentando compreender a Deus, muitas dúvidas surgem. Fazemos comparações grosseiras que são ideais para que fortaleçamos mais e mais a nossa indignação frente a um Pai Divino mal compreendido.

Se observarmos o mundo como se encontra hoje, e com a nossa visão limitada sobre o que seria a Justiça Divina, pensaremos o quê?

Se nada fizemos para nos depreciar diante do Criador, como podemos ser penalizados com uma única vida de desgostos e lutas diárias quase intransponíveis, enquanto outros vivem na opulência e descumprindo toda e qualquer lei de amor ensinada por Jesus?

Uma passagem do Evangelho nos leva a pensar que, se um pai terreno, com tantos defeitos, jamais daria ao seu filho faminto uma pedra para que ele comesse, como Deus, em toda a sua Majestade, nos abandonaria à nossa própria penúria?

Então, diante de tantos questionamentos, muitos deles sem uma resposta plausível, sentimo-nos condenados ao inferno sobre a Terra somente porque Aquele que consideramos o nosso Pai de bondade e justiça assim quis, sem critério e sem amor por nós.

E, assim, neste momento, todos os nossos sentimentos entram em conflito, porque nós O amamos, mas acreditamos que Ele não nos ama e sentimo-nos órfãos diante dessa realidade.

Mas, com a filosofia das vidas sucessivas, tudo se explica. Todas aquelas dúvidas se dissipam, porque, se estamos vivendo uma vida que consideramos boa ou não, ela é um reflexo direto de nossas ações; sejam elas praticadas pelo meu eu de hoje, sejam pelo meu eu de outra existência.

O conceito, ou a filosofia, das vidas sucessivas nos ensina que toda experiência que vivencio está relacionada à minha necessidade de compreensão da vida, e não mais o fato de que preciso ser punida pelos meus pecados ou pelas minhas ações equivocadas.

Para nós, Seus filhos, saber que Deus tem um critério universal e que este critério é perfeito nos acalma e nos dá condições de confiar para seguir nossa trajetória evolutiva como filhos muito amados. E enquanto crescemos, nas inúmeras oportunidades de vivências, Deus já nos concedeu a oportunidade de agirmos por meio de nosso raciocínio e, por este, escolhermos livremente os caminhos a serem seguidos.

Sendo Deus sabedor de nossas limitações, não nos deixa desamparados, permitindo que nossos amigos espirituais nos orientem e nos protejam, ante a nossa ignorância sobre os verdadeiros rumos das nossas próprias vidas.

José pensou, surpreso: "São muitas as questões em que, com calma, preciso refletir!".

Ele jamais havia aceitado a ideia da reencarnação, pois o catolicismo a repudiava, então, agora, buscando uma postura mais aberta, se deixou ouvir, dando-se a possibilidade de raciocinar sobre os ensinamentos expostos pela palestrante!

Para José, ainda existiam inúmeras dúvidas e, apesar de serem permitidas perguntas, achava-se muito imaturo para questionar sobre qualquer coisa. Entretanto, sentia-se muito bem e decidiu que gostaria de retornar ali para observar mais.

30

Terminada a palestra, Leonora explicou a José que começaria outra etapa da reunião, na qual receberiam mensagens do plano espiritual por meio da psicografia, ou seja, por meio da escrita, ou por meio da psicofonia, em que os espíritos falam, por intermédio dos médiuns, para as pessoas que assistem a eles.

As luzes foram apagadas, as janelas fechadas. Algumas lâmpadas azuis foram acesas, e o pequeno galpão ficou em penumbra confortável.

José ficou muito apreensivo. Por sua cabeça passavam todos os seus medos criados pelas falas preconceituosas daqueles que jamais se permitiram conhecer aquela doutrina, inclusive as dele próprio. Sentia em Leonora uma concentração agradável, mas ele estava muito curioso, e até nervoso, para se concentrar. Não queria fechar os olhos, queria observar para tirar suas próprias conclusões.

Seu Antônio, Alexandre, a palestrante e a jovem que se sentara à mesa com eles pareciam, como Leonora, estar se concentrando. Estavam sentados, parados, com as mãos sobre a mesa e a cabeça pendendo levemente para baixo.

Em seguida, Seu Antônio fez uma oração que, para José, foi muito bonita. José sentia as palavras penetrarem em seu coração como se o abençoassem.

Poucos minutos depois, Alexandre sussurrou algo para Seu Antônio, que chamou uma senhora de nome Ofélia e pediu a ela que se sentasse na primeira fileira, onde havia cadeiras vagas. Alexandre começou a falar. Denominou-se Manoel.

José não compreendia. Leonora lhe explicou que havia um espírito que, ligado a Alexandre, estava se manifestando através dele.

Manoel se dirigia a Ofélia como se fossem velhos amigos ou companheiros. Falava sobre o desespero da mulher, o que muito o perturbava. O espírito afirmava não sofrer mais, porém, durante as depressões mais agudas da antiga companheira, não aguentava a energia desequilibrante que a saudade dela criava sobre ele. Disse também que sabia o quanto estava sendo difícil para ela, mas solicitou seu raciocínio sobre a Bondade e a Misericórdia de Deus, porque, se ambos se encontravam hoje separados, um bom motivo existia, e que este fato também os levaria a atingir patamares mais altos de entendimento íntimo.

—Volte-se ao Mestre Jesus, Ofélia! É Ele quem nos serve de consolo nos momentos em que pensamos não ser capazes de suportar as dificuldades. Busque no seu coração o alívio, continuando a viver nos ensinamentos do irmão Jesus. Muito ainda há para ser realizado. Não abandone suas tarefas no Bem por achar que Deus foi injusto conosco. Não estaríamos certos se assim acreditássemos. Hoje, sei que muito errei – continuou o espírito do marido falecido –, mas também compreendo que foram nossas ações em favor do próximo que me auxiliaram a resgatar as faltas que possuía em registro espiritual.

A minha hora chegou e parti dessa vida, mas a sua hora ainda não é agora. Não permita que a nossa obra se perca por eu não mais estar aí. Lembre-se, minha amada, de que eu e muitos dos que sempre nos auxiliaram espiritualmente a acompanharemos, para que a fortaleza se faça em seu coração.

A mensagem do marido desencarnado prosseguiu por mais alguns minutos de conversação agradável, instrutiva e de forma comovente.

Ofélia estava chorando. José via, no entanto, que suas lágrimas eram, como as dele foram no dia anterior, de puro desabafo por todo o tempo de sofrimento que se permitiu sentir.

31

Continuando os trabalhos mediúnicos no galpão, duas mensagens psicografadas ainda foram lidas pela jovem senhora sentada à mesa, levando aos presentes mais esclarecimentos vindos da espiritualidade presente àquela reunião. Por último, Alexandre, intuído por Aurora, agradeceu a presença de todos e os convidou a retornarem mais vezes, para ouvir a palavra amiga e consoladora do Mestre Jesus, pronunciada por amigos e palestrantes que se permitiam estar na tarefa de propagadores do Evangelho Cristão. Ainda, como se dissesse a poucos, continuou:

— Muitas vezes, Deus nos conforta por caminhos estranhos e inimagináveis. O importante é sabermos escutar, nas palavras da vida, a mensagem proferida por qualquer um de seus mensageiros. Mas quem seriam estes?

Qualquer ser humano que se preocupe com o próximo sem ignorar a si mesmo. Ora, Jesus Cristo não nos disse claramente: "Amai a Deus sobre todas as coisas e ao próximo como a ti mesmo"? Essa segunda parte do Grande Mandamento nos revela que, se virmos pessoas que tentam guiar sua vida por esse caminho de redenção, não duvidemos que serão também elas as mensageiras da palavra do Cristo Jesus. Mas não serão somente essas que servirão de instrumentos para a consolação dos seres humanos pelos ensinamentos evangélicos, porque, por outros caminhos, o Cristo também se fará presente. Até mesmo em sonhos, poderemos ser alertados para que sigamos o caminho reto do Senhor — nesta hora, Alexandre, com um sorriso, olhou diretamente para José.

Como que impulsionado por esta menção, José se lembrou do sonho que tivera durante a noite e que, até aquele momento, não o tinha recordado. "Será que foi este um dos motivos que me levou a acordar hoje tão bem e a aceitar com mais tranquilidade a minha ida àquela reunião?" – pensou, intrigado, mas com uma leve sensação de satisfação.

* * *

Ele se vira em um jardim bem bonito onde havia, além de flores e árvores magnificamente belas e diferentes das espécies que conhecia em sua região, vários bancos dispostos de maneira harmônica e sincronizada e, em seu centro, uma fonte de água cristalina, na qual dois anjos, lindamente esculpidos, pareciam tocar a música escutada no ambiente. Os anjos carregavam em seus braços duas exuberantes harpas, pelas quais a água passava e formava as cordas daqueles instrumentos, jorrando em harmonia por seus arcos brilhantes.

José viu que vinha em sua direção uma pessoa que, ao chegar mais perto, reconheceu ser sua mãe adotiva. Correu apressado para os seus braços abertos e encolheu-se nos mesmos, suspirando saudade. Lizinha o acariciava na cabeça em gestos maternais, como quando ele se sentia desamparado e ia buscar nela abrigo e sábios conselhos.

Conversaram por muito tempo e, em determinado momento, Lizinha quis saber como estava seu coração para com Deus. José estremeceu e disse:

— Sempre fui fiel àquilo que acreditávamos, e a senhora bem sabe. Hoje, porém, encontro-me com muitos questionamentos que vêm me perturbando. Minha querida esposa e meus filhos buscam em outra filosofia de vida, diferente da nossa, algo que eles acham mais consolador.

Revoltei-me com isso, proibi e gritei. Briguei com aqueles que mais amo na Terra. Hoje, estou tentando ver a situação mais claramente. Olho em seus olhos e vejo, até mesmo no mais novo, o Frederico, o vivenciar do amor, do respeito e da consideração por todos.

Mãe, aconteceu um fato tão inacreditável há alguns dias. Soube que meus filhos agiram com tanta dignidade com um comerciante de nossa cidade, que não sei nem como descrevê-los. E, quando disse que eles mereciam o dinheiro que me foi dado em razão da atitude que tiveram e que abriria uma poupança para que, no futuro, eles o usassem, foram uníssonos em me dizer:

— Pai, esse dinheiro é necessário para a nossa família agora. Use-o para que todos nós possamos usufruir dos seus benefícios.

José suspirou e continuou emocionado:

—Vejo que eles me perdoam pela minha intransigência sem exigir minha reconsideração. Sinto-os verdadeiramente cristãos, bem mais do que eu já fui durante toda a minha vida. Comecei a pensar que, se eles se transformaram assim por estarem aprendendo esse algo novo e se não os vejo ferindo os princípios de amor que aprendi, essa nova filosofia que estão estudando não pode ser tão ruim assim! Mas... – parou, como se estivesse pensando a melhor forma de falar o que ia ao seu coração... – se a senhora me disser que ela é um engodo e que desaprova a permissão que quero dar, tudo farei para que eles não se integrem a um ritual do mal.

Lizinha olhou-o candidamente e disse-lhe:

— Filho, não se permita enganar por concepções adotadas por mim, enquanto estive encarnada, como as únicas certas. Naquele momento, não tínhamos a lembrança do que era viver espiritualmente.

Hoje, sei que nós dois não erramos, pois tentamos viver nossa vida no bem, como o Cristo nos ensinou. Nossa crença não estava ou está errada. Só que para você, agora, ela é uma fase que está se findando, para que você possa renascer em outra, na qual poderá aplicar todo o conhecimento adquirido até então, e aprender outras tantas coisas para compor a bagagem necessária à grande viagem que deverá empreender quando dessa existência partir.

Lizinha, com um sorriso singelo, continuou:

— Veja que muitas perguntas que me fazia quando jovem, e que eu não as podia responder por não saber, ou por considerar que não nos era possível o conhecimento, hoje poderão ser esclarecidas.

A vida espiritual, meu filho, é muito mais simples do que pensamos. Tendo conhecimento de sua real existência, seremos mais exigidos em nosso empenho para atingirmos o crescimento íntimo, pois viveremos ou sofreremos, encarnados em tantas outras vidas, o que não pudermos ou quisermos compreender nessa.

José se sentiu até meio desconfortável com tantas novidades, principalmente porque Leonora já havia mencionado a ele a existência de outras vidas, mas não quis acreditar nela.

— Não se culpe, filho. Como você poderia saber? Agora, no entanto, pode ficar mais aberto para aprender outras verdades divinas, além das que já conhece.

Não se aflija mais por mim, filho. Eu estou bem. Tem a minha bênção para prosseguir com a sua escolha. Jesus dizia: "Onde duas ou mais pessoas estiverem reunidas em Meu Nome, lá Eu estarei, busque-O".

E, antes de ir, olhando em seus olhos, Lizinha disse ao filho com todo o seu amor:

— Meu filho, deixo-lhe ainda um conselho:

Quando eu o conheci, você era uma criança, sozinha, abandonada, e que já tinha passado por muitos momentos de dor. Mesmo assim, jamais se deixou corromper pelas dificuldades das ruas.

Use, então, de sua integridade, força e coragem para enfrentar os momentos turbulentos que poderão vir, porque muito aprendizado ainda há para você e sua família adquirirem e porque essas foram as programações que abraçaram para um melhor crescer.

* * *

José voltou, enlevado, à realidade. Agora, tinha certeza de que aquele sonho fora, na verdade, um encontro com sua mãe no outro lado da vida. Ela estava magnífica, e as lembranças de suas palavras fizeram com que ele se sentisse mais livre para estar com os seus, buscando novos esclarecimentos e consolação.

José tentou voltar sua atenção ao que Alexandre falava para todos, mas se perdeu novamente em pensamentos ante a surpresa da referência de seu filho ao sonho de que nem ele mesmo se lembrava. Sem muitas respostas à mão, buscou a compreensão do esclarecimento ofertado.

Pensando no que Leonora lhe responderia sobre aquela coincidência, percebeu que só deveria elevar o seu pensamento ao Alto e agradecer a Jesus tal oportunidade de reconforto e auxílio.

Alexandre terminou de transmitir a mensagem de Aurora, e Seu Antônio deu por encerrada a reunião daquele dia.

32

Quando estava para sair, a família de Alexandre foi abordada por Ofélia, que veio até o jovem médium para agradecer-lhe pela mensagem trazida pelo seu antigo companheiro Manoel. Acabaram sabendo, pela própria, que ela era uma orientadora pedagógica que perdera o esposo havia uns três anos. Ambos possuíam um ideal boníssimo de auxiliar crianças carentes em uma cidade não muito próxima dali. Com o desencarne do marido, Ofélia perdera a vontade de viver e estava gradualmente abandonando a bela obra por eles iniciada.

Há uns dois meses, Ofélia soube daquelas reuniões e, todo sábado de estudo, passou a estar presente para ouvir as palavras de consolo que o Espiritismo trazia. Hoje, no entanto, foi abençoada! Seu companheiro pôde estar ali para trazer-lhe uma mensagem consoladora.

Após ouvir sua história, José, buscando dar-lhe algum incentivo, contou-lhe a sua própria história de maus-tratos, abandono e de pequeno morador de rua, e falou do quanto sua mãe adotiva fez diferença para sua vida, dando-lhe amor, dedicação e esperança para que construísse um futuro digno. Ao final, ele disse:

—Talvez, para muitos meninos e meninas, Dona Ofélia, a senhora seja a mãe adotiva e amorosa que eles nunca tiveram.

Aquela antiga orientadora pedagógica, ainda emocionada, agradeceu a José, dizendo:

— Tinha me esquecido da razão de termos abraçado essa tarefa. Minha dor se tornou tão intensa, que não me lembrava mais de que abrimos a nossa instituição por termos visto a dor de inúmeros meninos e meninas que, perdidos na rua, já acreditavam não serem dignos de merecer o amor de alguém, muito menos de Deus.

Mas, depois de ouvir meu marido e de ouvir a sua história, Senhor José, estou motivada a não abandonar a minha labuta. Muito obrigada.

Eles a viram ir embora de cabeça erguida e sorridente.

Alexandre disse:

— Como você se sente, pai?

Olhando para Ofélia, José disse simplesmente:

— Muito bem!

Dona Judite se juntou a eles e convidou a família para almoçar na fazenda com ela e Seu Antônio. Muito agradecidos, José e Leonora aceitaram o convite por todos.

33

Enquanto esperavam o almoço ser servido, as crianças brincavam com os cachorros da fazenda. Após a morte de Apolo, Seu Antônio adquiriu outros dois filhotes. Leonora conversava animadamente com Judite na varanda da casa sede. José, Alexandre e Seu Antônio se encontravam em um dos pátios da fazenda, observando a preparação da secagem dos grãos.

Todos conversavam sem preocupação. Vez por outra, o fazendeiro orientava um ou outro empregado que lhe pedia algum esclarecimento sobre pequenos detalhes do trabalho.

Enquanto estavam ali conversando, o anfitrião pediu aos seus convidados que não o chamassem de senhor, pois não era tão velho assim.

— Meus cabelos são brancos, mas eu me sinto um touro! – brincou ele.

Todos riram muito da cara debochada com que falou.

Bem que os dois tentaram, mas o costume os impedia de chamá-lo somente pelo nome. Então, Seu Antônio desistiu e aceitou que o chamassem de qualquer jeito.

Conversando sobre vários assuntos, em determinado momento Seu Antônio questionou José sobre o que ele sentiu na reunião e se havia gostado de participar. José, sorridente, disse com simplicidade:

— No geral, gostei, mas confesso que não compreendi bem tudo o que foi dito. Ainda estou com algumas dúvidas e gostaria de esclarecê--las depois.

Seu Antônio, na hora, disse-lhe:

— Pode perguntar o que quiser.

José ficou um pouco relutante, mas resolveu abrir-se:

— Não é fácil para mim acreditar na ideia de que vivemos muitas vidas na Terra e de que, depois da morte, poderemos retornar para outra vida, se eu não me lembro de nenhuma delas!

— É verdade, José! Não é fácil para nenhum de nós imaginar que podemos ter vivido algo sem jamais se lembrar daquela experiência. Mas pense comigo: você se lembra de algum momento em que esteve na barriga de sua mãe?

— Não, claro que não!

— Você se lembra de alguma experiência que teve quando tinha alguns meses ou poucos anos de vida?

— Não.

— Mas você duvida de tê-los vivido?

— Entendo aonde o senhor quer chegar. O fato de eu não me lembrar de algo não é motivo suficiente para que eu afaste a possibilidade de esse algo ter acontecido.

— Isso mesmo, José!

— Mas por que a necessidade de resgatarmos em uma vida débitos contraídos por nós em uma vida anterior?

— Porque não os resgatamos na mesma – disse, simplesmente, Seu Antônio.

— Não entendi.

— Bem, vou dar um exemplo: você faz uma dívida em uma mercearia e sabe que o prazo de pagamento é até o final do mês. Entretanto, por falta de organização financeira de sua parte, não tem dinheiro para pagar quando chega ao final o mês do vencimento. O que faz?

— Vou até o dono da mercearia e peço mais prazo. Possivelmente, terei que pagar com juros o valor devido.

— Então, José. Vamos tentar fazer uma comparação agora entre a vida e este exemplo: se você, que é o devedor, em razão da sua desorganização financeira, aqui no nosso exemplo, de sua ignorância espiritual, cria uma dívida na mercearia, ou seja, uma inimizade com alguém, e não consegue fazer as pazes com ele numa mesma existência, quer dizer, não paga o seu débito no mesmo mês, precisará de outra oportunidade, que seria o mês seguinte ou outra existência, para pagar a sua dívida. Então, resumindo: ao não pagar a dívida naquele mês do vencimento, ou naquela existência terrena, você, que teve a oportunidade para se organizar financeiramente, quer dizer, conhecer um pouco mais sobre as verdades espirituais, terá a chance de fazer diferente, pagando finalmente a sua dívida contraída. Entendeu?

— Acho que estou entendendo.

— Aproveitando o que você mesmo disse sobre os juros, Deus não quer nos executar a dívida com sansões dolorosas, mas Sua lei exige que, como forma de pagamento, somente aprendamos quais são os verdadeiros valores a serem por nós acumulados.

A nossa consciência, entretanto, que é a nossa principal cobradora, nos fará vivenciar inúmeras experiências boas e não tão boas, nas várias moradas do Pai, exigindo o pagamento dos tais juros devidos, pela culpa que sentimos, até que o nosso saldo seja positivo com os verdadeiros tesouros da alma.

— Mas como podemos fazer isso se, conforme disse a palestrante, voltamos sem a lembrança do que fizemos, pelo véu do esquecimento?

— Ora, José, ela mesma afirmou que este véu se trata de uma ferramenta amorosa de Deus para que não vivêssemos atormentados pelos nossos erros pretéritos e, assim, estarmos livres para vivenciar experiências com quem já magoamos ou por quem já fomos magoados.

Pense comigo: se Leonora fosse sua esposa no passado e tivesse sofrido muito por você ter sido infiel e abandonado ela e os filhos à sua própria sorte. Será que a sua família lhe daria outra chance aqui na matéria, ao se lembrarem de tudo o que você os fez passar antes?

José fez um sinal positivo de que estava compreendendo. Realmente, seria muito difícil haver novas experiências proveitosas se estivéssemos todos presos a um passado cheio de erros.

— José, se hoje já nos apegamos aos mínimos erros de uma única vida, imagina se tivéssemos a lembrança de outras tantas mais?

Essa explicação levou José a pensar no seu pai: "Será que haveria alguma explicação para ele e sua mãe terem vivido com um homem como aquele? Será que, se os três tivessem que viver novamente juntos, e se lembrassem de tudo, sua mãe e ele conseguiriam perdoar o que o seu pai os fizera passar?".

Aqueles questionamentos, que transitaram tão rapidamente pela mente de José, o fizeram entender rapidamente a bondade divina em não permitir que as lembranças do passado piorassem ainda mais a próxima experiência a ser vivenciada. E, diante das respostas dadas pelo seu anfitrião e por suas últimas conclusões, José lhe disse:

— Acho que tenho muito que pensar, mas confesso que jamais imaginei que poderia me sentir tão em paz e em harmonia como me sinto agora, principalmente por não mais me sentir tão culpado.

Abraçando o filho mais velho e buscando com o olhar ao longe os demais, disse como se fosse uma confidência:

— Não sei quanto tempo mais eu aguentaria ir contra a minha família. Não suportaria ter os meus filhos contra mim, sendo o único a defender uma filosofia que não mais abraçavam; a não aceitar o meu filho como é, por ele possuir um dom que eu não conseguia compreender.

No íntimo, sabia o que os estava fazendo passar, mas, mesmo assim, entendia que estava correto nas minhas razões e que iria salvar suas almas pecadoras – disse rindo. – Foi preciso passar pelo sufoco que passamos, para eu compreender suas escolhas e enxergar, por mim mesmo, como essa doutrina os havia transformado para melhor.

Eu não me arrependo de ter aceitado a reunião e ido a ela hoje, mas espero que minha família tenha paciência, porque não será do dia para a noite que absorverei como certas todas essas novas verdades.

Alexandre, apesar de comovido com aquelas palavras, sabia que levaria tempo para seu pai aceitar a nova doutrina; e, ao mesmo tempo, sentia que todos os integrantes do seu lar estariam aptos ao trabalho enobrecedor. A união daqueles que se amam em um ideal único dá forças para não sucumbirem diante das adversidades da vida terrena.

Seu Antônio compartilhava da alegria de ambos. Ele só havia ficado sabendo que o jovem e sua família sofriam muito com a atitude restritiva do pai por Leonora e que, por o amarem muito e o respeitarem, jamais haviam desobedecido às suas ordens ou dele escondido algo, até que tiveram de fazer isso quando começaram a participar dos estudos de sábado.

"Mas, agora, parece que vivenciarão uma nova etapa em suas vidas" – pensou Seu Antônio, satisfeito. Em silêncio, vendo o abraço fraterno de pai e filho, agradeceu ao Alto pelos amigos estarem em harmonia, mas não deixou de sentir uma pontada de tristeza ao se lembrar de seus momentos paternais com seu filho Camilo. Balançando a cabeça, como se quisesse afastar tal sentimento, pediu a Deus por si próprio, a fim de que tenha forças para não sucumbir à saudade dolorosa que por vezes o preenchia.

Diante de sua súplica comovida, sua mãe ali estava, em espírito, para abraçá-lo com todo o seu amor, dizendo-lhe aos ouvidos da alma:

— Meu filho, estou tão orgulhosa de você! Muito ainda há a ser feito, mas sei que não desistirá deste planejamento amoroso. Leve a todos os que abrirem os seus corações a oportunidade de se colocarem frente às verdades espirituais para que o alento se propague neles e além deles. Somente assim, o preconceito e a ignorância serão extirpados do coração daqueles que ainda não se permitiram raciocinar sobre a grandeza do amor do Pai por todos nós.

O almoço fora servido e a família de José ficou a tarde inteira na fazenda aproveitando a presença daquela amizade tão sincera! Vários foram os assuntos tratados, mas todos amenos, como aquela tarde refrescante. Somente às sete horas da noite se despediram dos anfitriões, sendo unânime a opinião sobre o dia extremamente agradável que passaram juntos.

34

Alexandre iria completar quinze anos. Leonora sempre fazia, todos os anos e para os quatro filhos, um bolo de chocolate especial, e toda a família se reunia para cantar o parabéns. Este ano, porém, ela sentiu que seria bom convidar Dona Judite e Seu Antônio para fazerem parte da alegria de seu filho e de sua família. Conversando com José, ambos concordaram que poderiam fazer da presença dos amigos uma surpresa agradável para Alexandre.

Assim, uma semana antes, Leonora fez o convite à Dona Judite para que o casal pudesse estar com eles no sábado próximo, o que foi aceito com muita alegria.

Dona Judite, porém, teve uma ideia diferente, mas nada comentou com Leonora, porque queria a opinião do marido. Ela queria montar, perto da sede da fazenda, uma tenda, onde fariam uma festa de aniversário surpresa para Alexandre. Seu Antônio concordou na hora com a ideia. No dia seguinte, foi ele mesmo levar a novidade para Leonora, que ficou muito comovida com a iniciativa.

A semana passou e, após a reunião de estudos daquele sábado, Judite, sob o pretexto de que eles precisavam do auxílio das crianças, levou toda a família até a tenda, onde os convidados os surpreenderam com suas presenças e desejos fraternais. As crianças ficaram radiantes. Alexandre foi rodeado por seus amigos e alguns colegas da escola e seus pais, fazendo muita festa, dando-lhe abraços e presentes.

Ao final, quando todos já tinham ido embora, os anfitriões chamaram Alexandre e a família para uma de suas baias, dizendo ao aniversariante:

— Alexandre, você sabe que Judite e eu não temos mais o nosso filho Camilo conosco há alguns anos. Nós imaginávamos ter superado a ida de nosso filho mais cedo para as hostes espirituais, mas percebemos, quando pensávamos no que lhe dar de presente, que ainda não tínhamos superado um ponto daquela experiência: perdoar o cavalo que o nosso filho conduzia.

Sem percebermos, tínhamos penalizado ele, mantendo-o sempre aqui, nas baias, ou nos currais e não querendo usá-lo para aquilo que ele mais adorava fazer: passear conosco por estas pastagens.

Por isso, Alexandre, resolvemos que precisávamos superar por completo a nossa dor e dar ao alazão de Camilo a felicidade de ter um novo dono. Ele já é um cavalo idoso, mas, "está forte como um touro" – disse-lhe sorrindo, com um piscar de olho. — Ele agora é seu!

Mesmo sendo considerado velho, era um animal magnífico e muito bem cuidado. Tinha um pelo caramelo e uma crina castanha escura, quase preta, o que lhe dava um contraste radiante e um porte imponente. Alexandre ficou emocionado, mas, sem olhar para os pais, disse aos amigos:

— Seu Antônio, Dona Judite, nem sei o que dizer diante de tanto carinho que vocês têm por mim, mas não posso aceitá-lo.

— Por que não, Alexandre?

Envergonhado e com a cabeça baixa, ele respondeu:

— Não posso mentir a vocês e dizer que nunca desejei ter um cavalo tão lindo, mas nós não temos como mantê-lo. Ele demandaria uma série de despesas que meus pais não teriam condições de arcar, mesmo que quisessem. E, se tivéssemos condições para mantê-lo, admito que acabaríamos colocando-o para puxar uma boa charrete, com a qual os meus pais pudessem ter suas vidas mais facilitadas quando precisassem ir à cidade ou a lugares mais longe; e isso seria um pecado com animal tão garboso e bonito.

José e Leonora entreolharam-se, emocionados. Queriam dizer ao filho que estava tudo bem, que ele poderia ficar com aquele lindo presente, mas sabiam que ele tinha razão. O casal Antônio e Judite percebeu que, na ânsia de agradar o jovem aniversariante, não tinha pensado que estaria agravando a situação financeira de sua família. Era certo que um cavalo daquele traria despesas com as quais aquela família não poderia arcar.

— Isso é verdade – disse Dona Judite a todos. – Ficamos tão felizes em tomar a decisão de dá-lo ao Alexandre, que não pensamos nas consequências de tal presente para vocês.

Leonora ia se pronunciar para amenizar o resultado trazido pela boa intenção dos amigos, mas Judite continuou falando:

— Mas, em nosso coração, ele já é seu, Alexandre. Por isso, embora o alazão deva permanecer em nossa fazenda, sua família pode visitá-lo e usá-lo da forma que achar mais conveniente. Ele pertencerá a vocês, apesar do lar dele ser aqui. E, se não der certo, poderão devolvê-lo que não nos chatearemos com isso. Talvez, isso seja até uma desculpa para termos todos vocês mais próximos de nós, não é, Antônio?

Ele concordou com a cabeça, e Judite continuou:

— Eu quero, porém, mais do que nunca, dar-lhes um presente útil e, se o seu desejo, Alexandre, é oferecer mais conforto aos seus pais, em razão do caminho extenso que têm de percorrer todos os dias, então, o nosso presente para esses maravilhosos amigos, que entraram em nossa vida trazendo-nos somente felicidade, será um cavalo menos custoso e uma charrete, que servirá de meio de transporte para todos vocês.

Seu Antônio aprovou o presente, abraçando sua esposa e dando-lhe um beijo carinhoso em seu rosto.

José e Leonora estavam emocionados, não pelos presentes recebidos, mas pelo carinho que sentiam vir dos amigos. Leonora sentia que aquele casal nunca os mediu pela cor de suas peles, nunca os rechaçou pelo pequeno poder aquisitivo que detinham e sempre os respeitou somente pelo que eles eram. Se, no mundo, existiam pessoas portadoras de maledicência e preconceito, outras tantas, muito mais valiosas, também estavam lá para fazer a diferença.

Alexandre nada falou até que seus pais concordassem com a cabeça. A partir daí, foi pura alegria. Ele e seus irmãos ficaram o final de semana inteiro andando de cavalo pelas pastagens da fazenda.

O cavalo os adotou também e adorava estar com eles. Engraçado, porém, como ele parecia saber que era Alexandre o seu dono, porque brincava mais com ele e ficava tentando achar algo em seus bolsos, empurrando o jovem com a cabeça e fazendo-o rir muito.

Seu Antônio, surpreso, explicou:

— Ele só fazia isso com Camilo! Ele está procurando uns torrões de açúcar, que eu ensinei o nosso filho a lhe dar quando fizesse algo do treinamento. Quando Camilo não lhe dava, ele o empurrava com a cabeça, fazendo-o gargalhar.

Judite, emocionada, pediu a um dos empregados que buscasse alguns torrões para as crianças darem ao cavalo.

Apesar de ele já ter um nome, o equino aceitou prontamente o nome dado por Frederico, que só o chamava de Sândalo, porque ele cheirava muito bem.

Os meses se passavam, e a integração de José, após aquela primeira reunião espírita, foi acontecendo da forma mais natural possível.

José optou, por respeito aos dogmas católicos, não mais frequentar as missas dominicais, o que provocou a curiosidade de alguns paroquianos e do próprio padre Hipólito, que arranjou um pretexto para aparecer na casa de seus antigos fiéis em um sábado à tarde.

Padre Hipólito não queria acreditar em algumas fofocas que afirmavam que a família de José estava frequentando aquelas reuniões satânicas do Seu Antônio, principalmente porque eram vívidas as lembranças dos exorcismos que fizera anos atrás em uma das crianças, tendo José como o seu maior apoiador.

Já eram duas horas da tarde, e toda a família estava almoçando quando o padre chegou. Tinham se atrasado para o almoço porque foram retidos por algumas pessoas de longe que buscavam esclarecimentos sobre os trabalhos e o tema abordado na reunião de estudos. Vendo-os comendo, o padre disse que voltaria outro dia, mas José não o deixou partir, convidando-o para almoçar com a família. Tendo o padre recusado, todos foram se sentar no sofá para dar-lhe atenção.

Leonora foi à cozinha para preparar um suco de acerola, que ela sabia ser o preferido do padre, e Alexandre foi ter com sua mãe:

— Meu Deus, Alexandre, o que diremos ao padre? – perguntou Leonora, preocupada. – E se o seu pai fraquejar?

— Não se preocupe, mãe. Papai está forte e convicto de que sua fé está em Deus, e não na religião; o Espiritismo o está ajudando a enxergar alguns caminhos que, antes, eram para ele impossíveis de transpor. Ele está feliz e nós também.

Quando ambos retornaram à sala, ouviram o início da conversa do visitante com José. Enquanto Leonora entregava ao padre o suco, ele dizia que foi visitar um paroquiano que estava doente e aproveitou o caminho para ir visitá-los, pois havia algum tempo que não os via. Como eram assíduos nas missas, pensou que a falta deles talvez estivesse ocorrendo por algum problema sério... – e olhava para José, procurando, em seu semblante, a resposta para sua pergunta velada.

José, calmamente, disse ao pároco:

— Meu bom padre, os problemas que temos, na verdade, estamos resolvendo com a confiança no Pai Maior e com o entendimento de que jamais devemos nos lamuriar diante das dificuldades da vida. Nossa vida está tranquila e abençoada por Deus.

— Mas, então, José, o que aconteceu? Nossos amigos da igreja e eu sentimos a falta de vocês aos domingos! Se não deixaram de acreditar em Deus, por que não mais comparecem às nossas missas?

— O senhor tem toda razão quando diz que não deixamos de crer em Deus. Tentamos agir como verdadeiros cristãos dia a dia, seguindo os sábios conselhos do Mestre Jesus. Porém, hoje, estamos voltados para um entendimento que o senhor, padre, com certeza, não admite e, por isso, não aceitaria a nossa frequência em suas maravilhosas missas.

— O que poderia ser tão grave, que não lhes permitiria a entrada em nossa igreja?

— Hoje, temos a crença na existência da vida espiritual; dos resgates de nossos erros nas vidas sucessivas; da responsabilidade de cada ser humano com o seu próximo, pois a plantação por nós semeada é farta, mas a colheita pode ser dolorosa quando deixamos de enxergar no próximo o nosso irmão em Cristo... E, assim, com ideias dessa natureza, imaginamos que os estaríamos desrespeitando se fôssemos lá.

Padre Hipólito estava sem fala, mudo. Então, os comentários não eram fofocas ou boatos, estavam corretos e eram reais! Ele havia imaginado mil possibilidades, mas não queria acreditar que aquela fosse a verdadeira razão. Após se recompor daquele assombro, disse:

— Como podem acreditar em tais desatinos? Quem os influenciou para o mal dessa maneira?

— Não, padre – interveio Leonora –, em nenhum momento vemos o mal nessa crença cristã. Muito pelo contrário. Tudo o que nos é ensinado baseia-se no amor... o amor trazido pelo Cristo como complemento "às leis e aos profetas". Se víssemos o mal, seríamos os primeiros a desacreditar em tal doutrina, mas não há. Ela nos ensina a acreditar em Deus, na Sua Bondade, na Sua Justiça. Agora, entendemos quem somos e qual o nosso objetivo de crescimento enquanto irmãos, filhos do mesmo Pai...

Leonora foi interrompida de supetão por padre Hipólito. Ele estava lívido:

— Então, o que me dizem é que estão frequentando as reuniões profanas nas terras do Seu Antônio!

— Sim – respondeu José, calmo.

E calmo continuou, como se estivesse encerrando tal assunto.

Vermelho, o visitante colocou seu copo de suco na mesa com força e, indo em direção à porta, disse-lhes em alta voz:

— Vocês perderão suas almas se continuarem a frequentar tais reuniões. Sou amigo desta família e os aviso de que a ira de Deus recairá sobre todos vocês!

E bateu a porta com furor.

— Não o interpretem mal — antecipou-se José ao diálogo. — Bem sei o que ele sentiu!

Também eu não tive a mesma reação quando soube de suas escolhas? Também não imaginei que todos perderiam suas almas por estarem escolhendo o mal, e não o Cristo? Como eu, nosso querido amigo reage pela falta de conhecimento sobre essa doutrina, que é cristã! Reage baseado no que ouviu dizer de pessoas que também não puderam entender o seu verdadeiro significado.

Após uns poucos segundos, José pediu:

— Voltemos ao nosso almoço, mas, antes, rezemos ao Pai, para que o padre possa enxergar além do preconceito que leva em seu coração; que possa compreender que Deus não é um Ser eivado de vícios terrenos, como a vaidade, o orgulho, o egoísmo, a ira. Ele, ao contrário, é Justo, Soberano, Bom... Perfeito. É, em decorrência de Sua Pureza, que nos ama verdadeiramente, esperando-nos para que cheguemos ao patamar mais alto da nossa evolução. Rezemos, Leonora, rezemos, meus filhos, para que seja feita a vontade do Pai e que sejamos merecedores de viver tentando alcançar nosso progresso íntimo e espiritual.

Em comovida prece, a família de José se alinhou ao Alto, iluminando sua humilde morada e servindo de exemplo e conforto àqueles que atuam junto a eles no plano espiritual.

Os mentores de todos estavam ali reunidos e, junto com eles, oraram também.

No início de seus estudos, José se dizia insensível à presença de seu mentor, mas, lá no fundo, tinha consciência de que, em muitos momentos, não se encontrava só. E aquele dia era um desses momentos!

* * *

Enquanto padre Hipólito se encontrava na sala, solicitando explicações, José ficou um pouco apreensivo diante da reação do velho pároco. Sem ele saber, com o auxílio de seu amigo espiritual, sentiu-se mais fortalecido e confiante na Providência Divina. A sua fé o fortaleceu, ante as possíveis adversidades.

Padre Hipólito, ao contrário, tendo ficado irritadíssimo com o que José e Leonora lhe disseram, deixou fluir a sua enorme intolerância às ideias divergentes das que carregava em sua batina eclesiástica. Indagava-se ele, sem freios: "Como podem essas pessoas ignorantes dizer a mim o que é melhor? Como podem trocar a Igreja, que sempre os aceitou, nas missas dominicais, quando chegavam sujos e empoeirados, por aquela doutrina do diabo? Mas também o que eu poderia esperar de pessoas tão sem cultura…?".

Ia assim pensando o padre, interpretando a escolha daquela família como uma ofensa pessoal. Porém, quando se permitiu, por instantes, ter um lampejo de pensamentos mais amenos, os amigos espirituais, aproveitando-se daquela energia, tentaram aquietá-lo para que tivesse um melhor raciocínio daquela situação. Disseram, mentalmente, para o padre:

"É, Hipólito, mas, no final do século passado, quando quis abraçar a vida sacerdotal, não era assim que pensava. O que foi que sua mãe lhe ensinou com tanto amor, e que você não pôde levar adiante por todos pensarem diferente dela?!"

Então, como se nostálgicas lembranças viessem povoar sua mente, lembrou-se de quando era criança: seu maior sonho era servir ao Cristo! Em suas brincadeiras, sempre se fantasiava de padre e dava orientações aos seus amiguinhos de como poderiam agradar a Jesus. Sua mãe sempre lia a Bíblia para ele dormir, e a parte que ele mais adorava, para a surpresa dela, estava em Matheus, 7:15-20: "Guardai-vos dos falsos profetas que por fora se disfarçam de ovelhas, e que por dentro são lobos roubadores. Vós os reconhecereis por seus frutos. Acaso podem-se colher uvas de espinheiros ou figos de abrolhos? Assim, toda árvore que é boa produz bons frutos, e toda árvore que é má produz maus frutos. Uma árvore boa não pode produzir maus frutos, e uma árvore má não pode produzir bons frutos. Toda árvore que não produz bons frutos será cortada e lançada ao fogo. Vós as reconhecereis, pois, pelos seus frutos".

Hipólito sempre dizia que todos eles iriam arder no inferno, mas sua mãe explicava:

— Não, meu amado, precisamos primeiro descobrir se são eles ou nós os falsos ou legítimos profetas, porque Jesus não falou que somente os outros deveriam ser os alvos de nossa análise. Nós também devemos nos analisar para sabermos se estamos agindo conforme os ensinamentos do Cristo e, antes de julgarmos aqueles que parecem divergir de nossas ideias, precisamos ver as suas obras e se elas descrevem o amor de Deus. Se assim for, ela também será uma árvore boa. Não importa que não pensem exatamente como nós, mas, se fizerem parte dos caminhos que passam pela porta estreita, eles também nos levarão ao Pai.

E foi assim, mais doutrinado, que Hipólito se apresentou para compor a Igreja da qual, hoje, é um dos seus representantes. Possuía dezesseis anos quando ingressou no Colégio Sacerdotal. Lá, viu algumas ideias de sua mãe caírem por terra, porque nem todos pensavam como ela. Alguns dos seus professores e amigos estudantes fizeram-no aceitar que, se continuasse pensando assim, envergonharia a Igreja que o acolhia. Eles eram representantes de Deus na Terra e não poderiam se rebaixar daquela maneira. A verdade estava com eles, e todo aquele que pensasse diferente deveria ser considerado um falso profeta. Então, não foi difícil para Hipólito voltar a pensar como antes.

De repente, em um gesto ríspido, aqueles espíritos que vieram para o seu auxílio ouviram-no falar:

— O que está acontecendo comigo? Eu já superei pensamentos equivocados como os de minha mãe! Como posso deixar voltar à memória um momento de debilidade que atravessei em minha juventude? Não. Eu era um fraco, com ideias utópicas ensinadas por uma mulher que não compreendia plenamente as palavras santas. E, sabendo o meu lugar, não será uma família que excomungarei que me fará fraquejar agora!

E, com essa emanação energética, Hipólito expulsou os que queriam ajudá-lo, continuando o seu trajeto. O espírito protetor do padre esclareceu aos demais que Hipólito, em uma de suas existências anteriores, era uma autoridade eclesiástica de forte poder na Igreja, tendo ideias muito rigorosas sobre aqueles que ele intitulava hereges. Muitas foram as suas vítimas. Tudo o que ele passou na erraticidade o fez, ao ser perseguido pelas vítimas de sua ignorância, querer abraçar, nesta existência, uma proposta de superar algumas das muitas verdades deturpadas que ele trazia, tendo sua mãe um papel fundamental para sua reforma íntima.

— Mas, como todos sabemos – continuou explicando o seu mentor –, nossos progressos são curtos e lentos e, ante o véu do esquecimento, podemos recair em alguns de nossos erros pregressos. Esta é mais uma oportunidade que a vida está dando a Hipólito para que enxergue o seu próximo com os olhos de um verdadeiro representante das verdades cristãs. Peço a Jesus, nosso querido Mestre, que Sua luz recaia sobre este meu pupilo, que muito ainda tem a aprender, mas que também muito já cresceu.

Juntos, os amigos espirituais rezaram por Hipólito, para que ele usasse da sua razão cristã e superasse os seus preconceitos e intolerâncias.

36

A rotina da família de Alexandre continuava a mesma: aos sábados, frequentavam as reuniões doutrinárias, ficando cada vez mais próximos de Seu Antônio e Dona Judite; os meninos estudavam durante a semana; Leonora doava-se ao trabalho no lar; e José construía e reformava, quando era contratado para tanto.

Algumas semanas depois da vinda do pároco ao sítio de José, no entanto, este ficou sabendo, por um amigo próximo, que o padre estava preparando a excomunhão de todos de sua família. O assunto da missa do domingo anterior foram as artimanhas do mal sobre aqueles que eram fracos o suficiente para não suportarem suas tentações. E o exemplo dado foi a família de José! O padre não economizou palavras para criticá-la.

Ouvindo o resumo de seu discurso, José ficou muito triste, mas nada disse. Quando seu amigo foi embora, no entanto, sua tristeza já tinha se transformado em revolta, que se avolumava em seu íntimo por sentir o desrespeito contra a sua família. Estava já bastante irritado, quando Frederico veio conversar com ele, o que o levou a, sem medir suas palavras, falar-lhe com rispidez. Diante da reação de espanto de seu filho, flagrou-se contaminado pela ira e se envergonhou.

Por alguns segundos, esquecera tudo aquilo que havia aprendido! Sabia que não deveria agir dessa forma! Jesus não havia ensinado aos Seus discípulos a compreenderem o próximo? Pois bem, padre Hipólito não era nada mais nada menos que o reflexo dele próprio até pouco tempo atrás. Ele mesmo havia feito sua família passar por momentos de angústia, devido sua própria incompreensão... e ele a amava!

José abraçou seu filho Frederico com muito carinho e pediu desculpas.

Quando ficou sabendo que, indignado com o sermão do padre, o amigo de José iria até o seu trabalho para lhe contar o ocorrido, o mentor dele, conhecendo o seu pupilo, sabia que ele poderia se desestruturar ao ouvir o que falaram sobre sua família. Então, iniciou a tarefa para auxiliá-lo, emanando-lhe uma energia equilibrante para que ele pudesse receber aquela informação sem revolta e raciocinar melhor sobre o assunto. Quando o mentor percebeu que a tentativa de José de se manter em harmonia estava se esvaindo e que a revolta se tornava quase irreversível, solicitou aos amigos espirituais que trouxessem o filho Frederico, que o acompanhara na obra naquele dia, para puxar algum assunto com o pai. Apesar de toda a dificuldade, e mesmo de ter se deixado cair, a nova postura adotada por José, para mudar as suas más tendências, fez com que ele se percebesse irado diante do filho e, humildemente, confessasse o seu erro.

O protetor espiritual dele ficou muito satisfeito naquele momento. Como era bom sentir em José uma resposta, uma reação positiva, um ato de pura resignação diante das turbulências que a vida terrena lhe trazia.

José continuou com seu trabalho e somente parou às dezenove horas, por já estar tarde e escuro.

— Mais uns dez dias e terminarei por aqui.

José se orgulhava muito do seu trabalho e o realizava com muito amor e zelo. Pensava sempre que, se estivesse fazendo para si próprio, iria gostar de receber o melhor, então, esforçava-se para atingir o máximo de sua perfeição. Quem o contratava merecia isso! Ele tinha poucos clientes, todavia, aqueles que o contratavam se tornavam fiéis, e isso era o que sustentava a sua família.

Dona Ivete, sua sogra, em muitas ocasiões, ajudou-o em seu aprimoramento. Ela tinha uma visão espetacular das coisas. Talvez por costurar e, como dizia, doar ao Pai todo o trabalho realizado, suas costuras eram de primeira qualidade! Quando estavam reformando a sua casa no sítio, onde moram hoje, ela, vez por outra, com muita humildade, fazia com que ele visse pequenos defeitos no seu trabalho profissional. As dicas dela o ajudaram a melhorar bastante o seu desempenho.

"Ah! Que saudades de minha sogra!" – pensou José.

Ele guardou suas ferramentas e se dirigiu ao lar, sem saber que sua velha amiga estava ali, abençoando-o com o seu amor.

37

Nos primeiros anos das reuniões públicas do grupo espírita, estas já acolhiam muitas pessoas, a maioria vinda de fora, de cidades vizinhas. Os trabalhos eram os mais diversificados possíveis, mas todos traziam aos aflitos o consolo espiritual pelo qual ansiavam.

Doutor Mário, por curiosidade, aproximou-se das reuniões. Depois da experiência que tivera ao levar Alexandre para casa após a cirurgia da professora Gertrudes, e de ter presenciado a postura de fé de toda a família, ele aproveitou a oportunidade de conversar com Seu Antônio na festa de aniversário de Alexandre. Ele nem se lembra de como começou aquele assunto, quase no final da festa, mas fez inúmeras perguntas, que foram todas respondidas com simplicidade. Depois, foi convidado a participar de um dia do estudo, para que pudesse compreender o que lhe fora dito.

Nos sábados seguintes, doutor Mário teve a oportunidade de ir e de presenciar o auxílio que lhe falaram, e que ali era ofertado. Aos poucos, foi se fazendo mais presente e, quando deu por si, já estava comprometido a prestar seus serviços médicos às pessoas mais carentes. Viu-se confirmando os diagnósticos proferidos pelos espíritos amigos e receitando os remédios que deveriam ser tomados. Testemunhava, com assombro, a cura por meio dos tratamentos espirituais realizados por um grupo abençoado do Além.

Leonora trabalhava, pela manhã, na creche que abriram para as crianças de famílias humildes, onde recebiam a evangelização e a educação pré-escolar. Os filhos Gustavo, Alice e Frederico também ajudavam no que podiam. Eram os que estavam sempre prontos para ajudar em qualquer trabalho, dentro de suas limitações físicas próprias de adolescentes. Seu José, por sua vez, foi quem construiu a creche em um terreno doado por Seu Antônio, onde também foi construído um novo galpão, maior que o primeiro, destinado à realização dos trabalhos espirituais.

A professora Gertrudes, após seu retorno e melhora física, conversou com Alexandre. Ele, com sua simplicidade, explicou o que acontecera, e ela, por curiosidade, começou a frequentar as reuniões de sábado também. Não passou muito tempo, e a professora se ofereceu para ajudar no que fosse preciso, inclusive na creche. Ela até rejuvenesceu, fazendo com que os seus alunos estranhassem, de início, o quanto estava mais gentil e bela.

Padre Hipólito, entretanto, não aceitava aquela situação. Muitos paroquianos o apoiavam em suas ideias, e o alvo principal era sempre a família de José.

Seu Antônio era uma pessoa muito influente na comunidade e, mesmo sendo espírita, jamais deixou de doar às obras assistenciais da igreja, não sendo interessante, portanto, tê-lo como inimigo.

Por influência do velho padre, alguns dos antigos clientes de José deixaram de contratá-lo ou retiravam-lhe o trabalho já contratado, dizendo que um excomungado não pisaria em suas propriedades. José, resignado, aceitava os desígnios da vida semeados por ele mesmo. Sabia que não poderia titubear em sua fé no Cristo. Este não dizia para os apóstolos: "Faça tua parte que Eu os ajudarei"? Quando parecia que não mais aguentaria aquela prova, a vida o presenteava com algum trabalho, e sua família podia comprar algo mais para comer do que somente os ingredientes da horta de seu quintal.

* * *

O dinheiro recebido do seu Ozório, que fora guardado para uma emergência, era usado para salvá-los quando o trabalho demorava a chegar. Quando tinham condições, tentavam repô-lo para outras emergências.

O certo é que, pela sabedoria da vida, da mesma forma que a tempestade vem, ela se vai. Padre Hipólito ficou muito doente e teve de ser substituído por um padre mais jovem, que conseguiu, possuindo ideias verdadeiramente cristãs, deixar o assunto de lado, respondendo a todos os fiéis que levantavam tal questão que Jesus era amor e perdão, e que nenhum deles podia se confessar sem pecados.

Assim, com o passar do tempo, os antigos clientes de José começaram a voltar devagar, porque eles perceberam, comparando com os demais profissionais que foram contratados neste intervalo, a diferença de qualidade, zelo e dedicação com que ele trabalhava.

Por mais que essa experiência tenha sido dolorosa, ela fez os clientes de José se lembrarem da razão de eles sempre o terem contratado. Assim, após as experiências ruins que tiveram, começaram a comentar intensamente sobre o seu bom trabalho e a indicá-lo, para que os amigos que não o conheciam não passassem os dissabores pelos quais eles passaram.

Em uma noite estrelada, José se juntou à Leonora na varanda de sua casa, para descansarem como sempre faziam antes de se deitar, e feliz lhe contou que um cliente antigo o recontratou para corrigir alguns erros que outro profissional havia cometido.

Ela, sorridente, disse-lhe:

— Mais uma vez temos a confirmação de que a vida não falha nunca e de que tudo acontece no tempo devido. Talvez, se tivéssemos nos revoltado e abandonado os nossos valores cristãos, este novo momento não estaria acontecendo agora, e muitas dificuldades poderíamos estar passando ainda. Tenho certeza de que o novo padre foi designado para cá pelas mãos de Deus, que entendeu que não precisávamos mais ser colocados à prova em nossa fé.

José balançou a cabeça afirmativamente e, abraçando sua esposa, suspirou, relembrando o sonho com sua mãe, no qual ela o abençoou para aquela nova etapa de sua vida, bem como o alertou, dando-lhe o melhor conselho, que jamais foi esquecido, para prepará-lo para este momento de grandes provações:

"— Meu filho, deixo-lhe ainda um conselho: quando eu o conheci, você era uma criança sozinha e que já tinha passado por muitos momentos de dor. Mesmo assim, você jamais se deixou corromper pelas dificuldades das ruas.

Use, então, de sua integridade, força e coragem para enfrentar os momentos turbulentos que ainda virão, porque muito aprendizado ainda há para você e sua família adquirirem e porque essas foram as programações que abraçaram para um melhor crescer."

Parte 2

Alguns anos se passaram e, apesar de todas as dificuldades enfrentadas, todos viviam com muita harmonia, pois a fé e a amizade não lhes permitiam que caíssem.

Quanto às reuniões de sábado, elas viviam lotadas, continuando, em sua maioria, a ser frequentadas por pessoas de fora da cidade. Muitas delas iam lá porque, em suas próprias cidades, a força da Igreja perseguia quem se dissesse espírita.

Alexandre terminou o colégio. Ele precisava escolher o que fazer. Seu pai o apoiava e dizia ser importante, para o seu futuro profissional, que fizesse uma escolha consciente.

Ele tinha um sonho, mas como pagar uma faculdade? Como pagar por todas as despesas para se manter em outra cidade? Também não conseguia se ver longe de sua família, tampouco afastado do trabalho mediúnico já iniciado. Essas eram as suas aflições. Então, ele pensou seriamente em desistir de seguir com os estudos, abraçando a profissão de seu pai.

José, porém, incentivava-o a perseguir seus sonhos, fossem eles quais fossem. E Alexandre não tinha muito mais tempo para decidir, pois, se fosse atrás deles, teria que fazer alguns testes para ingressar na faculdade dali a alguns meses.

Ele estava aflito. Por vezes, queria desistir; por vezes, queria tentar.

De tanto o pai incentivá-lo, começou a achar que seria possível, mas sabia que essa decisão influenciaria a todos e, por isso, deveria raciocinar, escutar seu coração e sua mente e, assim, achar a resposta. Além disso, precisava pensar que, se passasse na faculdade, que era longe de sua cidade, não poderia se tornar um fardo pesado demais para os seus pais quanto ao valor das mensalidades da instituição de ensino e de todas as despesas que lá teria. Enquanto não se decidia, trabalhava com o pai nas obras. À noite, parava em seu quarto, como fazia quando criança e, olhando pela janela, conversava com Aurora.

Certa vez, na ansiedade de quem não consegue decidir, pediu que ela dissesse o que seria melhor para ele. Ela, sorrindo, respondeu:

— Meu amigo, como poderia lhe dizer algo que somente a você compete escolher livremente? Essa situação fará diferença em sua vida hoje, e só a você caberá o aprendizado que sua escolha proporcionará. Nós não o abandonaremos e o auxílio virá por outras formas, não por respostas diretas. Senão, como ficariam seu valor e seu crescimento se fosse eu a escolher por você?

Alexandre relembrou a importância do livre-arbítrio para os filhos do Pai Eterno!

"Como eu poderia evoluir se, a cada encruzilhada, fechasse os olhos e pedisse ao meu acompanhante, fosse ele espiritual ou encarnado, que escolhesse por mim? E se a escolha fosse errada? Seria muito fácil acusar o outro e não a mim mesmo pelo fracasso obtido, esquecendo-me de que, se aceitei o seu conselho, se agi conforme fui orientado, a escolha continuaria sendo minha. Por outro lado, se fosse a escolha acertada, qual seria o meu mérito na caminhada difícil?" – pensou.

— Então, que Deus me auxilie em meu próprio discernimento! – pediu com humildade.

O filho mais velho de Leonora já havia crescido muito em sua mediunidade. Trabalhava ativamente nos tratamentos espirituais; transformara-se, como os demais médiuns que vinham de fora da cidade, em auxiliador do Consolador e obreiro assíduo no Cristianismo redivivo. Muitas curas se fizeram naquele centro de auxílio, muitas em que fora o portador da boa nova. Quando era nomeado pelo assistido como "aquele que curava", esclarecia que era pequena a sua parcela no labor empreendido, mas que muitos haviam contribuído para que a cura se desse, entre os quais, inclusive, estava o próprio auxiliado. E completava sempre:

— Mas nada seria concretizado sem as bênçãos concedidas pelo Divino Mestre Jesus!

Uma vez, percebeu a necessidade de dizer a um dos que o estavam idolatrando:

— Meu amigo, eu somente servi de instrumento para que o auxílio chegasse até o seu coração. Você agradeceria ao médico ou ao bisturi o bom resultado de uma cirurgia a que foi submetido?

Não desminto a minha pequena parcela na dádiva ofertada, porém foram os mensageiros do Cristo que auxiliaram na sua cura. Entenda que Ele é o remédio para que a nossa saúde seja restabelecida, mas, mesmo que Jesus muito desejasse, sem a sua vontade e fé, nada ocorreria – disse, apontando para o próprio ouvinte. – Continue estudando a Palavra Evangélica e a aplique em você mesmo, pois, dessa forma, dará maior oportunidade para o seu crescimento íntimo e espiritual. Abandonando as suas posturas antigas, você não dará ensejo à construção de outras tantas doenças em seu corpo físico.

* * *

Um tempo já havia passado, e Alexandre ainda não tinha se decidido. Pelo menos, a sua ansiedade estava menor. Ponderava os prós e os contras, estudava e continuava com seus afazeres. Ele sabia que não seria fácil para a sua família se ele decidisse pelos estudos na faculdade e, juntamente com os outros tantos motivos, tudo pesava em sua decisão.

Ainda se encontrava indeciso, quando a luz que ele tanto precisava chegou em uma das reuniões doutrinárias, na qual um palestrante de longe veio para falar sobre o tema: "A presença indispensável dos obreiros de Jesus nas profissões".

Disse ele em determinado momento, fazendo uma relação da profissão com a mediunidade:

— Muitas vezes, podemos entrar em um conflito interno porque a vida parece nos levar para uma atividade profissional em detrimento do trabalho medianímico. Ficamos apreensivos por pensar que estaríamos abandonando nossa missão íntima de crescimento espiritual através da mediunidade e nos questionamos qual seria o melhor caminho a percorrer.

Diante de uma situação como essa, precisamos ter olhos de ver e ouvidos de ouvir, porque cada caso é um caso. Se estivermos no plano material, necessitamos nos dedicar também a construção de nossa vida profissional, para a nossa subsistência. Precisamos analisar que, se a vida está nos levando para algum lugar onde, a princípio, não temos contato com a doutrina que nos consola, talvez precisássemos deste tempo para enxergarmos o que a vida quer nos mostrar além.

Podemos nos tornar obreiros de Jesus em cada atividade que abraçarmos, porque poderemos colocar em prática a premissa do ser cristão na profissão escolhida. Nela, faremos importante diferença na vida do outro e, se nos mantivermos íntegros profissionalmente, espalharemos o melhor de nossa missão cristã, tendo a profissão e a mediunidade que portamos como alavanca para o auxílio ao outro.

Para todo aquele que é médium, não será só nas casas espíritas que ele poderá se fazer útil com a sua mediunidade, porque, fazendo-se íntegro, sempre terá inspiração para atuar junto aos que necessitam de Jesus.

Além disso, para aqueles que buscam a retidão de suas ações, o auxílio cristão também acontecerá pela ação enobrecedora a favor daqueles que dependem da sua especialidade profissional para continuarem suas vidas. Então, que sejamos médicos, garis, professores, empregados do lar, governantes, não importa a função dignificante que abraçarmos, pois as usaremos para crescermos e auxiliarmos a todos que precisarem de nós.

E quem disse que precisaremos deixar de trabalhar na seara espírita cristã por causa disso? Se, no momento vivido, parecer-nos impossível fazer as duas coisas, deixemo-nos enxergar qual é a prioridade no momento e, se for a profissional, que trilhemos este caminho, mas nunca abandonando a intenção do retorno bendito ao trabalho mediúnico, porque, assim, a vida nos devolverá à tarefa no tempo preciso, nada além.

Podemos, portanto, conceder-nos o tempo necessário para nos aprimorarmos na vida profissional e, depois, abraçarmos a tarefa mediúnica com o coração. Como vocês bem sabem, nos dias de hoje, não é fácil confessar que somos espíritas, sendo mais difícil ainda admitir que somos médiuns, porque há muitas perseguições e preconceito nos corações alheios. Mas, devagar, haveremos de superar todas essas dificuldades por meio de nossos exemplos na vida pessoal, profissional, no mundo. Seremos vistos diariamente por aqueles que estão ao nosso lado, e essas pessoas se perguntarão: "Como pode a doutrina que ele segue ser ruim, se ela o mantém sempre melhor?". Assim, o preconceito será superado devagar e com bases sólidas. Por isso, que consigamos ser sempre honestos com o outro sobre a filosofia que seguimos, não a escondendo por vergonha ou preconceito, para que mais rápido essa desmistificação aconteça nos corações alheios.

Para Alexandre, aquela palestra o fez despertar. Ela foi o sinal que faltava para que o seu dilema começasse a ser resolvido. Maravilhosa fora a providência utilizada para o seu esclarecimento! Ele sabia que Jesus não o abandonaria e que, se estivesse atento e vigilante, não deixaria de enxergar a Sua ajuda. Ei-la presente!

Aurora, ao lado de seu tutelado, sorria com a grandeza deste. Via os seus olhos brilharem quando se referia ao Cristo e quando tentava viver com humildade a Sua palavra. Alexandre crescia dia a dia e muito servia de exemplo para os de sua família e os que com ele tinham contato. Mas ela sabia, no entanto, que os maiores testes ainda estavam por vir.

39

Numa noite, Alexandre se reuniu com sua família após o jantar para conversarem. Isso já era um costume entre eles, e não mais quiseram abandoná-lo.

Aproveitando o ensejo, o filho mais velho de José pediu a atenção de todos, pois tinha algo a lhes comunicar:

— Pai, mãe... meus irmãos... acho que hoje consegui me decidir por qual caminho seguir. Sei bem que todos vocês se calaram, respeitando a minha indecisão e o meu pensar, para que não me sentisse obrigado a fazer o que não queria. Sei que faltam poucos dias para as inscrições e para as provas na faculdade; sei também, meu pai, que, se escolhesse ficar e trabalhar com o senhor, não se aborreceria. Mamãe, sempre me apoiando, demonstra que confia em minhas decisões... E vocês, meus irmãos, sempre foram meus pequenos melhores amigos, e sei o quanto estão torcendo para que eu escolha o melhor caminho para a minha vida. Vocês sabem que o meu sonho é me tornar médico, porque sei que ajudaria muitas pessoas se exercesse essa profissão.

Respirando fundo, continuou:

— Questiono-me se é possível para pessoas como nós frequentar essa faculdade. Apesar de nossa condição social ter melhorado, ainda assim acredito ser um estudo muito caro para nós. Eu não queria, inclusive, afastar-me de vocês ou dos trabalhos mediúnicos, por isso, eu não conseguia me decidir.

Mas vejo como um médico terreno é imprescindível para trazer a saúde para o corpo físico dos seres humanos, porque não foram poucas as vezes que a espiritualidade aconselhou, apesar do tratamento espiritual, o acompanhamento de diversas doenças pelo médico da Terra.

Se, através do Espiritismo, podemos ajudar nos problemas alheios de ordem perispirítica, psíquica ou moral, ainda nos falta ajudar, com mais ênfase, na saúde física dos irmãos em agonia que precisam do médico terreno para acreditar que estão em efetivo tratamento.

Nosso amigo doutor Mário, que está fazendo todo o possível, não pode se dividir em mais pessoas! Então, minha querida família, se for possível financeiramente, escolhi fazer as provas para a Faculdade de Medicina. Se for caro demais, não ficarei triste e saberei trabalhar com vocês, conhecendo ainda mais o seu ofício de pedreiro, pai, de que tanto me orgulho. Se der para pagarmos, e eu não passar, foi por não ser ainda o momento adequado para largar minhas tarefas mediúnicas e sociais. Então, saberei me aprofundar mais nos estudos para poder ingressar no ano que vem.

— Sabe que não tem de se preocupar com valores, filho? Nós daremos um jeito, não é, Leonora? – disse seu pai, enfático. – Eu pegarei mais obras para fazer, os meninos me ajudarão. Além do mais, se temos de acreditar no Pai Celestial, o momento é agora. Somos testados a cada minuto, e será somente nos momentos difíceis que comprovaremos a fé com a qual coroamos o nosso coração. Não se permita esmorecer por essa dificuldade. Leonora, eu e sua avó Ivete passamos por situações bem piores que essa atual e nos saímos muito bem. Ivete era sensacional. Ela, sim, tinha fé e esperança. E nós também poderemos tê-las.

— Eu enviei uma carta para a faculdade, que me mandou a resposta de quando será a data das provas, o dia da inscrição e de quanto custa mensalmente o curso. Deixei para lê-la com vocês... – foi dizendo Alexandre, enquanto abria a correspondência.

Foi lendo devagar e em voz alta o seu conteúdo, mas, ao chegar aos valores cobrados, ele parou, entristecido.

José perguntou:

— O que houve, filho?

— Pai, é impossível pagarmos isso. Não há obra que o senhor consiga a mais e emprego que eu arranje que nos dê condições para pagar tudo isso.

Alexandre entregou a carta a José, que não pôde discordar do filho ao lê-la.

Seus irmãos, que estavam calados até aquele momento, sorriram cúmplices entre si, e Frederico disse a todos:

— Conversamos com Seu Antônio...

— Sobre o que, Frederico? – perguntou Leonora, surpresa.

— Sobre ele poder nos emprestar dinheiro...

José fez que ia interrompê-lo, mas Gustavo foi mais rápido:

— Sei que não conversamos com o senhor e com a mamãe antes, mas achamos que ele poderia nos ajudar.

— Explicamos a nossa situação e comentamos o sonho do Alexandre – disse Alice. – Perguntamos se ele não poderia ajudá-lo a custear a faculdade e dissemos que iríamos pagar a ele devagar, com juros e correção, todo o valor investido...

— Mas ele disse que não aceitaria – completou Frederico.

Alexandre não conseguiu deixar de se sentir decepcionado com aquela resposta. "Mas também o Seu Antônio já fez tanto por nós! Como exigir mais dele?" – pensou.

Então, Gustavo falou com um sorriso maroto:

— Ele disse que a dívida seria entre você e ele, Alexandre, e que você iria pagá-lo devagar, com juros e correção, todo o valor investido quando começasse a trabalhar.

Alexandre soltou um "Eu não acredito!". Estava tão feliz que não cabia em si de tanto contentamento.

— Seu Antônio também disse – finalizou Alice – que faria o mesmo por nós, porque sabe que nossa família é honesta e que não lhe dará calote.

Todos se abraçaram e ficaram ali, sentindo-se afortunados por ser uma família tão unida pelas dificuldades que a fortaleceu, como também pelo amor e pela graça de conquistarem amizades tão profundas.

Neste instante, lá no cantinho da sala, algumas almas irmãs, entre elas Ivete e Lizinha, comemoravam de alegria pela luz que transcendia daquela casa humilde, que personificava mais uma entre tantas moradas do Pai Celestial.

40

Alexandre prestou as provas na Faculdade de Medicina. Ele teve alguns problemas no primeiro dia, porque não queriam deixá-lo entrar para fazer as provas. Acusaram-no de muitas coisas e, somente após ter sido levado à diretoria e comprovado o pagamento da inscrição, que o deixaram fazê-las.

Ao voltar para casa, chateado, desabafou com aqueles que considerava seus melhores amigos:

— Já passei por situações constrangedoras antes, mas nunca como essa, Seu Antônio. – falava, olhando para as mãos, desolado. – Eu parecia, aos olhos de muitos dali, um marginal! Minha visível pobreza, porque não me vestia como os demais, e a minha cor de pele, fizeram com que acreditassem que eu não poderia estar ali.

E não tenho coragem de contar o que passei aos meus pais. Eles ficariam muito tristes.

Dona Judite o abraçou, e Seu Antônio concordou com aquela decisão, porque ele mesmo tinha ficado muito indignado com a situação. Ficou imaginando a reação dos pais dele.

Quando Alexandre foi embora, Seu Antônio comentou com a esposa:

— A gente até se esquece do quanto ainda existem pessoas preconceituosas neste mundo!

* * *

Alexandre, no seu lar, aguardava o resultado das provas. Em seu coração, não existia qualquer peso. Sabia que tinha dado o seu melhor nas avaliações. E, se não passasse dessa vez, certamente se esforçaria mais para passar no ano seguinte. Não desanimaria.

Enquanto desconhecia o futuro que o aguardava, trabalhava com seu pai e irmãos. Os distúrbios advindos daqueles que não aceitavam a escolha religiosa daquela família já tinham passado, e poucos foram os que mantiveram sua postura intolerante.

Em decorrência dessa rejeição, aconteceu uma circunstância bastante desagradável logo depois que padre Hipólito começou seus discursos inflamados contra aquela família simples. Leonora estava na praça da cidade, indo em direção à mercearia do Seu Ozório, quando foi parada por uma das beatas da igreja. Com um olhar horrorizado ao vê-la, a beata foi se afastando e agarrando o crucifixo, berrando que Leonora era adoradora do diabo. Naquela hora, poucas pessoas estavam circulando na praça, mas as que ali se encontravam ficaram olhando para as duas com olhares curiosos ou julgadores.

Leonora apressou o passo e, quando ia entrar na mercearia, parou. Sentiu certa vertigem ao pensar que poderia ser escorraçada dali também pelo Seu Ozório. Seus olhos se encheram de lágrimas e, quando já estava para ir embora, Seu Ozório veio à porta e a chamou:

— Leonora, está tudo bem? Vi uma algazarra na praça. O que aconteceu?

Uma jovem, que presenciou aquela cena odiosa, a seguiu para saber se ela estava bem. Ao ouvir Seu Ozório perguntando, respondeu:

— A Dona Carmélia, muito sem noção como sempre, desrespeitou-a publicamente, falando muita bobagem.

Seu Ozório, imediatamente, levou Leonora para dentro da mercearia, e sua esposa buscou um copo de água com açúcar para acalmá-la.

Leonora olhou emocionada para aquela jovem, filha de uma família tradicional da cidade, e para os donos do comércio, com muita gratidão.

Algumas outras foram as circunstâncias desagradáveis pelas quais aquela família humilde passou, mas, da mesma forma que existiam os que os acusavam, havia outros que os defendiam com fervor.

Certo é que, sem a presença do padre Hipólito alimentando o ódio contra os seguidores do Espiritismo, e com o padre novo ensinando o amor de Jesus para os seus fiéis, a vida daquela família foi avançando e foi até abençoada com mais trabalho enobrecedor.

* * *

Quase um mês após as provas prestadas, Alexandre estava trabalhando com o pai em uma obra, quando Alice veio trazendo para o irmão uma carta fechada a ele endereçada. Percebendo que a carta era da faculdade, agradeceu-lhe a preocupação, mas ele não a abriria ali. Fazia questão de voltar para casa para que toda a família soubesse, junto com ele, o resultado. Também gostaria de ter Seu Antônio e Dona Judite junto dele neste momento.

José, então, deu por encerrado o expediente, porque nem ele estava aguentando de tanta curiosidade. Passaram na fazenda dos amigos e, ao chegarem em casa, a expectativa de todos era enorme.

Leonora e José, em pé, junto à porta da cozinha, e os demais sentados no sofá, todos em silêncio, ouviram Alexandre dizendo, enquanto abria a carta, com um sorriso sem graça:

— Não esperem muito, por favor...

Ele se interrompeu ao começar a ler em silêncio a carta.

José lhe disse:

— Pelo amor de Deus, Alexandre, em voz alta...

Nem deu tempo de terminar a frase, porque Alexandre o interrompeu, gritando:

— Passei!... Passei!

Todos vieram abraçá-lo, fazendo algazarra.

Ao olhar para sua família e amigos, que estavam vibrando com ele, Alexandre chorou. Chorou pela benção do seu esforço ao estudar por horas seguidas todos os dias; chorou de pura gratidão, pelo sacrifício de seus pais, pelo carinho de seus irmãos, pela família que o ajudou a chegar até ali; chorou pela existência de amigos, quase pais, como Seu Antônio e Dona Judite, que iriam ajudá-lo a custear a faculdade e que sempre estiveram do seu lado desde que o conheceram...

Ele abraçou a todos e agradeceu por tudo isso entre soluços.

Aurora, Ivete e os demais amigos espirituais estavam, entre sorrisos e lágrimas de alegria, em oração por aquela família, agradecendo ao Pai por ela estar conseguindo conquistar suas bênçãos e cumprindo com os seus desígnios.

Mas, ao mesmo tempo em que a alegria estava fervilhando nos corações dos presentes, veio uma ponta de insegurança da mãe: Alexandre teria de se mudar para longe da família. Apesar de todos estarem radiantes com a possibilidade de ele tornar-se médico, o receio por sua segurança e o medo de um futuro desconhecido tomou por completo aquela mãe amorosa.

Vendo que algo a estava incomodando e imaginando as dificuldades que sua família iria enfrentar, Alexandre disse:

— ... se quiserem, eu não irei.

Leonora percebeu que seu medo poderia retirar de seu esforçado filho a oportunidade de um futuro melhor. Então, ela falou:

— Meu filho, nem pense nisso. Foi um descuido meu alimentar os medos que sinto. Minha covardia advém de uma total falta de confiança nos desígnios de Deus. Ora, se você pode abraçar este destino, abençoado por Jesus, quem somos nós para impedi-lo? Saberei lidar com os meus temores, mas tenha certeza de que rezarei ao Mestre Divino por sua proteção todos os dias.

— Isso mesmo – disse José, com os outros filhos fazendo coro.

De repente, Alexandre escuta cristalinamente:

— Não perca esta oportunidade, pois ela não veio gratuitamente. Se você é merecedor dela, também deverá ser responsável pelo que aprender com ela.

Alexandre olhou para o além e identificou sua avó Ivete a lhe falar emocionada. Teve ímpetos de falar que ela estava ali, mas foi impedido por seu pai, que disse:

— Filho, eu e sua mãe não pudemos entrar em uma faculdade por nos faltar recursos financeiros e pela necessidade do trabalho desde muito novos. Você, porém, poderá ser a alavanca para que seus irmãos possam seguir pelo mesmo caminho, se desejarem.

Sei que Gustavo e Frederico gostam da labuta que empreendemos, e Alice, romântica como é, possivelmente se casará, o que não a impede de querer abraçar uma profissão, mas será você, meu filho, quem abrirá esta oportunidade para que eles tenham mais opções de escolher o próprio futuro.

Pelo seu esforço e ajuda de amigos tão maravilhosos – disse olhando para Seu Antônio e Dona Judite —, eles agora podem pensar que tudo é possível.

José continuou:

— Eu digo e repito: não há o que temer. Temos fé na proteção divina e, se nela acreditarmos com sinceridade, nada nos fará estremecer. Tantas foram as circunstâncias pelas quais passamos e, se não fosse nossa fé, estaríamos estendidos na estrada chorando pelas injustiças enviadas pelo Pai. Se nunca acreditamos que Deus era injusto e que queria o nosso mal, não será agora que acreditaremos.

Alexandre, com a mediunidade aflorada, percebeu uma fina luz que emanava de seu pai. Sua fé perpassava por sua veste material. Ele também via seus amigos desencarnados, que estavam ali para apoiá-lo naquele momento de decisão. O quadro era magnífico! Então, pensou que, se Jesus o estava abençoando para aquela tarefa, nada o impediria de realizá-la.

Quando foi dormir, após ter conversado alguns minutos com Aurora sobre seu dia e sua alegria, olhou pela janela e começou a entender que algo mais era esperado dele. Ainda não sabia o que era, mas pediu fervorosamente a Jesus que lhe desse forças para não esmorecer diante das dificuldades e prometeu que faria o seu melhor nesta empreitada.

Após um "boa noite!" ao seu Irmão Divinal, fechou os olhos e entregou-se ao trabalho no plano espiritual.

41

Em razão de suas aulas na faculdade terem início no mês de março, Alexandre tinha somente dois meses para providenciar tudo o que fosse necessário para sua mudança.

Um dos clientes de José, sabendo do ingresso de Alexandre na Faculdade de Medicina, indicou-lhes um amigo que era proprietário de um armazém no Rio de Janeiro, onde, com uma carta de recomendação, o jovem, talvez, pudesse conseguir um emprego.

— Não posso prometer nada – dizia ele. –, mas quem sabe?

José não sabia como agradecer.

No período de inscrição, Alexandre viajou com sua mãe para, além de matricular-se, procurar um local de moradia perto da faculdade e conseguir aquele ou outro possível emprego.

Após terem conseguido realizar a matrícula, Alexandre e Leonora precisavam encontrar um local em que ele pudesse morar. Com o jornal na mão, sentiam-se um pouco perdidos, porque as ofertas estavam muito além de seu padrão de vida. Um pouco desanimados, eles se sentaram em um dos bancos internos da faculdade.

— Meu filho, o que iremos fazer? Estes valores estão um pouco altos para o mantermos aqui. Precisamos pensar que o aluguel não será a sua única despesa, não é mesmo?

— Eu sei, mãe. Mas não desanimemos, porque tenho certeza de que conseguirei algum emprego. Além do mais, se o lugar que conseguirmos for caro demais, sei que aqui conseguirei descobrir outros lugares mais baratos para morar.

Leonora sorriu para o filho.

"Ele sempre se preocupou conosco e, agora, mais do que nunca, para não nos dar trabalho ou despesas" – pensou ela. Tinha certeza de que seu filho faria de tudo para que não ficassem sobrecarregados com sua ida para a faculdade. E isso a preocupava, porque tinha receio de ele não comer direito por querer economizar exatamente no que gastaria com sua alimentação.

Enquanto ela lia o jornal, Alexandre teve vontade de olhar ao redor e percebeu um mural que possuía uma gama de papéis nele afixados. Chegando mais perto, viu que eram, dentre outros, propagandas de quartos para alugar a estudantes. Alexandre chamou sua mãe, e eles anotaram alguns endereços. Visitaram umas três casas e conseguiram, perto da faculdade, alugar um quarto, onde outros estudantes também viviam e dividiam todas as despesas. O quarto não custava muito caro e era bem simples e confortável.

Agora só faltava averiguar se a indicação para o emprego daria algum resultado. Após o almoço, dirigiram-se para o endereço fornecido pelo cliente de José, e lá chegaram por volta das quinze horas. Seu Moraes era o proprietário do armazém e, logo que ficou sabendo do que se tratava, passou a interrogar Alexandre para conhecê-lo melhor e saber de suas pretensões. Satisfeito, disse não poder recusar o pedido de um amigo tão antigo e empregou Alexandre em seu estabelecimento.

— Por coincidência, um dos meus empregados pediu demissão, pois precisará mudar de cidade por motivos de saúde de sua sogra.

Leonora e Alexandre entreolharam-se, mas nada falaram. Uma vez, foram José e Leonora que precisaram mudar pelo mesmo motivo. A busca de um benefício a um ente querido pôde beneficiar a outros que com Jesus estão!

Alexandre deveria começar dali a vinte e cinco dias, pois era o tempo que faltava para o outro funcionário desligar-se do emprego.

Satisfeitos, mãe e filho se despediram e retornaram, naquele mesmo dia, para sua pequena cidade natal.

* * *

Duas semanas após Alexandre e Leonora terem voltado da viagem, um telegrama foi enviado à família, no qual estava escrito que a matrícula de Alexandre para a faculdade tinha sido rejeitada, sem conter, no entanto, a razão.

Leonora, que leu o telegrama, angustiada, entregou-o a José.

— Achei melhor mostrá-lo primeiro a você, José, antes de falarmos com Alexandre.

— Não, Leonora, não vamos falar nada para ele agora. Desconfio que fomos rejeitados em razão das informações que vocês prestaram à faculdade no dia da matrícula. Lembra-se de que você me falou sobre isso? Preciso conversar com Seu Antônio.

No dia seguinte, José foi à fazenda do amigo, que prontamente o atendeu, levando-o a sala para conversarem. Aquele mostrou o telegrama ao amigo fazendeiro e disse:

— Desconfio que a faculdade negou a matrícula do meu filho porque, ao incluirmos a nossa renda familiar nos dados do aluno, eles perceberam que não poderíamos pagar a faculdade com facilidade.

— Sim, esse pode ter sido o motivo para a rejeição, José. Deixe este telegrama comigo. Vamos resolver essa questão o quanto antes, não se preocupe.

Seu Antônio não se esqueceu das confidências feitas por Alexandre sobre as dificuldades enfrentadas para conseguir fazer as provas, por isso, acreditando que a matrícula não foi cancelada somente pela renda declarada ser baixa, viajou para o Rio de Janeiro e foi falar diretamente com o diretor da Faculdade de Medicina:

— Esse jovem é meu protegido. Então, se sua matrícula foi rejeitada somente em razão da falta de um fiador, estou aqui para assinar os papéis e garantir o pagamento das mensalidades. Se o motivo foi outro qualquer, quero sabê-lo agora, para tomar as medidas legais cabíveis.

— O que está insinuando, Senhor Antônio?

— Que, infelizmente, muitas pessoas se deixam levar por conceitos que já deveriam ter sido ultrapassados e não deixam que pessoas de bem e inteligentes sigam por caminhos que elas têm capacidade de trilhar.

— Essa insinuação é grave, Senhor Antônio. Está levantando dúvidas sobre a integridade de nossa instituição?

— Sou eu que pergunto: devo pensar desta forma? Ao contrário do que imagina, tanto acredito na integridade desta faculdade, que estou me colocando como fiador e garantidor para que meu protegido se gradue aqui e dê um bom nome para a sua instituição quando ele for um valoroso profissional.

Sem qualquer outro argumento, a faculdade preparou os contratos e adendos financeiros, os quais foram todos assinados. Por fim, a faculdade pediu que fosse desconsiderado o telegrama enviado, dando as boas-vindas ao novo aluno.

Na viagem de volta, aquele experiente fazendeiro pensava que a vida estava dando todas as oportunidades para que Alexandre se tornasse um médico, agora só dependia dele o esforço para concretizar seu sonho.

42

Alexandre pensava, enquanto esperava o sono chegar, como sua vida havia mudado. Estudava à noite na faculdade e trabalhava durante o dia no armazém havia mais de dois anos.

Seu Moraes era um senhor de idade com muita jovialidade. Conversava muito e tratava a todos com muita simpatia, respeito e dedicação. A maioria dos clientes do Seu Moraes era antiga, mas todo cliente novo que por lá aparecia se tornava fiel.

Alexandre começou a trabalhar no estoque dos produtos que ficavam no fundo do armazém. Mas, com a falta de um dos vendedores, ele se colocou à disposição para ajudar, surpreendendo todos com sua presteza em atender os clientes e compreender o que precisavam. Não sendo nada tolo, Seu Moraes o contratou para essa nova função. Assim, o jovem vendedor cativou seu patrão rapidamente com seu jeito respeitoso, bem-humorado, nobre e humilde.

Seu Moraes tinha quatro filhos, três homens e uma mulher. Alexandre não conhecia nenhum deles. Sabia que quase todos estavam casados e tinham suas vidas. Somente sua filha, a caçula, visitava-o, mas, por estudar em outra cidade, vinha somente nas férias de final de ano, que, para a grande felicidade do pai, estavam chegando. Engraçado como eles nunca tinham se visto. Todas as vezes que ela veio ter com o pai, Alexandre viajava para visitar sua família. Mas, nesta ocasião, por atribuições maiores no trabalho, ele não poderia tirar férias e, possivelmente, iria conhecê-la.

A filha de Seu Moraes ligara para o pai e o avisara de que, naquele ano, ela ficaria quase todas as suas férias com ele, fazendo aquele velho pai não caber em si de tanto contentamento.

Infelizmente, esta relação amorosa que ele tinha com a filha não era compartilhada com os outros filhos. Uma vez, Seu Moraes estava no fundo do armazém, fechando o escritório, quando recebeu um telefonema. Um dos seus filhos ligara e, após poucos minutos, ficou claro que eles brigaram. Alexandre, que estava se arrumando para sair, ouviu a discussão e foi ter com ele para saber se precisava de auxílio. Não aguentando, aquele velho pai desabafou a dor de ter os filhos longe dele, e ele, de seus corações. Alexandre tentou ajudá-lo com palavras de ânimo e conforto.

A partir desse dia, e de uma forma gradativa, todas as vezes que seu patrão precisava, Alexandre escutava suas confidências com paciência e carinho. Quando se sentia entristecido, o patrão abria-se com o jovem, que o levava a pensar pelo lado mais positivo em cada circunstância. Alexandre não havia contado a ele que era espírita, até porque não tinha sido questionado sobre suas preferências religiosas.

Qualquer pessoa que busca firmar-se na harmonia de seu coração sempre estará apta para receber as intuições vindas do plano espiritual para o seu próprio auxílio ou a um irmão em sofrimento. Alexandre manteve-se fiel à realização de suas orações diárias, buscava manter-se em harmonia interior e agia em conformidade com a prática do bem. Assim, continuava sendo uma antena eficaz para que os mensageiros do Cordeiro o intuíssem com palavras e pensamentos consoladores.

Vendo a valiosa presença que possuía ao seu lado, com pouco mais de um ano de trabalho, Seu Moraes convidou Alexandre para morar com ele, sem precisar pagar despesas com aluguel, pois havia um quarto livre nos fundos de sua casa, onde o jovem poderia se instalar.

Seu Moraes sabia que o empregado estava tendo problemas na república em que morava. Apesar da ótima localização, lá era muito barulhento. Os demais estudantes não tinham hora para dormir ou estudar, o som vivia alto, e eles viravam noites em festas barulhentas. Então, Alexandre trancava-se em seu quarto e ficava estudando ou tentando estudar. Por isso, o jovem, muito feliz, aceitou a oferta.

* * *

No primeiro dia em sua nova morada, Alexandre ficou um pouco desconcertado, mas o patrão era de uma simplicidade tal, que logo fez com que o jovem morador se sentisse em casa.

Ambos viviam uma rotina confortável: acordavam cedo, tomavam o café da manhã e iam para o trabalho juntos. Lá, o fluxo de clientes era sempre constante, o que lhes dava pouco tempo entre um atendimento e outro para manterem uma simples conversa animada.

Também almoçavam no armazém. Seu Moraes encomendava, para todos os funcionários, marmitas que eram entregues por volta do meio-dia. Quem as fazia era uma antiga empregada doméstica sua que, em razão do marido ter sofrido um AVC, tivera que se demitir para cuidar dele. Com o objetivo de ela conseguir se manter financeiramente sem sair de casa, Seu Moraes lhe dera aquela ideia e, para incentivá-la, comprava dela as marmitas para o armazém.

Para que Alexandre chegasse à faculdade no horário, ele precisava sair um pouco antes do fechamento do armazém, quando ia para casa, tomava um banho, fazia um lanche e corria para pegar a condução. Nos finais de semana, quando Alexandre não estava estudando, tinha em Seu Moraes um grande amigo e companheiro.

Já no início, os dois se adaptaram às mudanças de suas vidas com muita facilidade. Mas, chegando próximo ao final do ano, Alexandre tinha uma única preocupação: a visita da caçula do Seu Moraes. Temia incomodá-la com a sua presença naquela casa. Falou sobre isso com o seu anfitrião, que não deu muita importância, dizendo que a filha jamais iria se aborrecer com isso. Tanto pensou e nada resolveu, que deixou para se preocupar quando ela chegasse.

43

Toda noite, era costume de Alexandre, antes de dormir, fazer uma pequena, mas profunda, prece, entregando sua noite à vontade do Mestre Jesus. Apesar de longe de sua cidade natal e das tarefas mediúnicas, não abandonou a prática de trabalhar, no plano espiritual, nos campos de auxílio aos irmãos necessitados em Cristo. Nem sempre, porém, trazia em sua lembrança as experiências vivenciadas.

Naquela noite, porém, Alexandre teve uma experiência muito cativante. Aurora foi buscá-lo para que assistisse a uma palestra em uma das colônias espirituais. Era normal ele encontrar sua família nestas reuniões, mas, para sua surpresa, eles não estavam lá. Já havia um tempo que não os via fisicamente, desde as últimas férias, e a saudade já apertava no peito.

Enquanto conversava com um dos seus amigos espirituais, Aurora trouxe para junto dele uma surpresa inesperada: aquela que, desde a sua adolescência, invadia os seus sonhos e o deixava, ao acordar, com uma saudade inexplicável: Amália.

Em muitas vidas, eles já haviam vivido interligados por laços de ódio e afeição. Hoje, nutriam um pelo outro muito amor. Fazia tempo que não se viam, e ambos se abraçaram, comovidos pelo presente do reencontro. Após a palestra, saíram os jovens de mãos dadas para colocar os assuntos em dia até o amanhecer.

Poucas foram as vezes, nestes últimos anos, que os jovens tinham se visto no plano espiritual, porém, quando isso acontecia, eles acordavam, no plano físico, somente com uma vaga sensação da existência um do outro, às vezes a imagem deles permanecia, como se para alimentar a saudade de alguém muito especial.

Naquela manhã, Alexandre teve a certeza de ter revisto alguém que lhe era muito especial. A imagem de Amália ficou retida em sua memória, trazendo-lhe uma felicidade que se estendeu por todo o dia. Aquela linda moça o fazia sentir-se completo. Imaginou, brincando consigo mesmo, que precisava namorar urgentemente, porque já estava se apaixonando por lindas moças que invadiam os seus sonhos! Até Seu Moraes estranhou tamanha felicidade, mas nada comentou. Pensou que seu amigo estivesse, enfim, enamorado.

Seu Moraes ficava preocupado com Alexandre. Ele era jovem, bem aprumado, forte, elegante até, mas, apesar disso, só vivia para o trabalho e o estudo. Não saía com os amigos, e nunca o vira com nenhuma jovem. Toda vez que o questionava sobre o assunto, o rapaz dizia que não sobrava tempo para isso, mas gostava de sua vida e não se importava de não sair para passear. Então, Seu Moraes se calava. Não se sentia no direito de exigir-lhe qualquer outra atitude, mesmo se sentindo um amigo íntimo.

Já estavam no início de dezembro, quando uma carta de Lia chegou ao pai, informando-o de que teria que mudar um pouco os seus planos, pois, *"naquela primeira semana de férias, teria que resolver vários probleminhas de ordem pessoal, mas que, no dia dez, estaria com ele, cheia de saudades"*. Com um sorriso amarelo, ele disse a Alexandre que sua filha se atrasaria alguns dias.

Alexandre entendia o porquê da decepção sentida pelo seu patrão, mas não compreendia por que ele tinha se decepcionado também. Já havia alguns dias que estava tendo um comportamento estranho: sentia-se agitado e muito ansioso. No início, imaginou que esses sentimentos se baseavam no receio de incomodar pai e filha a ponto de pensar até em sair daquela casa. Mas não teria para onde ir, pois perdera a vaga do quarto que alugara. Depois, viu que não era essa a verdade, pois se flagrou, algumas vezes, pensando que estava ansioso, sim, mas para conhecer a filha de Seu Moraes. Então, pensava:

"— Ora, estou somente curioso para saber como ela é, nada mais! É isso mesmo... não há mais nada! Seu Moraes não tem fotos atuais de sua filha, mas ela se mostra uma criança muito bonita naquelas que ele tem... então, é isso! Estou só curioso!"

Quando chegava da faculdade, Alexandre tinha o costume de chamar seus amigos espirituais e, quando atendiam ao seu chamado, conversava um pouco com eles. Sentia saudades do trabalho que realizavam juntos em sua terra natal, de seus pais, irmãos e amigos. Escrevia sempre aos familiares, que lhe respondiam rapidamente. A cada leitura, seu coração se fechava de saudade, mas ele sabia que não podia desistir, porque, se fizesse o seu melhor agora, iria usufruir desta boa construção no futuro. Sabia que muitos torciam por seu sucesso naquela empreitada e não os decepcionaria! Quando a saudade parecia estraçalhar o seu coração, Aurora vinha em seu auxílio e o ajudava com palavras reconfortadoras.

Então, conformado, Alexandre dava aquele assunto por encerrado e aguentava mais alguns dias até que a saudade apertasse de novo.

44

Os dias se passaram e, agora, era Seu Moraes quem já não aguentava mais esconder a saudade que sentia da filha. Lia chegaria no dia seguinte, às oito e meia da manhã. Alexandre, assim como ela, estava de férias da faculdade, mas trabalhando muito no armazém. Ele e Seu Moraes trabalhavam com muita determinação e vontade. Naquele sábado, porém, era feriado, e ele poderia ficar com sua filha o dia inteiro.

Para não atrapalhar pai e filha, Alexandre prometeu a si mesmo que ficaria no quarto, estudando. Realmente, fazia um tempo que não conseguia saborear um bom livro espírita, então, aproveitaria a oportunidade.

Ambos foram dormir cedo. Alexandre teve outro encontro com Amália no plano espiritual e, apesar de não se lembrar do sonho, acordou muito feliz.

Mais tarde, Alexandre ouviu um burburinho vindo do interior da casa. Desperto, lembrou-se da chegada de Lia e teve o ímpeto de sair para conhecê-la. Porém, impediu-se. Havia prometido a si mesmo que não atrapalharia o primeiro dia dos dois e tudo faria para que isso acontecesse. Se ficasse quietinho, Seu Moraes pensaria que teria saído e não iria procurá-lo.

Alexandre tentou dormir mais um pouco, mas estava aflito! Tentou conversar com Aurora, mas ela não veio ter com ele.

— Ora! Que bobagens estão passando por minha cabeça? Não consigo me concentrar! Quero conversar com Aurora e não consigo! Parece que estou com formigas pelo corpo, não paro um minuto!

Naquele momento, Alexandre escutou Seu Moraes dizendo à Lia que veria se Alexandre estava bem, porque ele jamais ficara tanto tempo na cama. Alexandre deitou correndo e se cobriu por completo, pois já havia se trocado e estava arrumado. Seu Moraes abriu ligeiramente a porta e, vendo Alexandre na cama, foi até ele e o cutucou, perguntando:

— Alexandre, você está bem? Já passam das dez horas, e ainda dorme?

Fingindo sonolência, Alexandre respondeu:

— Seu Moraes, perdoe-me. O senhor precisa de mim? Não dormi muito bem à noite e pensei em ficar na cama até mais tarde. Mas se precisar de mim...

— Não, Alexandre. Fique sossegado. Somente me preocupei porque percebi que não tomou o café da manhã. Durma, hoje é seu dia de folga. Irei passear com Lia, e, talvez, só voltemos no final da tarde, por isso fique tranquilo para descansar. Depois, apresentarei ela a você. Descanse... – e se dirigiu à porta, fechando-a bem devagar.

Alexandre não gostava de mentir, mas achava que assim era melhor.

Quando os ouviu sair, levantou-se e foi até a janela da sala para tentar ver Lia. Não conseguiu. Eles já tinham pegado a condução e estavam distantes. Tomando o seu café, Alexandre falava consigo:

— Aquiete-se, homem, aquiete-se! Nunca o vi assim!

Alexandre passou o dia todo em casa, lendo, e recebeu a visita de um colega da faculdade, quando estava próximo de os dois retornarem. Ele veio convidá-lo para irem juntos assistir a um tratamento inovador no hospital ali próximo, pois o professor deles os havia convidado para participar, apesar das férias.

Alexandre aceitou o convite com uma pontinha de ansiedade, porque não estaria em casa quando pai e filha chegassem. Escreveu um bilhete avisando-o do ocorrido e dizendo não saber a hora de seu retorno, mas que não se preocupasse. Colocou o papel por sobre a cômoda no quarto de seu patrão e, junto com o amigo, dirigiu-se ao hospital.

Tempo depois, Seu Moraes e Lia chegavam do passeio. Apesar do cansaço, estavam muito felizes, pois puderam matar parte da saudade que sentiam um do outro. Lia estava radiante. Seu pai já havia descrito o seu empregado e novo amigo nos mínimos detalhes. Ela se sentia segura pelo pai estar morando com alguém que demonstrava tamanha confiança.

Quando chegaram a casa e se depararam com o recado de Alexandre, Seu Moraes o leu para Lia, que ficou um pouco desapontada. Ela também queria conhecê-lo.

Então, ambos foram descansar um pouco e, Lia, tomar um banho revigorante, pois não tinha se dado nenhum momento de descanso desde que chegara na cidade. Como seu pai estava muito feliz e lhe disse que já tinha planejado o dia todo de passeio, não teve coragem de dizer que estava exausta da viagem.

Para descansar os músculos doídos, foi para a banheira. Enquanto estava ali, imersa nas águas mornas, Lia começou a pensar no novo inquilino de seu pai. Este falara tão bem dele! Ela estava feliz por seu pai ter achado alguém assim. Em razão de ela morar longe e de seus irmãos não se esforçarem para visitá-lo, seu pai ficava sempre muito sozinho, e isso a preocupava muito.

"Ele não é mais tão jovem e, se passar mal, quem o levaria para o hospital?" –pensava Lia.

Sua meta, então, era acabar logo o curso para o magistério e voltar para casa, onde viveria com o seu pai. Claro que, se achasse o rapaz de seus sonhos, ela iria sair de casa, mas não viveria longe do pai.

Ao terminar o banho, Lia jantou e foi dormir. Estava mesmo muito cansada.

Já passava das três horas da madrugada quando o procedimento cirúrgico no hospital terminou. Alexandre e os outros estudantes foram liberados para retornar aos seus lares. Ele estava muito cansado, mas também muito feliz, pois aprendeu muito assistindo o seu professor em ação.

Chegando a casa, dirigiu-se à cozinha, porque seu estômago reclamava pelas horas em que estava sem comer.

Quando estava para abocanhar o sanduíche que preparou, viu à porta uma mulher conhecida. Ela o observava, atônita, e até um pouco pálida. Alexandre imaginou que estivesse dormindo e tendo outro sonho daqueles que povoavam as suas noites desde sempre.

Era ela... a moça dos seus sonhos... e estava tão linda! Ambos se olhavam sem dizer qualquer palavra. Após alguns segundos, Alexandre, em voz alta, questionou-se:

— Estou sonhando?

Lia, saindo do torpor e sem compreender a pergunta, respondeu:

— Como?

Alexandre viu que estava acordado e que era Lia à sua frente. Mas como poderia? Aquela era a jovem com quem sonhava de vez em quando. Não podia ser outra!

Entendendo que a deixara sem resposta por muito tempo, Alexandre levantou-se e, indicando a cadeira, disse-lhe:

— Desculpe, não esperava alguém na cozinha a esta hora! Gostaria de se sentar? Estou lanchando... já está tarde... saí do hospital... e estou cansado e... com fome.

"Ai, meu Deus, o que estou dizendo?" – pensou Alexandre, desesperado.

— Por favor, não quero atrapalhá-lo. Somente ouvi um barulho na cozinha e pensei que fosse papai. Imaginei que, talvez, ele precisasse de algo.

— Você não está me atrapalhando – disse Alexandre num rompante.

Com o barulho que os dois estavam fazendo, Seu Moraes acordou e se dirigiu à cozinha. E, vendo-os tão sem graça, sentiu vontade de rir. Segurando-se, disse por trás de Lia:

— Ah! Vejo que se conheceram, não é? Lia, este é Alexandre e, Alexandre, esta é Lia... minha Amália!

Ambos ficaram ainda mais envergonhados por não terem se apresentado antes.

Seu Moraes, então, acendendo todas as luzes, foi buscar um copo d'água para beber.

Lia sentou-se na cadeira que Alexandre puxara, e este, que continuava de pé, retornou ao lugar que estava anteriormente. Ele não conseguia parar de olhar para ela, e ela não conseguia encarar Alexandre sem corar.

— Alexandre, termine o seu lanche. Deve estar faminto se, até agora, nada comeu. Lia, este é Alexandre de que tanto lhe falei nas cartas e hoje à tarde... Meninos, o que se passa? Parece que perderam a língua?! – falava Seu Moraes sem parar.

Lia estava tão confusa que, educadamente, disse que estava calada pelo sono que ainda sentia. Não havia sido só uma vez que, ao acordar, ela se lembrava vagamente de um rosto masculino em seus sonhos e, em seu íntimo, tinha certeza de que ele era o amor da sua vida. Mas como poderia ser, se não o conhecia? Era por isso que sempre o chamava de rapaz dos seus sonhos, porque o conhecia somente neles. Pediu licença e se retirou.

"Será Alexandre, o rapaz dos meus sonhos?" – perguntou-se.

Seu Moraes a acompanhou, e Alexandre ficou para terminar o lanche, que já havia até perdido o sabor para ele.

Depois de pensar alguns minutos, afirmou:

— Uma coisa é certa, acaso não existe – falou, abrindo um grande sorriso, e devorou seu sanduiche, pois precisava acordar cedo no outro dia.

"Para que, se amanhã é domingo?" – pensou.

— Para ver Lia! – respondeu em voz alta, finalmente.

45

Eram sete horas, e Alexandre já estava de pé. Era folga da empregada naquele final de semana, então, como era de costume, Alexandre preparava o café da manhã e esperava Seu Moraes para o tomarem juntos. Só que agora ele também esperaria Lia.

Pouco tempo depois, Seu Moraes abriu a porta da cozinha abençoando o dia, como sempre fazia, e saudou o amigo que lá estava. Quando se deparou com a mesa do café, abriu aquele sorriso maroto e disse:

— Pedirei a Lia que venha nos visitar mais vezes. Esta mesa nunca esteve tão bonita!

Realmente, Alexandre caprichara: frutas, pães, sementes, café, leite, chá, geleias e manteiga, tudo muito limpo e arrumado.

O quarto de Lia, no entanto, estava uma desordem. Ela já tinha acordado havia horas, mas colocava e retirava roupas; penteava e despenteava o cabelo... nada estava bom! Somente parou quando seu pai, ao vir chamá-la para o café, abriu a porta e, vendo-a vestida, pediu que descesse, para que todos tomassem o café juntos. Sem escolha, saiu com a roupa que estava, e um batom clarinho, pois suas bochechas já estavam bem coradas.

Todos tomaram o café da manhã, ajeitaram a cozinha e combinaram de sair juntos num passeio pela cidade. Quando retornaram para casa, estavam cansados, mas muito animados. Seu Moraes estava satisfeitíssimo: Alexandre e Lia se entenderam perfeitamente, parecia que se conheciam havia anos. Apesar de sentir uma pontinha de ciúmes por estar dividindo a atenção da filha, queria muito que ela se sentisse feliz na sua casa. Todos jantaram com a mesma alegria e foram dormir.

Alexandre, em seu quarto, fez uma oração e perguntou, em pensamento, se Aurora poderia ir lá para conversar com ele. Sentia-se saudoso de sua amiga espiritual. Com esta se fazendo visível, disse:

— Aurora, como pode Lia ser tão parecida com aquela que povoa meus pensamentos? Se é ela, por que essa coincidência? Ficaremos juntos no futuro? Ai, Meu Deus, pareço uma criança com perguntas tão tolas!

Compreendendo a situação pela qual seu tutelado estava passando, afirmou:

— Será que você, meu amigo, desaprendeu o que, por muitas vezes, já ouviu em sua vida? Se respondêssemos diretamente a tais perguntas, estaríamos interferindo de maneira brutal em sua vida, não lhe dando a oportunidade de fazer suas escolhas com o uso do coração e do raciocínio, que já lhe são peculiares.

Somente você e ela poderão responder a essas questões, mas tenha certeza de algo: precisará de muita força interior, determinação e fortalecimento na doutrina que diz acreditar para que não esmoreça nos seus ideais. Busque o estudo, Alexandre, e nele o aprendizado. Assim, poderá auxiliar você e a todos que ama num ideal cristão espírita.

Lia, em seu quarto, por sua vez, tornou-se o foco de atenção de um dos seus protetores espirituais, que a intuiu para a serenidade de seus sentimentos. Estava inquieta com as emoções que brotaram em seu peito naquele dia. Alexandre a desconsertava e a fazia sentir-se muito bem. Mas, como poderia ser isso se nem o conhecia direito. "E aqueles sonhos que tive?" – questionava-se. Muitas eram suas dúvidas.

Lia era católica. Além de ser frequentadora assídua das missas dominicais, ainda participava dos grupos assistenciais de sua igreja. Era bastante devotada às tarefas e sempre portava uma conversa amiga e um sorriso cativante. Ela não duvidava de sua crença e a respeitava e defendia com toda a sua fé.

Seu Moraes e Alexandre foram cedo para o armazém. Lia ficou na casa do pai para cuidar do almoço, porque, em suas férias, adorava fazer o cardápio e, às vezes, até cozinhar para ele. O pai e Alexandre trabalharam muito durante o dia. Pararam para um rápido almoço em casa e voltaram logo, pois o dia prometia ser proveitoso.

Os jovens se analisavam mutuamente e foi assim durante toda a primeira semana. À noite, Seu Moraes ficava com eles conversando sobre a infância dela e dos irmãos. Riam, emocionavam-se, eram muitos casos que faziam surgir muitas lembranças. Alexandre a tudo ouvia, principalmente quando o pai relembrava as histórias de Lia. Alexandre também falava sobre sua infância e sobre os seus familiares, mas o que gostava mesmo era de saber sobre ela.

Já estava na segunda semana de visita de Lia ao seu pai e, cada vez mais, ela e Alexandre se sentiam ligados. Tal fato não passava despercebido pelo pai de Lia, que, sinceramente, torcia para que se apaixonassem. Seu Moraes sabia que Alexandre era seu empregado, negro e de família humilde, e que os irmãos de Lia poderiam ser contra aquele relacionamento, mas o tesouro pertencente a Alexandre era muito valioso para ser menosprezado: o caráter, a ética e a moralidade que lhe eram próprios. Também sabia que, esforçado como era, seu jovem empregado logo estaria formado e daria à sua filha um futuro de amor e paz e, se Deus quisesse, até certa tranquilidade financeira.

A vida fizera Seu Moraes entender que sua caçula merecia o futuro que ela sonhava e que esta não suportaria viver com alguém que não lhe desse respeito e amor. "Mas também certo é que terei de dar um empurrãozinho, pois, por respeito, esse menino não irá se declarar." – pensou e sorriu consigo, lembrando-se de si mesmo naquela idade, enamorado de sua falecida esposa.

"Ah! Como a amei! E como fui feliz!" – pensou, tendo suas lembranças alçado voo para o passado.

Eva foi uma companheira para todos os momentos e uma mãe amorosa. Seu Moraes sabia, hoje, que não foi fácil para ela aguentá-lo. Era sistemático e, muitas vezes, rigoroso ao extremo, mas ela sabia como lidar com ele.

A saudade apertou. E, naquele momento, Eva o abraçava espiritualmente para consolá-lo. Muitas vezes, ela vinha visitá-lo e auxiliá-lo no que fosse preciso. Com a presença de Alexandre, havia ficado mais fácil conversar com seu antigo companheiro, pois o jovem a escutava e transmitia a ele suas mensagens com muito tato. Aurora a auxiliava e, por vezes, Eva sorria quando via seu antigo companheiro pensando em como poderia aquele jovem ter tanta afinidade com ela, sua querida Eva.

Naquele pouco tempo de convivência, Alexandre e Lia já tinham construído uma bela amizade. Ambos se interessavam muito pela atividade um do outro. Conversavam longamente sobre seus estudos e se divertiam com qualquer coisa que diziam, parecendo duas crianças.

E essa amizade, é claro, como não foi de se estranhar, finalmente se transformou em namoro.

Conversavam sobre tudo, mas Alexandre sempre evitava falar sobre religião. Lia imaginava, pela postura do seu namorado, que ele fosse "um daqueles católicos não praticantes". Ele jamais a desrespeitava quando contava sobre os seus trabalhos assistenciais, e até mesmo a apoiava nas suas ações de auxílio. Teve oportunidade de vê-lo ajudando uma família carente que veio até eles suplicando ajuda, o que fez com que ela o apreciasse ainda mais, pela atenção e dedicação que dispensou à família.

Alexandre, por sua vez, pensava em como contar para Lia sobre a doutrina que professava. Tinha receio de que ela, com toda a sua formação religiosa, não o aceitasse. Rezava pedindo inspiração sobre essa questão; e, pela primeira vez, receava colocar em prática aquilo que ele mesmo já falara para muitos: a verdade deve sempre prevalecer. Estava com medo, e seu medo era de perder Lia.

Seus amigos espirituais tentavam lembrá-lo de que, se ele acreditasse na Providência Divina, em qualquer circunstância, não precisaria temer. Mas ele temia.

Os dias foram passando, até que Alexandre recebeu uma carta de seu pai. Alegre, abriu-a cheio de saudades. Infelizmente, deparou-se com más notícias: sua mãe não estava nada bem de saúde. Seu pai o informava de que ninguém descobrira o que ela tinha, mas que não se preocupasse, eles tinham fé na sua recuperação... e continuava falando sobre seus irmãos e amigos.

Alexandre ficou parado com a carta na mão. Parecia indeciso sobre o que fazer. Após alguns minutos, ele foi até Seu Moraes e, explicando o conteúdo da carta, recebeu do seu patrão a autorização para viajar naquele mesmo dia.

Alexandre, sem demora, arrumou sua mala e se despediu daqueles que já sentia como se fossem sua família também.

47

Alexandre já havia chegado a casa havia três dias, e nenhuma alteração se via no quadro clínico de sua mãe. Na verdade, ao contrário do que havia relatado o pai na carta, ela não parecia nada bem.

Doutor Mário não descartava um desencarne prematuro de sua paciente se o quadro não se modificasse. Seus pensamentos voavam em desalinho. Seus sentimentos se resumiam no desespero que o acometeu quando se deparou com o estado físico de sua querida mãezinha. Passava horas ao seu lado, sem prender sua atenção a nada. Na noite do terceiro dia, José veio até ele e pediu que o acompanhasse. Foram para a varanda e, lá, sentados um ao lado do outro, olhando para o Céu estrelado, seu pai lhe perguntou:

— Filho, o que houve?

Sem compreender o questionamento feito, começou a dizer-lhe:

— Mamãe não está bem...

José o interrompeu:

— Não, meu filho, o que aconteceu com você? De sua mãe eu já sei: o doutor Mário já me disse que demorará para sabermos o resultado dos exames; mas que parece ser muito grave e que suas suspeitas o deixam apreensivo. Eu estou querendo saber o que se passa com o meu filho, que não me parece o mesmo que saiu desta cidadezinha há pouco mais de dois anos!

— Papai, não o entendo! Estou somente preocupado com a mamãe. Estou triste por perceber que, com os meus conhecimentos de medicina, pouco sei para ajudá-la. Se estivesse mais adiantado, poderia descobrir o que ela tem e ajudá-la em sua cura.

— Se não tem o conhecimento médico hoje, o terá amanhã. Cada um tem o tempo certo para a busca do conhecimento que será necessário à sua vivência.

Mas, meu filho, o que me diz é que me deixa preocupado! O que me parece, e isso me traz estranheza, é você ter esquecido que professava uma doutrina que nos traz harmonia e consolo para situações como essa em que tentamos enxergar além das dificuldades. Ainda, foi você quem me fez testemunha de inúmeros auxílios nos quais se permitiu ser o instrumento para que os médicos espirituais concretizassem a vontade do Cristo perante seus irmãos mais descrentes! Quantos foram ajudados por eles tendo você como referencial de suas obras, meu filho?

José esperou alguns segundos para que o filho refletisse suas palavras. Depois continuou:

— O que difere a sua mãe das demais pessoas, para você não agir por ela também com os conhecimentos espirituais que já detém hoje? Por meio da oração ou por tarefa mediúnica, somos úteis para os trabalhadores do Cristo! Ou você, nesse período de afastamento, deixou de acreditar nas verdades espirituais? O que se tornou mais importante em sua vida?

Alexandre estava consternado. "Será que aquilo era verdade...?" – pensava.

Seu pai falava, e ele já não o escutava mais: pensava em sua reação quando soube da doença de sua mãe. "Não foi nada boa!" – constatou. Esquecera-se completamente de tentar enxergar os propósitos de Deus naquela circunstância. Via sua mãe como vítima da doença e, portanto, vítima da vida. Esqueceu-se também de Aurora e dos amigos que tanto os ajudaram algum dia. Queria tanto que sua mãe se curasse, que buscava em si todo o conhecimento da faculdade de medicina, esquecendo-se dos conhecimentos divinos que, se sua mãe tivesse merecimento, poderiam ser aplicados. Pela primeira vez, Alexandre sentiu tanto medo de perder sua mãe, que se esqueceu de buscar dentro de si a fé na Justiça do Pai Soberano. Para sua vergonha, seu pai estava certo! Seu desespero não ajudaria sua mãe, mas a convicção de que para Deus tudo é possível, sim!

Abraçou-o enquanto tentava se desculpar. José, prontamente, aninhou em seus braços o filho que retornara ao lar e que, somente agora, parecia ter se encontrado.

Sem dizer qualquer palavra, Alexandre foi ao seu quarto, sentou-se na sua cama e, olhando pela mesma janela de sempre, contemplou a maravilhosa cena do Céu noturno estrelado. Após alguns minutos, rezou comovido para o Pai, implorando perdão por suas ofensas. Dirigiu-se ao Mestre dos Mestres, solicitando a harmonia necessária para que pudesse servir como um bom intermediário no auxílio à sua mãe, se essa fosse a vontade Daquele que tudo sabia.

Aurora, neste momento, colocou-se à frente de sua visão enuviada pelas lágrimas derramadas. Um pouco encabulado, Alexandre pediu desculpas à sua amiga por ter sucumbido diante de uma circunstância dolorosa.

Ela sorriu ao seu pupilo e disse:

— Meu amigo, por que se sente na obrigação de me pedir desculpas? Não o desculpo por não haver nada a ser desculpado!

Jesus nos ama sabendo exatamente quem somos. Nós é que precisamos descobrir o quanto já crescemos. Infelizmente, hoje, nós só nos enxergamos, verdadeiramente, nestes momentos cruciais que chamamos de dor. É a dor que nos remete ao nosso Eu mais profundo e faz com que ele se apresente sem máscaras. Por isso, Jesus dizia que nós cresceríamos pela dor existente em nossa vida.

Só nos falta saber enfrentá-la com fé, esperança e amor ao nosso Divino Criador.

Descanse, Alexandre, descanse. Ainda hoje, conversaremos.

Antes de se colocar para dormir, no entanto, foi ao quarto de sua mãe e, suavemente, deu um beijo em sua face empalidecida. Leonora deu um sorriso leve, ainda dormindo. Baixinho, então, ele lhe disse que a amava e que ela precisava confiar, confiar em Jesus. Se fosse a Sua vontade, e a dela, seria auxiliada e curada. Beijou-a novamente e saiu.

Na emancipação, o jovem Alexandre se encontrou com Aurora. Ele a abraçou com carinho e novamente sentiu necessidade de pedir perdão. Ela, com um sorriso meigo, somente acenou com a cabeça, aceitando suas desculpas.

Eles tinham muito a fazer, mas, antes, precisavam buscar Lia, pois ela seria imprescindível para a tarefa daquela noite. Chegando à casa de Seu Moraes, Lia já se preparava para o trabalho, orientada por seu mentor.

É interessante como podemos ser úteis, mesmo encarnados, no consolo e no resgate de irmãos espirituais no plano imaterial, mesmo não compreendendo, enquanto acordados, a existência da vida após a morte. Assim acontecia com Lia, que, como Alexandre em seu sono físico, participava no auxílio e na orientação de espíritos, encarnados e desencarnados, que se sentiam perdidos de si mesmos.

Ambos, Lia e Alexandre, ajudariam, sob a instrução de seus amigos espirituais, dois espíritos: um que se encontrava ainda encarnado, chamado Azevedo; e, outro, desencarnado, chamado Pedro.

Quando preparados, todos se dirigiram à casa de Azevedo. Este já se encontrava dormindo fisicamente, mas, emancipado da carne, sofria com as ameaças de Pedro, espírito que demonstrava raiva e revolta pelo seu subjugado.

A cena era sinistra. O espírito desencarnado, acometido de mazelas torturantes, ameaçava e surrava o outro, ainda encarnado, que, perispiritualmente, estava tão afetado quanto o primeiro.

— Azevedo tem muitos desregramentos espirituais – disse Aurora.

Neste momento, apareceu, junto aos visitantes, o mentor do dono da casa. Abraçando-se em demonstração de se conhecerem longamente, os espíritos orientadores se saudaram. Aurora apresentou o recém-chegado aos demais e começou a explicar a todos o que precisavam saber para o auxílio em Jesus:

— Amigos, Azevedo e Pedro não souberam aproveitar as experiências carnais que tiveram e criaram entre si laços fortes de inimizades. Porém, Azevedo, quando se comprometeu a encarnar nesta Terra, convenceu Pedro de que acolheria, além de sua esposa, aquela que fora filha de Pedro e objeto de desentendimento de ambos no pretérito. Infelizmente – continuou o mentor de Lia –, por covardia e vícios sexuais, ele abandonou esposa e filha à própria sorte para apreciar os prazeres mundanos. Pedro, neste período, já trabalhava conosco em alguns projetos de crescimento íntimo, mas, quando descobriu a nova traição de Azevedo, não o perdoou, pois atribuiu ao antigo inimigo toda a culpa de sua esposa e filha de ontem passarem por tantas dificuldades nesta existência. Ele, então, por livre escolha, afastou-se do caminho de sua redenção e foi procurá-lo para se vingar. Como podem perceber, ele o achou há alguns anos.

O grupo de auxílio observava as atitudes de Pedro contra Azevedo. Ambos pareciam estar alheios a tudo e a todos. Azevedo, homem forte, encontrava-se alquebrado. Pedro, apesar das feridas que portava, sabia como subjugar o encarnado.

O objetivo do grupo era auxiliar a ambos os espíritos para que a paz reinasse. Foi dito aos jovens que uma amiga espiritual, muito querida de todos, solicitara essa ajuda e que, por possuir merecimento para tanto, lá se encontravam eles. O mentor de Azevedo explicava que esse processo já perdurava uns bons anos terrenos.

Sob aquele processo de influenciação, a saúde de Azevedo vinha se definhando e agravando-se naquele último ano. Antes, pelo menos, ele buscava na última companheira o amparo moral, impedindo a invasão de Pedro em seu lar. Ela, no entanto, não suportando mais as bebedeiras e a infidelidade do companheiro, abandonou-o.

A partir daí, a casa ficou desamparada de preces e de luz. Era ela quem sustentava o ambiente harmônico com a fé que possuía em Jesus. Com sua saída, nada mais restou, pois Azevedo era ateu e resistente a ações mais caridosas. Em pouco tempo, ele aceitou Pedro em seu lar, pela culpa que sentia perante seu conhecido de outrora. Via-se devedor ante o seu algoz, o que somente firmava os laços de vingança que Pedro alimentava.

Após muito maltratar Azevedo, Pedro foi embora satisfeito com o resultado do seu trabalho. Azevedo, por sua vez, encontrava-se encolhido no canto de seu quarto, quando, com auxílio de Aurora, Lia se fez vista. Azevedo temeu, mas o semblante de Lia estava tão tranquilo e sereno, que ele se acalmou. Perguntou a ela quem era e o que queria com ele.

— Sou uma amiga, Azevedo. E vim aqui para lhe dizer que você poderá acabar com este sofrimento, harmonizando o seu ambiente doméstico e a si mesmo modificando o seu modo de pensar e fazendo preces a Jesus. Sei que não crê em Deus, mas quanto tempo mais quererá sofrer com esses ataques de Pedro? Quanto tempo você aguentará? Só Jesus poderá auxiliá-lo!

Azevedo meneava a cabeça, negando-se a atender ao pedido:

— Mesmo que Ele existisse, eu não seria ouvido por Ele. Sou um pecador. Fugi de minhas responsabilidades e agora pago por isso. Pedro me odeia e com razão. Sou um porco por ter abandonado minha família sem apoiá-la no seu sustento. Naquele momento, eu não queria enxergar minha responsabilidade perante esposa e filha, mas, somente quando fui abandonado pela minha última companheira, senti na pele o que é estar só e sem forças. O que passo todas as noites não é nada comparado ao que elas tiveram de passar sem mim.

— Não, Azevedo, não pense assim!

Todos somos responsáveis por nossos atos, não há dúvida sobre isso, mas só a Deus cabe a aplicação de Suas Leis Divinas sobre nós. Se você ajudar com orações e preces, com a busca de auxílio cristão na sua vida, tenha certeza de que mudará as suas ações, ajudando não só a si mesmo, como também ao próprio Pedro.

— Não, não quero saber disso. Eu não acredito em nada. Sou ateu. Não rezarei, não serei um fraco, como são esses crentes de um Deus que dizem ser misericordioso. Se Ele é tudo o que dizem, nós não sofreríamos, não seríamos pobres, viveríamos muito bem.

— Enxerguemos além do mundo material, meu amigo...

— Não. Deixe-me em paz. Não quero saber de suas mentiras. Hoje, eu sofro muito. Deus, se Ele existe, não é bom, e eu não vou adorá-Lo.

Neste momento, Azevedo acordou suado, inconsciente da presença dos amigos espirituais.

Lia se sentiu triste, mas o seu mentor e Alexandre vieram socorrê-la:

— Não permita este sentimento em seu coração, Lia – disse o primeiro. – Azevedo fez suas escolhas e terá de arcar com as consequências: um caminhar com sofrimento.

Lembremos que, mesmo que escolhamos um caminho tortuoso, tudo o que vivenciarmos nos ajudará a galgar degraus mais elevados em nossa jornada. Toda escolha nos proporcionará experiências que, ao seu tempo, nos farão compreender que tipo de resultado teremos. Assim, colocaremos em prática a arte de plantar melhores escolhas para colhermos melhores frutos. Quando nos conscientizarmos disso, já estaremos nos possibilitando progresso.

Tem como duvidar que estamos sempre crescendo?

Olhe o caso do Azevedo: somente quando a sua última companheira o deixou em um momento tão delicado, foi que ele sentiu, através da sua dor, o peso do abandono, tomando consciência da dor que provocou em sua esposa e filha. Percebem como é a vida nos trazendo lições para que, na comparação das experiências, possamos crescer?

Lia já se sentia melhor, apesar da sensação de ter falhado. Não era a primeira vez que ela ajudava o grupo espiritual no auxílio a irmãos necessitados de esclarecimentos, mas queria que Azevedo aceitasse os seus conselhos e a atendesse para o seu socorro imediato.

Alexandre a abraçou com carinho e amor, trazendo-lhe consolo.

Antes de saírem, no entanto, Aurora perguntou:

— Alexandre, Lia, o que sentiram por este irmão, que segue no caminho tortuoso da vingança?

Alexandre respondeu primeiro, suspirando profundamente, como se sentisse um aperto em seu peito:

— Senti-me muito sensibilizado. Sei que ele está vivendo uma ilusão, por acreditar que é o portador da Justiça Divina, com o direito de fazer sofrer quem ele acredita ser merecedor de sofrimento. Já aprendi que isso só pode lhe trazer muita dor e decepção. Acredito que mais doloroso ainda é a ilusão de ele pensar que essa vingança o fará feliz; sentimento que, infelizmente, será passageiro, porque a vingança só deixa ao vingador uma sensação de vazio após alcançá-la.

Por tudo isso, gostaria de ajudá-lo, para que Pedro consiga enxergar esse caminho de dor pelo qual percorre e não sofrer mais do que já está sofrendo.

Lia, por sua vez, respondeu:

— No primeiro momento, senti medo, tenho de admitir. Depois, percebi que Pedro está tão escravo de Azevedo quanto este se sente dele. Então, sei, no meu coração, que precisamos ajudá-los a se libertar para que ambos possam crescer com Jesus.

— Muito bem – disse Aurora – Por favor, não se esqueçam desses lindos propósitos cristãos.

Agora, Alexandre, precisamos seguir para casa de seus pais!

49

Em seguida, o grupo espiritual se dirigiu à casa dos pais de Alexandre. Lá, encontraram-se com mais alguns amigos espirituais, que já auxiliavam na harmonia do lar. Abraçaram-se todos e, sem perder tempo, dirigiram-se ao quarto de Leonora.

Alexandre, porém, estacou, não acreditando no que viu: Pedro estava lá! Só que chorava copiosamente. Apertava a mão de Leonora, que somente se deslocara do corpo físico poucos centímetros acima dele, pois ainda estava dormindo.

A reação de Alexandre foi querer bruscamente afastá-lo de sua mãe. Imediatamente, Aurora o impediu, dizendo:

— Onde está o seu amor cristão, Alexandre? Onde está aquele pensamento de auxílio que sentiu na casa de Azevedo? Não permita que o seu amor filial o impeça de enxergar além da aparência cruel de Pedro.

Alexandre estacou novamente. Com a ajuda de Aurora, olhou para ambos os espíritos: Pedro e Leonora. Esta possuía alguns pontos mais escuros no seu perispírito, que pareciam ser cópias de alguns encontrados em Pedro. Olhando mais profundamente, via-os integrados, sem mágoas e sem ódios. Não entendia o que se passava. Olhando interrogativamente para Aurora, ela explicou:

— Pedro é um espírito amigo de sua mãe, de outras vivências. Ele não se conforma com o que ela já passou na vida e quer auxiliá-la para que não sofra mais. Ele não compreende, porém, que sua presença junto a ela está afetando-a em seu corpo perispiritual. Mas, como a sua energia é amorosa e conhecida, Leonora não o rechaça, acolhendo-o junto a si. É um processo em que ambos se equivocam e pensam que estão se auxiliando mutuamente.

Vá lá, Alexandre, e converse com ele, mas permita que os melhores sentimentos desabrochem de seu coração.

Aurora fê-lo visto a Pedro, que se assustou a princípio, mas o reconheceu como sendo o filho primogênito de Leonora.

— O que quer? – perguntou Pedro, grosseiramente.

— Apenas conversar. Meu nome é Alexandre, e o seu?

— Pedro.

— Posso perguntar o que faz aqui, Senhor Pedro?

— Estou ajudando a Paola. Ela não pode mais sofrer. Já não chega o que passou na sua vida!

— Você acha que ela sofre hoje?

— Claro, está doente! Quase não consegue ficar de pé. Assim, ela acabará morrendo, e isso eu não permitirei, não sem antes me vingar...

— Senhor Pedro, você sabe que sou filho de Leo... de Paola, não sabe?

— Sim.

— Também sabe que eu a amo muito, não é?

— Sim, já vi como você a trata com respeito e amor. É por isso que estou conversando com você agora, porque, se fosse mau com ela, você seria outro alvo de minha vingança.

— Se você consegue enxergar o meu amor por mamãe, também vê o dos seus outros filhos e marido, não é?

Após pensar um pouco, admitiu Pedro que sim.

— Será que você não conseguiria ver que Paola, atualmente, é feliz? Ela pode ter sofrido muito no passado, mas, agora, esse sofrimento foi esquecido e, pela graça divina, hoje, ela está bem.

— Mas, quando eu a encontrei, ela ficou doente e muito triste.

— Sim, Senhor Pedro, ela está doente agora, mas, se nos deixar auxiliá-la, ela poderá melhorar.

— Como posso ajudar?

— Rezando por ela. Pedindo a Jesus que ela melhore, se é esse o seu desejo. Some-se a nós nesse objetivo, que você verá milagres acontecerem.

Pedro pensava no que Alexandre lhe falava. Ele próprio já havia sido cristão um dia, e muito devoto. Mas deixou de ser quando viu que Deus permitiu tanto sofrimento para a sua Paola. Enfim, ele perguntou:

— Como poderia esse seu Deus escutar-me, se deixei de acreditar em Sua misericórdia depois de tantas desilusões?

— Senhor Pedro, nós podemos dar as costas ao Pai, porém Ele jamais fará o mesmo conosco. Ele nos ama e espera por nós. Espera o tempo que escolhermos para nos voltarmos a Ele. Se você, hoje, arrepender-se dos atos que cometeu no passado e, verdadeiramente, quiser ser amparado, Ele lá estará, por meio de seu Filho Jesus, para auxiliar o senhor nas suas dores.

— O que quer dizer? Que terei de abandonar meu objetivo de vingança? Ah, Não! Não quero! Levei muito tempo para achar o desgraçado do Aristides e não o deixarei sem que ele sofra o suficiente. Quero o melhor para Paola. Se você disser que, para o seu bem, eu terei de me afastar, assim o farei, mas não me acovardarei perante meu inimigo. Não mesmo!

Alexandre não respondeu imediatamente.

Pedro, então, disse:

— Parece que acertei. É minha presença que está fazendo mal a ela, não é? Então, não virei aqui por sessenta dias. Se, quando voltar, ela estiver melhor, saberei que fui eu quem a maltratou. Mas, se ela não tiver melhorado, nós conversaremos novamente – sentenciou em tom ameaçador.

Pedro se foi, não sem antes dar um último olhar amoroso para Paola, hoje Leonora.

Alexandre voltou-se aos que com ele vieram:

— Meu Deus, como pode um homem tão esclarecido passar pelo que está passando?

Aurora foi quem lhe deu a resposta:

— Alexandre, muitos são aqueles que possuem no ódio o seu sustentáculo de vida. São pessoas que contêm um elevado padrão intelectivo, um raciocínio apurado, mas se deixam cegar diante das dificuldades e das paixões mundanas, demonstrando, assim, um desnível evolutivo face à moral que portam.

Pedro é um desses homens: é sensato, inteligente, amoroso para com os seus. No entanto, quando se viu violado por Azevedo, Aristides à época, deixou-se cegar quanto aos seus aprendizados cristãos e vive o tormento que a vingança traz aos corações daqueles que a tem como objetivo.

— O que faremos então?

— O primeiro passo já foi dado: o fato de Pedro entender que ele pode ser quem está prejudicando Leonora será o início do seu pensar. Para Leonora, o afastamento dele trará a oportunidade de que precisa para o seu refazimento perispiritual e, assim, sua cura se dará. O prazo que ele nos deu é mais do que suficiente para isso.

Depois, esperaremos novas orientações do Mais Alto para que auxiliemos, eficazmente, a Azevedo e a Pedro.

Lia e Alexandre receberam outras instruções sobre o assunto, enquanto os demais cuidavam de Leonora. Depois, despediram-se num abraço fraterno, pois o dia já se apresentava nos primeiros raios de sol.

Alexandre, apesar de não se lembrar da experiência vivenciada no plano imaterial, acordou leve e, após uma breve oração, levantou-se para preparar o café da manhã.

Quando estava terminando de prepará-lo, José apareceu na cozinha e disse:

— Caiu da cama? Que cheiro maravilhoso! Parece-me que está melhor hoje, não? – e deu um abraço bem apertado em seu filho.

Alexandre confirmou com um aceno e um breve sorriso, e direcionou toda a sua atenção para a bandeja, que estava preparando para sua mãe. José deixou-se ficar até um pouco triste, pois havia muito tempo que Leonora nada comia, rejeitava qualquer refeição. Mas Alexandre fazia com tanta esperança e determinação, que não quis estragar o momento.

Ele adornou a bandeja com um jarrinho e, nele, colocou a flor preferida de sua mãe. Quando pronta, dirigiu-se ao quarto do casal, onde ela ainda dormia. Colocou-se à disposição para servir de intermediário aos trabalhadores do Cristo e, sentindo-os, deu-lhe um passe. Com um beijo na face, Alexandre a acordou. Para espanto de José, ela parecia estar um pouco melhor que no dia anterior, porque, apesar de não estar com muita fome, comeu alguma coisa oferecida por seu filho. Com o afastamento de Pedro e o passe ministrado, o entorpecimento desagradável, ao ficar acordada, e o mal-estar, ao sentir o cheiro dos alimentos, amenizaram-se. José sorriu e agradeceu a presença de Jesus em seu lar.

Nos dias que se seguiram, Alexandre dava passes em sua mãe e levava suas refeições, que eram consumidas em pequenas doses e ainda com dificuldade.

Em uma das noites seguintes, Aurora veio ter com Alexandre, antes de ele dormir, para esclarecer algumas coisas:

— Alexandre, sei que, em seu coração, você se pergunta por que os passes antes ministrados em sua mãe não estavam promovendo qualquer melhora em seu estado e, agora que você chegou, ela está melhorando.

Não se iluda, meu amigo, pensando que é você, e somente você, quem a está curando! Pense comigo: o que verdadeiramente faz um chão sujo ficar higienizado: a água pura ou a água com o sabão esfregado com afinco?

Aurora deu uma pausa para Alexandre refletir e continuou:

— A água limpa o chão, mas, sem o sabão, a higienização fica comprometida. Os grupos de trabalhadores encarnados e desencarnados já estão há um tempo trazendo à sua mãe curas no periespírito, harmonia para seu campo enérgico, polarizando os seus centros de força, impedindo-a de adoecer profundamente a ponto de não mais conseguirmos ajudá-la. A água e o sabão já estavam e estão sendo ministrados. Você é mais um faxineiro que abraçou esta labuta.

Alexandre estava mesmo pensando que foram suas preces e seus passes que a estavam ajudando! Pela falta de lembrança dos trabalhos na espiritualidade, ele não se lembrava de Pedro; não se lembrava de todo o esforço anterior dos amigos espirituais, para que a paz voltasse a reinar entre os envolvidos; ele não se lembrava de que aquele trabalho de auxílio estava atendendo a mais de um filho de Deus.

Aurora continuou:

— Todo efeito tem uma causa, e muitas serão as vezes que vocês, encarnados, não terão noção do trabalho empreendido no plano imaterial, tampouco a própria influência benéfica de vocês na Seara do Altíssimo.

Lembre-se de que a água que sai de suas torneiras não nasce nelas. Por trás delas, alguém precisou instalar todo o encanamento trazido desde a fonte de água natural e cristalina, para que vocês pudessem usufruir dela em seus lares.

Alexandre sentiu ter compreendido a lição. Quantas vezes, ele mesmo levara ao conhecimento dos assistidos de seu grupo espírita que ele não fazia nada sozinho; que a espiritualidade estaria sempre a auxiliá-los, segundo a vontade e merecimento de cada um. Ele, então, agradeceu à Aurora e se preparou para, no dia seguinte, seguir as novas orientações sobre como ajudar sua mãe.

Por três semanas, Alexandre ministrou passes todos os dias em sua mãe, bem como a levou para as reuniões espíritas nos finais de semana para que recebesse as emanações de amor daqueles companheiros da doutrina. Voltaram a fazer o Evangelho no Lar, onde todos se colocavam ao redor de sua cama para que ela ficasse mais confortável.

Neste período, Lia escreveu para ele. Quando Alexandre recebeu sua carta, sentiu o peito apertar de saudade. Abriu a correspondência e, nela, Lia perguntava como estava sua mãe; narrava os seus dias de férias sem ele e as peripécias de seu pai. Ao final, comentou que prorrogara sua visita ao pai por mais duas semanas e que esperava poder vê-lo antes de partir, pois isso também significaria que sua mãe havia melhorado.

Ao vê-lo tão feliz por receber aquela correspondência, Leonora perguntou:

— É de quem esta carta, meu filho?

— Ah, mãe! Em razão do seu estado, até me esqueci de lhe contar que estou namorando. Ela é uma mulher maravilhosa!

— Você a conheceu na faculdade?

— Não, ela é filha do Seu Moraes, o meu patrão no armazém... ela, mãe, é aquela jovem dos meus sonhos!

Leonora sabia que não deveria se surpreender com situações assim na vida de seu filho, mas ainda se surpreendia.

Lembrou-se de que Alexandre, quando ainda adolescente, tinha comentado com ela que havia um boato na escola de uma colega que estava interessada nele. Leonora tinha ficado muito satisfeita, mas ele logo cortou as suas esperanças:

— Mãe, eu não gosto dela!

— Meu filho, você é tão bonito, inteligente, prestativo... mas jamais abre o seu coração para alguém!

— Porque a pessoa certa ainda não chegou!

Alexandre respirou profundamente, como sempre fazia quando tinha algo fora dos padrões para contar à mãe, e disse:

— Eu, eu nunca contei isso à senhora, mas já tem um tempo que eu sonho com uma garota...

Leonora o interrompeu, perguntando esperançosa:

— Ela é daqui?

Ele, sem olhar para ela, respondeu:

— Eu não a conheço.

Leonora deu um sorriso ao se lembrar da surpresa que sentiu ao ouvi-lo dizer aquilo. Agora, depois de tantos anos, seu filho lhe traz mais uma comprovação da ligação que os espíritos criam entre si, vida após vida, mesmo que materialmente ainda não tenham sido apresentados.

No plano imaterial, Lia ainda era a referência de auxílio de Azevedo, conversando com ele sobre suas posturas nos dois planos da vida, mas este era resistente e sempre a dispensava para, no dia seguinte, ser martirizado por Pedro mais uma vez.

Quando Lia se sentia triste, por conta dessa situação, Alexandre a consolava, dizendo:

— Quem sabe amanhã será diferente.

Ela, no entanto, retrucava com inúmeras perguntas e ponderações:

— Talvez, não devesse ser eu a aconselhá-lo. Por que nossos amigos espirituais acham que deveria ser eu a fazê-lo compreender que devemos ser mais abertos às verdades e dificuldades dos outros?

Por que devo repetir, em todos os nossos encontros, que devemos aceitar as diferenças de pensamentos e comportamentos?

E ainda repetir, noite após noite, que, não aceitando tais diferenças, seremos os únicos escravizados a ideias preconceituosas, não nos dando a oportunidade de aprender com aqueles que tiveram experiências diversas das nossas e deixando de nos enriquecer com os seus aprendizados diversos?

Alexandre não tinha uma explicação razoável para todos aqueles questionamentos. A única resposta que vinha à sua cabeça era a que ele lhe dava:

— Nem sempre compreendemos os desígnios de Deus, mas Ele sabe o porquê de determinadas tarefas serem abraçadas por somente alguns de Seus filhos, por isso, vamos confiar. Tenho certeza de que as respostas virão quando menos esperarmos.

Então, Lia se acalmava, e outras tarefas eram dadas ao jovem casal no plano imaterial.

Quanto ao Pedro, dentro daquele prazo por ele estipulado, Alexandre foi orientado a não procurá-lo. Este, contudo, sabia que os seus amigos espirituais estavam acompanhando Pedro de longe. Vez por outra, ouvia-os comentarem algo sobre o que o amigo espiritual de sua mãe fazia ou deixava de fazer longe de Azevedo.

No que diz respeito à Leonora, esta estava melhorando visivelmente. Sua face já estava até corada. Ela já se levantava sozinha e passeava ao Sol da manhã. Sua recuperação estava sendo extraordinária. Doutor Mário estava espantado, pois os exames nada constataram e, da mesma forma que ela adoeceu, estava se curando. Alexandre era o seu amigo inseparável. Ia com ela para todo lado e, no final da tarde, reunia-se com todos para rezarem pela paz no lar.

Desde a saída de Pedro do lado de Leonora, Alexandre, Lia e seus amigos iam todas as noites harmonizar os corpos físico e perispiritual dela e, ainda, conversar com ela sobre o que estava acontecendo. Nenhum deles, contudo, trazia qualquer lembrança dessas atividades do plano astral.

Na quarta semana, Leonora estava praticamente de pé. Já se ocupava com algumas das tarefas do lar e já fazia planos para voltar a ajudar na creche do grupo que frequentavam. Vendo sua mãe melhor, Alexandre se despediu de todos. Ele precisava voltar ao trabalho. Em razão do estado de saúde de sua mãe, ele pediu ao patrão que lhe fossem concedidas as férias que estavam para vencer, o que foi providenciado com muita destreza. E faltavam só quatro dias.

Apesar da alegria de estar com sua família, estava morrendo de saudades de Lia. Ele sabia que ela só ficaria mais dois dias, pois era, pelo que tinha dito na carta, a data que iria voltar para a cidade em que estudava.

Enquanto estava na estrada, e o sono não chegava, Alexandre pensava em sua vida antes e depois de Lia. Como sua vida mudou depois de conhecê-la! Ela, em tão pouco tempo, tinha se tornado uma pessoa muito importante para ele. Mas, se antes de voltar ao seu lar, ele pensou, como possibilidade, aceitar a religião de Lia como sua, agora ele havia revivido sua fé na filosofia espírita e não a abandonaria. Ele sabia que Lia era católica e que não poderia mais esconder dela em que acreditava. Resolveu abrir-se para ela antes de ela retornar para a faculdade e, com esperança no Pai, esperava que ela o aceitasse.

Imaginou mil formas de falar com ela sobre o tema, mas todas pareceram sem base para alguém que jamais tivera contato com tal filosofia. Depois de certo tempo, resolveu entregar tudo nas mãos do Mestre Nazareno.

"Tudo dará certo" – pensou ele, tentando aceitar que o certo poderia ser algo que ele não desejava.

E adormeceu.

De madrugada, Alexandre chegou à casa de Seu Moraes. Entrou pelos fundos e se instalou em seu quarto, que estava limpinho.

"Lia deve ter estado aqui" – pensou. – "Seu perfume está no ar" – sentiu, respirando profundamente.

De manhã, Alexandre já havia terminado de guardar suas coisas da mala e se preparava para sair do quarto quando ouviu um barulho na cozinha. Esperançoso de ser Lia, abriu bem devagar a porta do quarto, para lhe fazer uma surpresa e, pé ante pé, para lá se dirigiu. Vendo sua namorada de costas, aproximou-se devagar, beijando-lhe o rosto. Ela tomou um susto enorme, mas, quando se deparou com Alexandre, sorriu e o abraçou saudosa.

Após um breve momento de carinho entre os dois, Alexandre notou que Lia estava pálida, com olheiras, como se tivesse chorado ou talvez dormido mal.

— Aconteceu algo na minha ausência, Lia? Você não parece estar bem!

Desabando na cadeira, Lia contou suas preocupações a ele.

— Papai esta noite não passou muito bem. Estávamos conversando tão animadamente e, de repente, ele disse que se sentia mal, uma indigestão. Mas eu sei que foi mais que isso. Ele, porém, não me contou mais nada. Foi se deitar, e eu passei toda a noite ao seu lado. Ele respirava descompassado, teve um sono agitado, não sei. Pode ser coisa da minha cabeça...

Parou de falar e, respirando fundo, continuou:

— Ele ainda está dormindo. O que acha que devemos fazer? – perguntou de estalo, incluindo Alexandre em sua vida, o que o deixou muito feliz.

— Primeiro, vou lá em cima para olhá-lo. Sei que ainda tenho muito a aprender na faculdade, mas o que sei pode nos dar alguma ideia do que esteja acontecendo. Depois, veremos.

Sem tomar o café, Alexandre subiu para o quarto do amigo, já solicitando a Jesus que o ajudasse. Lia foi atrás dele, nervosa. Quando chegaram ao quarto, Seu Moraes acordou e, vendo-os, sorriu. Sentou-se na cama, mas, ao tentar se levantar, sentiu uma forte dor no peito, não tendo forças para falar. Ele foi perdendo a consciência e só não caiu no chão porque Alexandre e Lia o ampararam.

Imediatamente, Alexandre começou a prestar os primeiros socorros, e Lia, por orientação dele, pegou o telefone e ligou para o médico da família. Ao telefone, o médico questionou com ela o quadro do doente, e Alexandre foi ajudando a descrevê-lo.

— Minha ida será crucial! – concluiu o médico.

Ao desligar o telefone, Alexandre pediu a ela que buscasse, em seu quarto, uma pequena maleta em que ele guardava alguns instrumentos de que necessitava para aquele momento. Ao voltar, mais nervosa, perguntou a Alexandre o que poderia fazer para ajudá-lo, e ele lhe disse que rezasse, e foi o que ela fez.

Neste meio tempo, Alexandre via a entrada de irmãos espirituais no quarto e, enquanto uns se colocavam diante do paciente, emanando-lhe luzes harmoniosas e curativas, outros o interligavam a aparelhos necessários para estabilizá-lo, que pareciam, ao jovem aprendiz de Medicina, muito mais sofisticados que os da matéria.

Quando atingiram um quadro favorável, Alexandre foi orientado a parar com a massagem cardíaca.

Lia estava quieta num canto, assustada.

No mesmo momento, a campainha tocou e, quando o médico entrou no quarto para fazer todos os exames clínicos possíveis, os jovens lhe deram licença. A equipe médica espiritual, todavia, continuou com sua tarefa, sem intervalos.

Alexandre abraçou Lia, que agora chorava. Após alguns minutos, o médico veio ter com eles:

— Moraes terá de ser levado ao hospital. Parece-me que ele teve um pequeno colapso cardíaco, mas que foi contornado pelos primeiros socorros aplicados. Vocês estão de parabéns. Se não tivessem tomado as providências que tomaram, talvez seu pai, Lia, não mais estivesse conosco. A ambulância já está vindo, e o levaremos agora mesmo.

Lia, consentindo com a cabeça, foi preparar uma pequena bolsa com as coisas de seu pai.

53

Os jovens estavam em uma sala do hospital à espera de notícias de Seu Moraes, que, quando lá chegou, foi desacordado direto para uma UTI.

O médico que foi chamado era um antigo amigo e sempre esteve presente nos momentos de dor daquela família. Era um daqueles médicos bastante respeitados em seu meio por tudo saber, além de ser um bom amigo.

Enquanto não chegava qualquer notícia, Alexandre e Lia permaneciam na sala de espera sem falar nada. Cada um se encontrava absorto em seus pensamentos.

Alexandre, apesar de apreensivo com o estado delicado de seu amigo, estava maravilhado com o que vira no plano imaterial. Enxergava-se tão limitado diante do aparato médico trazido pelos amigos espirituais. "Meu auxílio foi tão insignificante" – pensava ele.

Aurora, que já estava visível aos seus olhos espirituais, no entanto, não deixou de esclarecê-lo:

— Pense melhor, meu amigo. Raciocine! Se não fosse por você, que vive no plano material, esforço ainda maior seria desprendido por nós para auxiliar Moraes. A energia produzida para sua recuperação, naquele momento, seria enorme. Pela prática que já tem de seu curso de medicina, pôde nos ajudar, e de maneira significativa, para que o nosso velho amigo não desencarnasse. Por isso, veja-se como mais um no auxílio divino. Não se menospreze. Não se permita, por orgulho e vaidade, uma falsa humildade.

E, não perdendo a oportunidade para dar maiores esclarecimentos ao seu pupilo, Aurora finalizou, dizendo com um sorriso encantador:

— O paciente pode não agradecer ao bisturi pela cirurgia bem-sucedida, mas ai do cirurgião se não o tivesse para auxiliá-lo em seu ofício.

Alexandre compreendeu a lição. Desculpando-se, em pensamento, por não estar vigilante sobre alguns aspectos, Alexandre fez sentida prece pedindo perdão e auxílio a Jesus para Seu Moraes.

Lia, por sua vez, sentia-se confusa e associava isso ao fato de terem passado por aquele nervosismo. Mas, na realidade, o que a estava confundindo eram as imagens que seus olhos vislumbraram enquanto orava no quarto de seu pai. Viu, como se fosse em um teatro, médicos e enfermeiros entubando, auxiliando Alexandre, buscando reanimar o seu velho e querido pai.

Pensava até estar enlouquecendo, fechava os olhos e, ainda rezando, continuava com a mesma visão. Não sentia medo daqueles que ali estavam, até parecia conhecer alguns deles, mas, também por isso, entendia-se em delírio ou qualquer outra disfunção orgânica. Não poderia estar acontecendo aquilo realmente. E, analisando mais detidamente, parecia até que Alexandre conversava com eles sem gesticular quaisquer palavras, pois atendia prontamente a tudo que a ele era pedido.

Queria perguntar a Alexandre se também vira ou sentira algo, mas se sentia desconfortável. Achava que ele iria duvidar dela e, se não o fizesse, talvez direcionasse o acontecido ao seu estado emocional.

"Infelizmente, não acho que seja o que aconteceu" – pensava ela.

Os dois estavam ainda pensativos quando o médico chegou com notícias.

— Doutor, como ele está? – perguntaram juntos.

— Ainda é cedo para dizer, mas tenho confiança. Moraes ficará aqui, em observação, até amanhã, e aí sim diremos como está e o que realmente aconteceu. Vão para casa, pois não poderão ficar com ele. Tenho o número do seu telefone, Lia. Qualquer situação nova, eu os aviso – e deu-lhes as costas, pois tinha de retornar ao seu paciente.

Lia, então, não aguentou e desabou a chorar nos ombros de Alexandre, que a confortou como pôde.

* * *

Já em casa, Lia ainda nada dizia. Alexandre, em respeito à sua dor, ficou com ela, dando seu carinho. Um tempo depois, no entanto, Alexandre quebrou o silêncio reinante:

— Sei que este momento não é fácil, Lia, mas precisamos conversar sobre o que faremos daqui para frente. Seu pai, possivelmente, não retornará amanhã e, mesmo se retornar, não poderá trabalhar.

Você está com a sua viagem marcada, então é preciso decidir o que irá fazer em relação ao seu pai e ao armazém? Devemos ligar para algum dos seus irmãos? Devemos nomear um funcionário mais antigo do armazém para gerenciá-lo enquanto seu pai não retorna? Ou você mesma tomará conta disso?

Lia olhou para Alexandre e o viu preocupado com ela. Sabia que precisava sair daquele torpor. Por mais que não lhe agradasse pensar na doença de seu pai, naquele momento era preciso resolver os problemas existentes.

Disse finalmente:

— Sim, Alexandre, precisamos pensar no que fazer nos dias que virão... – e conversaram sobre as necessidades mais imperiosas.

Lia achou melhor não abrir o armazém no dia seguinte, anexando à porta um aviso de que isso se dava por motivos de saúde do proprietário. Dispensariam os empregados daquele dia de trabalho, orientando-os a voltar no dia seguinte. Também decidiu mandar uma carta para uma amiga de curso para avisar que, devido ao estado delicado de saúde de seu pai, não mais retornaria naquela semana, mesmo sabendo que precisava resolver algumas questões pendentes antes do início das aulas.

Após todas as providências tomadas, ambos se dirigiriam ao hospital para conversar com o médico da família. Todas as demais decisões somente seriam tomadas quando ela soubesse do real estado de saúde de seu pai, inclusive ligar para os seus irmãos.

Quando os jovens chegaram ao hospital, o médico, sério, veio até eles no saguão e disse:

— Ainda bem que vocês chegaram! Venham, precisamos conversar.

Não consegui falar com vocês em casa e imaginei que estariam vindo para cá. Seu pai, Lia, entrou em coma.

O médico, então, explicou todo o quadro clínico de Seu Moraes e saiu para tomar algumas providências urgentes, deixando os jovens sentados em uma das salas de espera do hospital, desolados.

— O que farei, Alexandre? Não posso abandonar papai neste momento, mas o que o médico nos disse me assusta. Como ele não pode saber quanto tempo papai ficará nesse estado?

Alexandre nada mais falava. O que ele queria mesmo era rezar. Rezar por um homem que aprendeu a respeitar e a muito amar. Em sua prece, pedia por Seu Moraes e por Lia, para que não sofressem. No entanto, sabia que Deus é mais Sábio que ele e, se fosse necessário que essa situação perdurasse, que todos eles pudessem não sofrer em demasia e aproveitar tal circunstância como um grande aprendizado.

Enquanto rezava, Aurora emitia ao seu tutelado, e a todos cuja prece era direcionada, raios de luz que aliviariam suas dores.

Depois dessa notícia, Lia não quis mais sair de perto de seu pai. Ele tinha sido transferido para um quarto particular, com toda a aparelhagem necessária e existente na época para monitorá-lo.

Naquele dia, Lia era somente insegurança e sofrimento.

54

Seu Moraes se via perdido. Não sabia onde estava, mas não se sentia mal. Abriu os olhos bem devagar e, para sua surpresa, estava em um hospital. "O que teria acontecido?" – pensava.

Seu Moraes queria falar, mas não conseguiu. Começou a se questionar, mentalmente, do porquê de sua filha ou Alexandre não estarem ali com ele. Começou a se lembrar de que ficara indisposto de noite e de que, de manhã, ao acordar, viu Lia e Alexandre ao seu lado...

"Uma dor forte!" – pensou – "Será que passei tão mal, que tive de ficar internado em um hospital? Mas, se passei mal, por que me sentia tão bem e em paz?"

Poucos minutos haviam se passado do seu despertar, quando foi interrompido, em seus pensamentos, por um enfermeiro muito sorridente, que o examinou e lhe deu um remédio para tomar. Quando o paciente ia lhe perguntar o que ocorrera com ele, o enfermeiro fez um sinal e disse que o médico já viria atendê-lo. Pouco depois, Seu Moraes se sentiu sonolento e voltou a dormir.

Só acordou um tempo depois, com o médico ao seu lado. Sorridente, este lhe perguntou se estava se sentindo bem, o que foi respondido com um aceno afirmativo. Ele continuou a examiná-lo e, quando estava para sair, Seu Moraes pediu um copo d'água, pois sentia muita sede.

Com um pouco de dificuldade, perguntou:

— Doutor, o que aconteceu comigo? E por que minha filha não está aqui? Eu não posso vê-la? Só me lembro de ter sentindo uma dor profunda e uma tontura forte, nada mais. Quando acordei, já estava aqui...

— Descanse, Moraes. Logo, logo, responderemos a todas as perguntas que fizer. Antes, esperamos a vinda de uma pessoa amiga, que vai estar com você, e aí sim conversaremos. Tome sua água e durma, meu amigo. Obediente, ele tomou a água e, sentindo-se sonolento de novo, dormiu profundamente.

No que lhe pareceu ser o dia seguinte, Seu Moraes acordou e estava se sentindo mais leve. Uma mão apertava a sua, e este aperto lhe era familiar... Eva!

Abriu os olhos e viu o seu sorriso maravilhoso. Como? Como ela estaria ali, afagando-o com o seu amor? Imaginou que ainda estivesse dormindo e sonhando com sua querida esposa. Mas um senso mais agudo fê-lo pensar: morri. "Mas como morri, se me sinto tão vivo?" – pensou.

Foi Eva quem quebrou o silêncio verbal:

— Meu amado, como se sente? O doutor, pelo jeito, não o avisou de que era eu quem viria, não é? Não se preocupe! Você não morreu, mas, sim, sou eu mesma quem está à sua frente, amando-o sempre. Você está em um pronto-socorro do plano espiritual, nas intermediações com o Umbral – calou-se para ver qual seria a reação de seu marido.

Seu Moraes estava pasmo! Poderia esperar muita coisa, mas jamais que enlouquecesse dessa forma. Mas, se estava louco, como poderia se sentir tão lúcido? – sua mente trabalhava com uma velocidade surpreendente.

— Não, Moraes, você não está louco. A existência de outra vida, na qual nos sentimos muito bem quando nada devemos ao próximo, é real. Esta vida é a espiritual. Você ainda não se encontra desvinculado da matéria, mas, por estar em coma, sente-se mais livre, o que é muito natural. Porém, ainda não é a sua hora de morrer. Muito terá que fazer para ajudar nossos filhos, Lia e Alexandre, na missão que deverão abraçar. Por isso, nosso tempo também será breve. Conversaremos muito a fim de que se sinta forte para tomar algumas decisões quando retornar à matéria.

Seu Moraes já tinha ouvido falar sobre uma doutrina que professava a existência de espíritos e de um mundo além do nosso, onde eles viviam. Nunca prestou muita atenção nela, pois toda a sua família era católica, e ele não poderia ser diferente. Por isso, espantava-se de ver Eva falando com ele sobre verdades que sua religião nunca explicou. Mas, no estado em que se encontrava, não conseguia nem se imaginar discutindo com sua querida Eva.

Ela continuou:

— Você logo sairá deste ambulatório. Por isso, aproveite as horas que virão para descansar. Voltarei para vê-lo no final do dia.

Deu um beijo em sua testa, como fazia sempre, e saiu.

No final da tarde, Eva retornou com a boa notícia de que o médico lhe dera alta e que já poderiam sair do hospital.

Ela o levou ao que parecia ser um ponto de ônibus. Mas, quando a condução chegou, não se parecia com nada que ele já tivesse visto antes. Adivinhando o seu pensar, Eva o esclareceu:

— Este é um dos meios de transporte utilizado por todos os habitantes espirituais que aqui vivem. Ele se chama aerobus. Vamos pegá-lo, porque iremos até o seu dormitório, que fica em um dos conjuntos habitacionais da colônia, meu querido.

"Por que eu teria um dormitório, se não tivesse morrido? Ou será que ela está escondendo tal fato de mim? Não, não minha Eva. Ela jamais faria isso. Ela me falou que eu estou em coma... Perguntarei essas coisas a ela mais tarde" – pensava, confuso e sem freios.

Até aquele momento, tudo o que via o encantava. O lugar era maravilhoso! Então, não queria perder tempo com perguntas, mas, sim, conhecer o plano espiritual de que a sua Eva lhe falara. Infelizmente, ele quase nada viu do passeio, porque o trajeto demorou pouco mais de alguns segundos.

Seu Moraes foi surpreendido, na entrada do conjunto, com a presença de amigos seus que já tinham morrido e que ali estavam para vê-lo. Após ele abraçar e conversar um pouco com todos, Eva o levou para conhecer o seu apartamento. Era muito simples: um quarto, um banheiro e uma sala. Nada mais. Ela explicou que as refeições eram feitas num refeitório comum a todos, por isso a ausência de cozinha.

Quando já instalado, Eva fez com que seu antigo companheiro da carne e do coração se sentasse na poltrona da sala junto dela e lhe disse:

— Moraes, temos pouco tempo para o tanto que vamos realizar. Foi aprovada a sua vinda para esta colônia, pois será dada a você nova oportunidade de aprendizado, que o auxiliará muito e à nossa família. Você levará para sua vida material lembranças vivas de suas experiências no mundo espiritual. Elas o farão entender e aceitar algumas verdades que lhe darão forças para a criação e instalação daquele nosso sonho que, antes de ser nosso, já era, havia muito tempo, do nosso Senhor Jesus Cristo.

Além disso, você auxiliará Lia a entender tais verdades, para que, junto com Alexandre, possam todos realizar suas respectivas tarefas e programações de vida.

— Para Alexandre – continuou Eva –, tudo é muito natural. Mas Lia, sem o seu apoio, poderá desistir da programação feita aqui, antes mesmo de começá-la. Eu o levarei para conhecer alguns lugares nesta colônia e fora dela, para que entenda como é importante o trabalho de auxílio aos muitos irmãos perdidos em suas trajetórias evolutivas. Nós começaremos amanhã mesmo. Por enquanto, poderemos passear pelas redondezas, se você quiser.

Eles andaram pelos jardins do conjunto. Ele nunca vira flores tão lindas. E o perfume, maravilhoso! Estava por toda parte! Uma música leve e harmoniosa fazia parte do todo, transformando aqueles jardins num paraíso divino. Ambos nada falavam. Andavam de braços dados como um casalzinho de namorados. Seu Moraes, todavia, tinha uma pergunta a fazer, mas não criava coragem. Ela aguardava o seu tempo para tirar as dúvidas que ele pudesse ter, até que:

— Eva, eu observei que aquele apartamento em que ficarei possui somente uma cama de solteiro, e, toda vez que o menciona, você diz ser para mim. Você não ficará comigo?

— Não, meu querido. Não poderei ficar. Tenho meus afazeres, os quais não poderei abandonar. Estou com você no período em que consideraria um descanso do meu trabalho. Há também o fato de minha morada não ser aqui. Daqui a pouco, eu o apresentarei a uma pessoa que o auxiliará na minha ausência. Mas não fique ansioso, amanhã e em alguns outros dias estaremos juntos, e serão momentos memoráveis.

Seu Moraes abraçou Eva e, olhando-a profundamente, com todo sentimento, pediu o seu perdão.

— Por que deveria eu perdoá-lo, Moraes?

— Tenho consciência, Eva, de que não fui um marido exemplar, tampouco um bom pai. Por poucas coisas, eu desarmonizava nosso lar, e você, com seu coração bondoso, sempre estava ao meu lado, amando-me. Quando você se foi, eu entendi o quanto era importante na minha vida e na de nossos filhos. Por esta razão, percebi que precisava melhorar; mas, infelizmente, a minha percepção veio tarde demais para você e para os nossos filhos.

— Nada tenho a perdoar. Somos nós os únicos julgadores de nossos próprios atos. Quem seria eu para crivá-lo com o meu julgamento insano, se sou tão pecadora quanto você? Abrace Jesus, Moraes, na Sua maior essência, que jamais terá que pedir perdão novamente. Ame, Moraes: ame ao Pai em primeiro lugar e, depois, a todos e a tudo. Não seja o portador de atitudes que não desejaria para si mesmo, pois não ignoramos aquilo que nos desagrada. Por todas essas razões, não me peça perdão, pois, se fosse a mim dado esse poder, eu já o teria concedido.

Seu Moraes chorava em silêncio. Como jamais notara o ser de luz que conviveu com ele durante toda a sua vida? Ela estava iluminada, sentindo cada palavra proferida.

— Meu querido, perdoe-se. Esse é um dos maiores presentes que o Pai Criador nos concede. Sabedores do que fizemos, na sua real gravidade, somos os únicos que poderemos julgar nossas ações. Somos os juízes de nós mesmos. Nem o Pai se coloca nessa posição, pois, sabendo quem somos e o que somos capazes de fazer, o Pai espera por nossa evolução. Suas leis fazem o resto!

Eva levou Seu Moraes para casa. Quando a porta se abriu, ele viu que alguém os esperava. Era Antúrio, seu grande amigo e mentor. Seu Moraes, de algum modo, reconheceu-o imediatamente. Eva se despediu de ambos e se retirou, pois tinha de voltar ao seu trabalho.

Seu Moraes e Antúrio conversaram muito. Aquele sentia uma saudade profunda do amigo. Estranho como sua memória se abriu quando o viu! Ele sabia que Antúrio não tinha vivido com ele nesta encarnação, mas que, com ele, estava todo o tempo, auxiliando-o. Mesmo se vendo durante algumas noites, parecia a ele que não se viam havia séculos. A amizade entre eles era eterna, e Seu Moraes sabia como a sua presença foi importante para ele nos momentos de dor, quando Eva partiu, por exemplo.

Conversaram horas a fio, nem almoçar foram, pois Seu Moraes estava sem fome. Este perguntava de tudo, mas não se atrevia a fazê-lo quanto ao que estava acontecendo ou o que ia acontecer. Ele se sentia tão bem, que já não desejava mais voltar para o mundo material! Mas Eva lhe disse que estava em coma na carne e que teria de voltar. Era tudo tão confuso para ele, mas, também não queria pensar nisso agora. Estava bem e, se fosse para retornar à carne, assim o faria. Ele confiava em Eva, em Antúrio e, principalmente, em Deus.

Quando a noite caiu, seu mentor se despediu. Somente naquele momento, Seu Moraes percebeu o quanto estava cansado. Foi dormir em seu quarto e pegou no sono imediatamente.

Transcorridos alguns dias, Lia ainda se encontrava perdida, sem saber o que fazer. A única decisão que conseguiu tomar foi a de colocar Alexandre à frente do armazém para ela. No mais, não conseguia resolver os problemas. Sentia todo o peso dos seus apenas dezoito anos.

O tempo todo que estava ao lado de seu pai, pensava no seu temor de perdê-lo. Só agora se dava conta do quanto ele era importante para ela. Seus irmãos eram mais indiferentes e não faziam qualquer esforço para irem lá. Ela, por causa disso, sentia-se um pouco magoada com eles.

Lia chorava baixinho. Perguntava a Deus por que aquilo estava acontecendo. Seu mentor tentava, a todo custo, intui-la com bons pensamentos, mas ela parecia querer afundar. Assim, algumas sombras começaram a se formar ao seu redor, levando-a a ficar mais deprimida.

Num último esforço, seu mentor levou à Lia a imagem dela com Alexandre. Foi o suficiente para que ela se reequilibrasse. No momento em que se viu junto ao seu namorado, sentiu a segurança do amor dos dois e lembrou o quanto ele estava fazendo diferença na vida dela naquele momento.

Pensando assim, abriu espaço para que o seu amigo espiritual lembrasse a ela, intuitivamente, como Deus é Justo e Bom, pois, se seu pai tivesse passado mal poucas horas antes, quando se encontrava só com ela em casa, sem Alexandre, ela o teria perdido. Como consequência dessa lembrança, recordou-se com nitidez dos seus delírios anteriores.

Então, questionou-se: "que visão foi aquela quando meu pai sofrera o colapso? O que realmente aconteceu?".

Naquela hora, Alexandre lhe pediu que rezasse... e foi o que ela fez. Por que ele pediu que rezasse? Não poderia ter pedido algo mais útil? Mas, se pensasse bem, quem era a cura dos males da humanidade? Sim, Alexandre pediu o remédio mais importante: Jesus.

Lia tomou consciência do quanto Alexandre se fazia presente em sua vida! Ela precisava conversar com ele sobre aquela visão. Se ele achasse bobagem, pelo menos retiraria de seus pensamentos todas aquelas dúvidas. Era isso mesmo que faria, conversaria com ele. Estava resolvido!

Olhou mais uma vez para seu pai e sentiu uma ponta de esperança brotar do seu peito.

* * *

Nos dias que se seguiram, Seu Moraes continuava em coma, e seu quadro não se alterava. Lia estava cada dia mais triste. Seus irmãos somente ligavam para saber se o quadro havia mudado, mas não iam visitá-la, tampouco o pai. Alexandre fazia de tudo para animá-la, mas em vão.

Ele saía do armazém e ia direto para o hospital, dando a ela a oportunidade de ir para casa tomar banho, lanchar e voltar para lá. Lia não abria mão de ficar com o pai durante a noite também. Ela já estava no corredor para ir embora, quando retornou ao quarto e pediu a Alexandre que fossem conversar um pouco na sala de espera ali perto. Quando se sentaram, após alguns segundos de hesitação, Lia disse:

— Alexandre, como quase não temos tempo para conversar, preciso que você me escute agora, porque preciso colocar para fora o que me atormenta. Por confiar em você e em seus sentimentos, gostaria que me escutasse.

Vendo que ele estava atento às suas palavras, Lia continuou:

— Eu jamais pensei que fosse ficar sem papai... quer dizer, todos nós sabemos que a morte chegará um dia, mas agora que ela paira sobre nós... meu pai é tudo para mim!

Sei que tenho irmãos que me amam muito, mas não é a mesma coisa, você sabe, não é? Ele, quando mamãe morreu, tornou-se um grande paizão. Tentava suprir a falta que ela nos fazia, mas, infelizmente, somente eu pude enxergar isso. Para os demais, o peso de uma vida tumultuada e sem amor foi o suficiente, e eles não se permitiram enxergar o quanto ele mudou por nós e foram embora.

Agora, vejo-me diante da possível ausência dele... e isso me desespera! Tento rezar e não consigo. E, se fosse só isso, tudo bem, mas, após o colapso de papai, dei para ver coisas que me metem medo. Não pela visão, mas porque acho que estou enlouquecendo!

Lia, nesta hora, não aguentou e começou a chorar. Alexandre a confortou, mas nada disse. Lia precisava desabafar tudo o que ia em seus pensamentos. Após alguns minutos, continuou:

— Quando papai passou mal, e você pediu que eu rezasse, eu rezei. Rezei como jamais havia rezado antes. Só que, nesse momento, para a minha surpresa, comecei a ver uma equipe médica ao redor de vocês dois, atuando freneticamente para que meu pai se estabilizasse. Foi estranho! Quanto mais eu fechava os olhos, mais eu os enxergava! Parecia até que você fazia parte do cortejo, pois atuava conforme as orientações da equipe.

Nesse tempo todo em que me encontro aqui com papai, vejo médicos e enfermeiras vindo examiná-lo, tratá-lo, estabilizá-lo quando necessário... todos maravilhosamente iluminados. Começo a imaginar que quero tanto que papai melhore, que busco auxílio até onde não existe!

Então, relembro o nosso primeiro encontro, que foi uma grande surpresa para mim. Eu me surpreendi por já tê-lo visto antes mesmo de o conhecer: em meus sonhos. Quando vi você naquela cozinha, fiquei estática, não sabia o que dizer. Tive até a impressão de que o mesmo acontecera com você. Oh! Estou mesmo ficando doida! – Lia estava em prantos.

Alexandre a abraçou e observou que o momento estava propício para se abrir. Esperou que ela se acalmasse e começou a falar:

— Lia, você não está enlouquecendo e seu desejo de ver seu pai bom novamente é natural! Todos nós que nos encontramos neste planeta buscamos nele ficar para que possamos aprender sempre mais. Essa é uma das leis. Se não tivéssemos esse sentimento, não haveria nenhum ser humano aqui vivendo, pois preferiríamos nos encontrar na verdadeira vida, que é a espiritual.

Os sonhos que tivemos, sim, que tivemos, pois eu também me recordei de sua fisionomia, já demonstram que não foram apenas sonhos comuns, haja vista termos nos lembrado um do outro! Pode parecer loucura para você agora, mas acredito que nos encontrávamos quando dormíamos. Senão, como você poderia explicá-los, se nós nem nos conhecíamos?

Não podemos nem afirmar que já nos vimos antes e que foi o nosso inconsciente que gravou a nossa fisionomia, pois ambos morávamos em cidades diferentes e muito distantes uma da outra!

Muitas vezes, tive vontade de falar com você sobre isso, mas não sabia se o mesmo havia acontecido com você ou, muito menos, se aceitaria tudo isso como verdadeiro.

Após uma pausa, Alexandre continuou:

— A equipe médica que você enxergou junto ao seu pai é composta por obreiros de Jesus. Espíritos que, hoje, entendem o significado da palavra amar. Esses mensageiros estão sempre ajudando os irmãos que deles necessitam, estejam encarnados ou desencarnados. Seu pai não tinha de morrer naquele momento, então, eles de tudo fizeram para que isso não acontecesse. Seu pai ainda está em condições críticas de saúde, então, eles continuam a auxiliá-lo.

Quem seria Deus, se não nos proporcionasse proteção e auxílio por parte de nós mesmos, Seus filhos tão pequenos na evolução divina? Todos nós temos os nossos anjos da guarda, que chamamos de mentores ou protetores, não importa. Eles estão conosco, amando e protegendo-nos, amando e orientando-nos... só cabe a nós querermos seguir pelos caminhos mais retos.

Lia a tudo escutava, mas se ressentia. Alexandre falava como aqueles espíritas que cultuam os espíritos de pessoas mortas. Será que Alexandre era um deles? Ah, não! Não podia ser! Não o seu namorado, que tanto amava! Estava tão confusa, não sabia mais o que pensar.

Neste momento, forças enegrecidas encontravam em Lia um espaço aberto, baseado em suas ideias preconceituosas. Começaram a manipular os fatos, e, por mais que o seu mentor tentasse trazê-la para o raciocínio lógico e cristão, mais ela se permitia contaminar.

Alexandre estava tão aliviado de poder falar sobre esse assunto com Lia, que não percebeu o desequilíbrio que foi sendo gerado nela. E o golpe final daqueles irmãos menos esclarecidos na luz foi embutir no pensamento dela como o seu pai iria encarar sua conversão para uma doutrina tão anticristã. Ele morreria de desgosto, ou pior, nem iria querer acordar! Após esse pensamento, que ela atribuiu como seu, levantou-se num estalo. Alexandre parou de falar. Como num último recurso, Lia perguntou a ele se seu pai sabia dessa sua visão sobre o outro mundo. Alexandre, que jamais havia conversado com o Seu Moraes sobre aquele assunto, disse que não.

Sentindo-se traída, ela lhe questionou:

— Como pôde esconder isso de nós? Você é um daqueles adoradores dos espíritos...

Desviando os seus olhos dos de Alexandre, pois tinha medo de fraquejar, disse:

— Eu não posso falar por meu pai, pois ele tem você como um filho, mas vou pedir um grande favor: a partir de agora, não quero nem vê-lo mais. Você continuará trabalhando normalmente no armazém e pode até dormir na casa de papai como antes, pois, como disse, a casa é dele. Mas, a partir deste momento, você virá neste hospital quando eu não estiver aqui. Meu horário você já sabe... então, se quiser ver meu pai... – e não terminou. Saiu da sala de espera sem dizer adeus.

Alexandre ficou atônito. O que ele mais temia aconteceu.

No primeiro momento, sentiu-se pasmo. No segundo, uma raiva foi tomando conta de seu coração. Seu peito doía, seu orgulho gritava. Ela o resumiu a um adorador de espíritos, um alguém que ela abominava. Todas as qualidades que ele tinha como pessoa foram desconsideradas ao não serem colocadas na balança de suas ponderações ou, pior, não tinham qualquer valor para que a balança pendesse a seu favor.

Ele se sentia sufocado, mas, com a ajuda energética de seus amigos espirituais, Alexandre, mesmo neste turbilhão de emoções, tentou se acalmar.

O mentor de Lia disse a Aurora:

— Aí está a resposta do porquê de ela ter sido escolhida para conversar, no plano imaterial, com Azevedo. Repetindo aquelas verdades, dia após dia, sobre ele precisar ser mais permissivo diante das dificuldades e diferenças de pensamentos e comportamentos dos outros, ela poderia se ouvir e dar-se a oportunidade de aceitar Alexandre com o que ele traria de novo.

Lia falava a Azevedo da possibilidade de ele viver escravizado a ideias preconceituosas, sofrendo por não se dar a oportunidade de aprender com aqueles que tinham outras experiências mais consoladoras. Ela repetiu e repetiu tudo isso diversas vezes, mas não percebeu que precisaria internalizar as mesmas verdades em seu próprio coração.

No plano da matéria, Alexandre, cabisbaixo, voltou para o quarto bem devagar ao ver que Lia foi embora sem dirigir-lhe ao menos um aceno ou olhar.

Pensando em tudo o que Lia representava para ele, decidiu não desistir, somente daria tempo ao tempo... e tempo para ela.

Quando ela estava para retornar ao hospital, Alexandre, respeitando sua vontade, foi embora antes de ela chegar.

Na Colônia, Seu Moraes estava inquieto. Quando Eva e Antúrio chegaram, encontraram-no apreensivo. Ele não sabia o que estava acontecendo, mas a imagem de Lia e Alexandre não saía de sua cabeça.

Eva explicou que o que ele estava sentindo era a tristeza de Lia, a sua saudade, o que o reconfortou por saber que não era nada grave, mas não estava sendo fácil. Quando ele se equilibrava, outra rajada de tristeza vinda de Lia o assolava.

— Eva, por que hoje sinto, com tanta intensidade, uma tristeza vinda por parte de Lia?

Pelo que me disse, já faz um tempo que estou em coma. Por que somente agora sinto esse incômodo tão intenso?

— Moraes, até o momento, Lia sentia sua falta, mas o conforto que Alexandre lhe proporcionava não tornava sua tristeza desequilibrada. Agora, no entanto, Lia brigou com ele, e ambos estão separados. Infelizmente, tal separação se deu por ela ter ouvido o seu orgulho ferido. Lia descobriu que Alexandre é espírita e não o está aceitando por isso. Esqueceu-se de tudo o que ele é, para julgá-lo por tudo o que ela acha que é um espírita. Mas, por amá-lo, sofre com isso.

Tanto Alexandre quanto seus familiares são pessoas maravilhosas, que têm muito a resgatar, mas que estão conseguindo seguir o caminho cristão mais reto que conseguem.

Então, esse, Moraes, é um dos motivos pelos quais você está aqui hoje também: enxergar as pessoas pelo que elas são, e não por suas crenças. Você também é portador desses preconceitos religiosos. Mas, para que nossa filhinha seja feliz, será necessário que vocês se engajem na ideia do Ser Cristão. Todos somos filhos do Pai Criador e não deixaremos de sê-lo por termos crenças diferentes.

Eva continuou após um sorriso significativo:

— Já você e eu, Moraes, tínhamos um propósito, lembra? Quando éramos jovens e sonhadores, fizemos um acordo que jamais foi cumprido. E não me venha dizer que foi pela minha morte que não quis dar seguimento à sua concretização, pois, antes disso, você já havia dado por encerrado o nosso sonho, que não era nosso, mas sim de Jesus.

Alexandre, Lia e muitos outros vieram com o objetivo de auxiliá-lo para que esse sonho não se perdesse. Eles têm experiência para orientá-lo no que concerne ao auxílio. Permita-se crescer, dando amparo a muitos.

Como você pôde notar, quando chegamos deste lado, nada trazemos que não os tesouros da alma. Invista em amor, que os rendimentos no Banco do Senhor são altíssimos! Quando retornar para a matéria, Moraes, não estará com o seu físico em perfeitas condições, mas não se permita desanimar. O seu esforço será o exemplo e, assim, a palavra de Jesus será vista, ouvida e sentida por muitos.

— Nós iremos mostrar a você algumas das famílias que vocês auxiliarão. Você enxergará, no plano espiritual, a desolação na qual o ser humano pode viver quando perde a esperança e a fé em Deus. Você, com sua postura, se assim o quiser, poderá desfazer as trevas e levar luz a muitas dessas famílias – completou Antúrio.

Os três amigos, juntamente com mais dois espíritos irmãos que foram apresentados ao Seu Moraes, visitaram inúmeras famílias. Seu Moraes viu crianças passando fome; pais e mães trabalhadores, desolados por não terem o suficiente para dar o que comer aos seus filhos; mães solteiras prostituindo-se em troca do pão de que seu filho necessitava; a violência reinando, onde a paz do Senhor fora rejeitada... e, em todos esses lares, espíritos abnegados se faziam presentes, tentando lembrá-los de que a Justiça do Pai não tarda.

Infelizmente, muitas dessas famílias, pela desilusão sofrida, aceitavam a influência de espíritos que as alimentavam com a descrença Naquele que realmente as consolaria. Mas, ao contrário dos casos anteriores, também foram mostradas casas onde a desilusão poderia fazer morada, mas que seus habitantes tinham o Criador como Rei, Jesus como Príncipe e que, apesar de todas as dificuldades, eram famílias felizes.

Antúrio lhe disse:

— Estamos trazendo a você a realidade das famílias que serão o alvo principal do nosso projeto, mas não se engane, famílias ricas também passam por essas mesmas demandas. Quantas possuem de tudo, e são pobres na alegria, amor e afeto? Essas famílias também estão incluídas neste projeto de Jesus, mas elas atuarão no auxílio ao próximo, porque, quando somos úteis a quem necessita, percebemos que podemos reavaliar os nossos valores e as nossas atitudes e reconstruir um ambiente familiar efetivamente mais rico e feliz.

Seu Moraes foi testemunha de muitos casos que o fizeram pensar. Nunca imaginara a vida espiritual interagindo tão intensamente com a material. Nunca percebera que alguns de seus próprios funcionários estavam vivendo em um desalinho de emoções e sentimentos por portarem vícios que aniquilavam a paz de seus lares.

Quando retornaram à Colônia, disse aos seus amigos:

— Vi e ouvi muita coisa. Mas o que poderei fazer? Não tenho tanto para salvar todas aquelas pessoas!

— Não, Moraes, você iniciará um trabalho. Outras tantas pessoas continuarão com você e, depois, sem você, quando para cá vier. É necessário, no entanto, que você inicie esse projeto para todos aqueles que desejarem participar, pois eles também têm compromissos a serem concretizados.

Lembra-se do que Antúrio disse das famílias mais abastadas? Comece por elas, mas não só elas ajudarão. Muitos virão, das mais diversas classes sociais, por isso, nem todos eles poderão ajudá-lo com recursos financeiros, mas, sim, com uma mão de obra escassa e preciosa para um mundo em que a maioria vive pela matéria: o voluntariado.

Não se desestimule, lute. Enquanto uns lutarão contra o seu ideal, outros tantos o apoiarão. Lembre-se de que Jesus venceu na sua missão terrena, mesmo quando seus algozes pensaram que não.

Acredite!

Antúrio e eu estaremos sempre do seu lado. Mas, bem acima de nós, estará Jesus, dando-lhe Sua Benção e Proteção. Se Ele está por nós, quem estará contra? – e riram da brincadeira daquela boa senhora.

O coração de Lia estava em pedaços. Depois do seu desentendimento com Alexandre, não mais o tinha visto e tampouco os médicos espirituais. Nem em casa Alexandre e Lia se esbarravam. Ela se Sentia desamparada, mas não dava o braço a torcer.

No fundo, ela queria tanto ver Alexandre que, naquela tarde, tinha ficado até mais tarde com seu pai, só para que ele a surpreendesse ali. Mas Alexandre, quando a viu, esperou no corredor até que ela saísse, não querendo ofendê-la com sua presença.

Lia, no entanto, pensando que ele não gostava mais dela, saiu do hospital chorando. A única coisa que desejava, naquele momento, era que ele a abraçasse e dissesse que abandonaria qualquer crença por ela. Mas, não. Ele não fez e não faria isso. Ela pensava que ele não a amava tanto assim.

Os irmãos espirituais que a acompanhavam não davam margem para que ela voltasse atrás. Alimentavam o seu orgulho ferido, e, sentindo-se traída e desprezada, Lia continuava em sofrimento.

Alexandre, por sua vez, também sofria com a postura dela, mas entendia que, para ela, deveria ser difícil. Ele teve inúmeras oportunidades de conversar com ela sobre o assunto, mas, por medo, não o fez. Agora, estava colhendo o que plantou. Só que ele acreditava que o amor que ambos nutriam um pelo outro seria mais forte, e esse sofrimento seria passageiro. Era no que ele se apegava.

* * *

O tempo passou, e Lia precisava tomar algumas decisões. Suas aulas já tinham recomeçado, mas como ela poderia retornar? Não poderia largar seu pai naquele estado. Não poderia deixar tudo nas costas de Alexandre.

"Ah, Alexandre! Que falta que você me faz!" – pensava ela.

Se sua decisão fosse retornar para a faculdade, ela sabia que Alexandre tomaria conta de tudo, porque ele poderia tê-la decepcionado, mas ela não duvidava de sua amizade por seu pai. O problema é que ela não poderia fazer isso.

— Se meus irmãos souberem que é Alexandre, um empregado, que está tomando conta dos negócios referentes ao armazém... e até do caixa! O que eles dirão? Não tenho outra opção, preciso ficar com papai, pelo menos por enquanto.

Quanto ao seu estado emocional, este era outra história. Seu coração estava dilacerado e sua cabeça, muito confusa. Quando todo o peso do seu sofrimento a sufocava, Lia afirmava para si que todos os seus problemas estariam resolvidos se Alexandre fosse embora para bem longe. Numa explosão de emoções, ela pensava que o melhor seria nunca o ter conhecido, mas aí vinham lembranças dela com ele, de ele salvando o seu pai, de ele substituindo-a todos os dias no hospital, mesmo quando ela disse que não mais queria vê-lo, e todo o sentimento retrocedia. Lia sabia que o queria longe porque o seu verdadeiro desejo era que ele voltasse para ela. Ela o amava!

Seu Moraes se preparava para voltar. Precisava ficar atento para não se esquecer do que precisava ser lembrado. Ele chegou ao quarto do hospital juntamente com Eva, Antúrio e mais três integrantes do grupo que o auxiliariam na sua saída do coma.

A primeira pessoa que ele viu foi sua filha e sentiu muita pena dela, porque estava abatida, mais magra e triste. Como já era quase hora de Alexandre chegar e trocar o turno com ela, precisavam ser rápidos. Queriam a presença dos dois no momento de seu retorno.

Seu Moraes, então, aproximou-se de seu corpo, e os três amigos se abraçaram, desejando êxito no seu regresso. Os amigos especialistas fizeram-no sonolento momentaneamente, e Seu Moraes foi reintegrado ao seu corpo físico.

Poucos minutos na Terra se passaram, e Alexandre, ao chegar, viu o grupo de auxílio espiritual sair do quarto. Eva olhou bem em seus olhos e sorriu para ele. Alexandre sentiu o coração disparar e correu para dentro do quarto sem esperar Lia sair. Pega de surpresa, Lia voltou-se para o jovem, que, sorrindo de esperança, perguntou-lhe:

— Ele acordou?

Quando Lia, triste, ia dizer que não, viu Alexandre, que olhava para o seu pai, transfigurar-se de felicidade. Rapidamente, ela voltou a sua atenção para a cama e percebeu seu pai desperto, dando sinais de recuperação de consciência.

Seu Moraes sorriu para eles, e os médicos foram imediatamente chamados.

* * *

Tão logo recebeu alta, Seu Moraes retornou para casa com Lia e Alexandre. Ela pediu a Alexandre que, na frente de seu pai, não demonstrassem qualquer problema entre os dois, até que ele estivesse bem.

Seu Moraes ainda não havia recuperado a fala e estava com uma paralisia em todo o lado esquerdo do corpo, o que dificultava muito sua locomoção. Entretanto, estava muito bem. Demonstrava lucidez, o que era visto pelos médicos como um bom sinal.

Em decorrência das dificuldades enfrentadas durante o coma, Lia trancara seu curso para estar com o pai. As férias de Alexandre na faculdade terminaram e, com o trabalho no armazém, ele quase não tinha tempo para estar em casa, o que foi um alívio para Lia, como também uma grande decepção.

Seu Moraes demonstrava uma força de vontade fabulosa no viver. Ainda não falava direito e não conseguia escrever por ser canhoto, mas se esforçava com a direita e se fazia entender.

Sua primeira pergunta a Lia foi como estavam ela e Alexandre. Lia inventou uma desculpa e nada respondeu. Ainda não estava preparada para responder àquela pergunta, nem para mentir ao seu pai.

Precisava pensar.

Os sessenta dias impostos por Pedro terminaram. Naquela noite, ele retornaria ao lar de Leonora para ter a prova de sua boa ou má influência energética sobre ela. Estava preocupado. Após sua conversa com o filho dela, seu coração tinha ficado mais fraco! Ele não era mais o mesmo. Até a vontade de aterrorizar Azevedo havia diminuído.

"E se, realmente, eu estiver fazendo mal à minha filha?" – indagava-se.

Chegando à casa de Leonora, encontrou muita paz, harmonia e felicidade. Ela havia melhorado. Nem parecia a mesma de antes! Ou melhor, estava até melhor do que quando ele ali chegou pela primeira vez. Suas faces estavam coradas, e ela se dedicava, com afinco, ao trabalho que estava fazendo.

Aquele filho dela com quem conversara não estava ali, mas nem precisava. Estava convencido de que ele, Pedro, era o único responsável pela sua enfermidade. Entristecido, afastou-se daquele lar e de sua amada filha para não lhe causar mais danos.

Nesse entretempo, Azevedo também já se sentia desgastado. Ele queria soluções para as suas dores físicas. Foi a muitos médicos, e nenhum deles soube dizer a razão de seu estado de saúde. Nada ficava constatado nos exames que fazia, até que o último médico que visitou lhe questionou:

— Seu Azevedo, o senhor professa alguma religião?

— Não, sou ateu.

— O senhor me perdoe a pergunta que farei, sendo tão fora dos padrões da relação médico e paciente, mas o senhor se dedica a algum tipo de trabalho assistencial, de ajuda ao próximo?

— Claro que não, doutor. Estou doente e não tenho tempo para os outros! Sou um homem realista e acredito que aqueles que vivem na miséria são vagabundos e preguiçosos.

Aproveitando o momento, o mentor de Azevedo impulsionou, em sua mente, uma lembrança antiga, na qual ele e sua família passavam dificuldades, e ele e Ivete trabalhavam muito para se manter. Surpreso, tentou ignorar o pensamento, dizendo: "Isso é completamente diferente".

— Bem, então, o senhor me desculpe se serei inoportuno, mas tenho que lhe falar. Acho que sei de um lugar que poderá auxiliá-lo em seu problema. Ele é composto por pessoas que têm como objetivo trazer a paz e o reequilíbrio para aqueles que lá vão, por meio do intercâmbio entre encarnados e desencarnados. Sua meta é o Cristianismo espiritualizado.

— Mas, doutor, já lhe falei que não acredito em nada disso...

O médico o interrompeu:

— O senhor poderia me ouvir um pouco com atenção?

Não é a religião que nos leva à salvação, mas, sim, as nossas posturas diante da vida. O senhor é ateu e nada há de mal nisso, mas, para estarmos em equilíbrio com este grande universo, precisamos entender que existe outro alguém além de nós e que podemos fazer grande diferença em sua vida.

Não estou falando de doação de dinheiro, mas de, no mínimo, respeitar o outro e agir com ele como gostaríamos que agissem conosco. Pense comigo: se o senhor perdesse o seu emprego e nada conseguisse para substituí-lo, não iria desejar que os outros pudessem compreender o seu esforço e vê-lo como um ser humano que se encontra em dificuldade?

Azevedo estava pasmo. Ele tinha ido ali para descobrir se estava doente, e aquele médico estava lhe dando uma lição de moral. Mas o que ele lhe falou por último calou fundo em sua mente. Apesar de sua vontade de se levantar e ir embora, ele se sentia tão cansado, tão exausto, que continuava ali, ouvindo.

Pedro, ao seu lado, alimentava nele aquela rebeldia. Percebia que aquele médico era encrenca e que, se Azevedo o escutasse, poderia conseguir ajuda. Contudo, por mais que o mandasse se levantar, usando de seu orgulho e vaidade para convencê-lo a sair, ele não o atendia.

— Por favor, seu Azevedo, não estou aqui querendo dar-lhe um sermão. O senhor é adulto e sabe o que faz, mas foi o senhor mesmo quem me disse que já foi a vários médicos nestes últimos meses, e que ninguém consegue descobrir o que tem. Infelizmente, a minha análise não será diferente, pois, pelos exames que me trouxe, só posso dizer que é um homem saudável, mas, examinando-o, percebo claramente que não está nada bem.

— Sim, foi como eu disse ao senhor, já não durmo bem há alguns anos. Começou com alguns pesadelos que, agora, estão até piorando. Sinto que minha saúde e energia estão se esvaindo. Já não consigo fazer nada direito, não consigo me concentrar em nada que faço.

— E é em razão desse seu relato que estou certo de que, para haver melhora, você precisará abraçar uma nova forma de pensar sobre a vida. Entenda que, agora, temos de buscar a possibilidade de cura por meios não convencionais, pois, como estava dizendo, nada consta em seus exames, e, mesmo assim, o senhor está doente. Isso não é normal!

— É verdade, doutor. Nisso o senhor tem razão.

Como posso estar neste estado sem nada ter?

Prometo pensar no caso e telefonar, se mudar de ideia.

Azevedo saiu intrigado do consultório do médico. Não sabia mais o que fazer. Já tentara de tudo, e nada. Sua saúde agravava-se dia a dia. E, para piorar sua situação, nos últimos tempos, sonhava direto com Ivete e Leonora. Hoje, ele se perguntava como pôde ter coragem de abandoná-las como fez.

Lembrando-se do que o médico havia lhe falado, "se o senhor perdesse o seu emprego e nada conseguisse para substituí-lo, não iria desejar que os outros pudessem compreender o seu esforço e vê-lo como um ser humano que se encontra em dificuldade?" – percebeu, envergonhado, que se afastara delas sem lhes dar qualquer chance.

Mas o que o incomodava mais ainda era o pensamento de que, se ele estivesse desempregado, Ivete jamais o teria abandonado. Disso ele tinha certeza. Pensou que deveria fazer algo por elas. Agora que estava bem melhor financeiramente, precisava reencontrá-las.

Apesar de sair do consultório determinado a fazer algo por sua antiga família, conseguiu superar os seus medos somente após uma semana daquela consulta, dirigindo-se à cidade onde viveram.

Pedro, ao seu lado, enviava todo tipo de pensamento para que ele temesse reencontrá-las. Ao mesmo tempo, porém, em que somos influenciados em nossos temores, somos impulsionados por aqueles que sabem o que é melhor para nós. De um lado Pedro, trazendo-lhe dor e sofrimento. De outro, os amigos espirituais, incentivando-o a reconciliar-se com o seu passado e, por consequência, consigo mesmo.

Azevedo conseguiu chegar, surpreendendo-se, porém, ao deparar-se com outra família morando em seu barraco. Se alguém sabia o paradeiro de Ivete e Leonora não queria lhe dizer. Até Carolina, vizinha antiga e muito amiga de sua esposa, dizia não saber para onde elas foram.

Mas ele sentia que ela estava mentindo, porque o olhava com muito desprezo, e esse desprezo pesou forte em sua consciência.

Ao mesmo tempo em que foi uma decepção para ele não as encontrar, também foi um grande alívio. Na estrada, ao se dirigir à sua antiga residência, Pedro sentia que seus medos se agravavam, o que o fazia pensar em que tipo de reação elas teriam. Seu coração batia forte e sentia uma angústia quando as imaginava chorosas e agressivas com ele, expulsando-o da casa e de suas vidas de novo. Pensava no quanto seria humilhado por elas, e isso o fazia querer dar meia-volta e não as procurar mais. Ele somente não desistiu, porque, no fundo, não poderia culpá-las.

Azevedo não conseguia se desvencilhar desses pensamentos. A única certeza que tinha, após essa procura inglória, era de que ele nada sabia sobre a família que abandonara, e era evidente que isso o incomodava demais.

Pedro, ao seu lado, não lhe dava trégua. Ria dele, porque achava que Azevedo merecia aquele sofrimento, pois, se tivesse cumprido a sua promessa desde o começo, não precisaria passar por nada daquilo. O que Pedro não percebia, porém, era que, na verdade, todo aquele processo pelo qual seu subjugado era alvo, dava-lhe força e vontade para que iniciasse uma conscientização de si mesmo rumo ao seu crescimento íntimo.

Azevedo, que chegou ao limite de suas forças, depois de muito pensar com a ajuda de seu mentor e de seus amigos, e de muito sofrer com a influenciação torturante de Pedro, resolveu ligar para o médico e pedir o endereço do local que ele lhe falara. Iria tentar de tudo.

Pedro, vendo que suas investidas estavam perdendo terreno, foi buscar, com alguns conhecidos espirituais, outros métodos para manipular e escravizar ainda mais o seu alvo. Aqueles tormentos, entretanto, estavam perdendo a graça para ele. Somente continuava no seu propósito, porque sentia que, se não o fizesse, estaria traindo a filha que tanto amava.

Então, no consultório médico, após uma conversa demorada sobre as coisas do espírito, Azevedo recebeu de seu médico um livro intitulado *O evangelho segundo o espiritismo*, de Allan Kardec.

De noite, após novamente acordar sobressaltado com os angustiantes pesadelos que o assaltavam ao dormir, Azevedo começou a ler o livro que lhe fora dado de presente e que muito lhe interessou, pois seu coração estava aflito, e o remédio estava sendo ministrado.

Naquela mesma semana, Azevedo viajou para Realeza com Pedro em seu encalço. Chegando ao destino, sentia-se um tanto perdido. Como iria achar o grupo que procurava? A quem recorrer? O médico tinha dito que as reuniões eram feitas em uma fazenda próxima da cidade e que qualquer um saberia onde era, mas tinha receio de falar com estranhos sobre o motivo que o levava para lá.

Resolveu hospedar-se em uma pensão que se encontrava no centro da cidade e, percebendo que não iria a lugar nenhum sem perguntar a alguém, decidiu conversar com a dona da hospedaria, seguindo uma ideia soprada pelo seu mal-intencionado acompanhante espiritual.

Orientado por seus amigos de ideal, Pedro deveria aproveitar-se das ideias preconceituosas das pessoas simples da cidade para afastar Azevedo da possível cura que ele tanta ansiava. Então, ao chegar à pensão, Pedro identificou, imediatamente, as energias que eram emanadas de Dona Carmélia, uma das católicas mais ferrenhas da região, e a que mais criticava a postura daqueles que não seguiam a sua religião. Estavam todos perdidos – afirmava ela sempre.

Quando Azevedo deu início à sua conversação, ela não se fez de rogada: criticou firmemente aqueles seguidores do diabo, não dando qualquer chance de ele fazer algum comentário sobre o assunto.

Pedro, inflando o lado descrente de Azevedo, intuía-o para que se sentisse um bobo por ter viajado para tão longe baseado em uma ideia tão idiota. Mesmo que ele achasse o lugar, não saberia o que seria exigido dele, e aquela senhora somente estava somando às suas desconfianças a certeza de que aquela viagem era inútil aos seus propósitos.

Convencido de sua idiotice por achar que seria curado por um grupo religioso, Azevedo decidiu voltar para casa. Porém, não poderia ser naquele momento, porque não havia mais condução para o seu destino daquele horário em diante. Só no dia seguinte.

Azevedo estava cansado. Não tinha ânimo para passear e estava desgostoso por ter perdido seu tempo e dinheiro com aquela viagem sem sentido. Tomou um lanche rápido em uma lanchonete ali perto e retornou à pensão para descansar. Não iria nem mexer na mala. Tentou dormir, mas, quando adormecia, tinha pesadelos com Pedro, o que o fazia fugir para o seu corpo físico e acordar sobressaltado.

"Já não aguento mais" – pensava consigo. Ele queria acabar com aquilo.

Aproveitando o momento de reflexão, o seu mentor fê-lo se lembrar da conversa que tivera com o seu médico sobre as dificuldades que todos enfrentam quando resolvem trilhar os caminhos que enveredam para o seu crescimento íntimo. Ele o havia alertado sobre as possíveis barreiras que poderiam ser construídas em seu caminho, para que não chegasse ao grupo em questão. Com esse raciocínio, seu mentor o direcionou para o Evangelho, o qual Azevedo abriu ao acaso no "Bem Aventurados os aflitos", na parte das "Provas Voluntárias: O verdadeiro cilício":

> "26. Perguntais se é lícito ao homem abrandar suas próprias provas. Essa questão equivale a esta outra: É lícito, àquele que se afoga, cuidar de salvar-se? Àquele em quem um espinho entrou, retirá-lo? Ao que está doente, chamar o médico? As provas têm por fim exercitar a inteligência, tanto quanto a paciência e a resignação. Pode dar-se que um homem nasça em posição penosa e difícil, precisamente para se ver obrigado a procurar meios de vencer as dificuldades. O mérito consiste em sofrer, sem murmurar, as consequências dos males que lhe não seja possível evitar, em perseverar na luta, em se não desesperar, se não é bem-sucedido; nunca, porém, numa negligência que seria mais preguiça do que virtude."

Azevedo não precisou ler mais nada, convenceu-se de que iria ficar mais alguns dias. Ele precisava de ajuda, e ela estava naquela cidade. Ele precisava ter paciência e resignação e não desistir na primeira dificuldade. Diante dessa resolução, fechou o Evangelho e dormiu tranquilamente até o dia seguinte.

Após o café da manhã, sob os olhares de insatisfação de sua anfitriã, que, ao questioná-lo, ouviu-o responder que não iria embora ainda,

Azevedo se dirigiu à praça da cidade e, sentado em um dos bancos, observou o movimento da rua. Seu médico havia mencionado que as reuniões se davam aos sábados bem cedo. Por isso, Azevedo fez sua viagem na quinta, para que, na sexta, pudesse se situar no lugarejo.

Curioso como simpatizara com o local, mas, receoso de se deparar com outra carola, não falava para mais ninguém sobre o que viera fazer ali.

Muitos moradores atentos, porém, vendo-o na praça, vieram, por educação e curiosidade, cumprimentá-lo e puxar assunto. Para todos, dizia que estava ali a passeio. Um deles, o dono da mercearia, Seu Ozório, até afirmou que devia conhecê-lo de algum lugar, pois sua fisionomia não lhe era estranha. Imaginou Azevedo que aquele senhor só queria puxar assunto, pois isso seria impossível!

Por serem muito simpáticos, Azevedo também perguntou por suas vidas, seus afazeres... e todos respondiam com a simplicidade que lhes era peculiar... e, sem serem perguntados, sobre a vida dos outros também! Conversa vai, conversa vem, o assunto grupo espírita acabou saindo e ficou sabendo que o médico da cidade era um dos que participavam dele.

Para distraí-los da sua verdadeira intenção, disse:

— Nossa, tem um médico aqui tão próximo?! Desde ontem, estou com uma dor de cabeça que não passa. Acho que vou aproveitar e ir até seu consultório para tentar uma consulta.

Todos o incentivaram a ir ao doutor Mário, dando-lhe as coordenadas do caminho.

Azevedo saiu da praça e foi à direção indicada, procurando uma casa térrea amarela, com portas e janelas pintadas de branco. Ao encontrá-la, percebeu que era uma construção simples, mas muito bonita. Tinha uma varandinha frontal mobiliada com uma cadeira de dois lugares e uma mesinha de canto, onde se viam revistas para muitos gostos.

Adentrando na sala de visita, a simplicidade continuava reinando com sofás de três e dois lugares de couro branco e duas mesas de madeira de centro e de canto fazendo o complemento. De frente à porta, a mesa da secretária, com duas cadeiras, demonstrava o ambiente profissional daquele consultório que, naquele momento, estava cheio de pacientes esperando. Ela logo o cumprimentou e perguntou-lhe o que desejava.

Fingindo o seu mal-estar, disse que desejava ver o médico. Ela pediu que esperasse um pouco e foi ter com doutor Mário. Poucos minutos depois, após fazer seu registro, ela solicitou que entrasse. Azevedo, agradecido, entrou na sala do médico, com o qual simpatizou imediatamente.

Sem titubear, o paciente foi logo se desculpando:

— Doutor, peço desculpas por ter usado de um falso pretexto para poder conversar com o senhor. Não estou com a doença que narrei para a sua secretária, mas, sim, interessado em assistir às reuniões do grupo espírita do qual o senhor faz parte, pelo menos foi o que me disseram na praça.

Na verdade, estou muito doente, sim, mas ninguém, nenhum médico, consegue diagnosticar o que tenho. Todos os exames apontam uma saúde que não porto. Então, o último médico que visitei me indicou tentar métodos de cura não convencionais. E, apesar de toda a minha incredulidade, quero tentar para ficar bom.

Com um sorriso, doutor Mário se prontificou a levá-lo ao grupo no dia seguinte, sem questionar sobre os seus problemas, o que agradou muito Azevedo, pois ainda, não estava muito certo sobre nada do que estava fazendo.

Da mesma forma que o Seu Ozório, quando viu Azevedo pela primeira vez, doutor Mário pensou já conhecê-lo, mas, sendo ele de fora da cidade, deveria ser somente impressão.

Marcaram o horário e o lugar para se encontrarem no dia seguinte, e Azevedo se levantou para sair, pois o consultório estava cheio, e aquele simpático médico, ocupado. Agora, nada o faria mudar de ideia. Estava mais firme no propósito de se ajudar.

Após sair dali, foi almoçar e, no seu quarto, continuou a ler o Evangelho, o que lhe fez muito bem.

Já era tarde e tinha perdido o horário do jantar, mas não se importou. Estava feliz com os sentimentos que o preenchiam. Sentia que, pela primeira vez, Deus poderia existir e até amá-lo com todas as suas imperfeições. Dormiu tranquilo, à espera do que aprenderia no dia seguinte.

* * *

Às cinco horas da manhã, Azevedo já estava em pé. Sentia-se agitado, mas não desistiria. Não agora!

Pedro tentava, de todas as formas, dissuadi-lo a não ir, mas Azevedo se sentia bem, o que permitia a ação direta de seu mentor, harmonizando-o. O influenciador via seus planos de vingança deteriorando-se com a pequena modificação que o seu influenciado se permitiu ter. Mas ele não desistiria! Acharia uma forma de sugá-lo para a escuridão.

Às sete horas, doutor Mário encontrou-se com ele onde combinaram, e foram para o grupo, que já se encontrava repleto de pessoas. Deixando-o bastante à vontade, doutor Mário foi se integrar ao trabalho, ajudando os demais na arrumação do grande salão. Lá, todos eram iguais, não se diferenciando pela profissão ou poder financeiro que possuíam. A reunião foi excelente. Azevedo muito aprendeu com a palestra e com as manifestações mediúnicas que ocorreram.

Em determinado momento, Azevedo foi chamado para entrar em uma sala juntamente com mais cinco pessoas. Lá, alguns médiuns, por meio da imposição de mãos e com uma música que harmonizava o ambiente, realizavam o tratamento que logo o fez sentir-se muito bem. Com o término da sessão, foi orientado sobre como deveria proceder nos dias que se seguiriam. Nunca se sentira tão bem como naquele momento. Azevedo gostou tanto, que resolveu voltar outras vezes.

Naquele sábado, os pais de Alexandre não puderam comparecer à reunião, pois José tinha que acabar um serviço, e Leonora fora ajudá-lo com a faxina para que entregassem limpa a casa reformada.

Pedro respirou aliviado, mas ele sabia que isso era apenas o início de uma tarefa árdua para que pai e filha não se reencontrassem.

61

No Rio de Janeiro, Alexandre continuava sua vida sem muitas mudanças. Seu Moraes melhorava a olhos vistos. Apesar de estar com dificuldade, já iniciara a fisioterapia para falar e locomover-se com mais facilidade. O médico, no entanto, disse que algumas sequelas ficariam para sempre. Lia tinha um comportamento cordial com Alexandre, mas o sofrimento a acompanhava. Ele trabalhava e estudava todos os dias, e não lhe sobrava muito tempo para pensar na dor que tudo aquilo lhe causava.

Um dia, conversando com Aurora tarde da noite, Alexandre disse:

— Pensei que Lia fosse ser minha companheira nesta vida, mas parece que me enganei! Ela não soube me entender, nem me perdoar por não dizer a verdade desde o início. Não permite que chegue próximo a ela, só me trata bem pelo seu pai.

Aurora, será que agi tão errado assim com ela?

— Meu amigo, se o seu intuito, no momento em que agiu, foi acertar, você não fez tão errado assim!

Mas, a partir da postura adotada, efeitos são gerados, e temos de ter olhos para enxergá-los. Temos que extrair, pelo raciocínio, qual o ensinamento que a vida nos quer demonstrar; assim, jamais repetiremos ações que nos fizeram e nos farão sofrer no futuro. Com fé e esperança, se entendermos que fizemos o melhor daquela ação, a vida nos dará condições para que a felicidade seja reparada.

Sejamos vigilantes!

Naquele momento, Lia tentava rezar pela harmonia em seu lar. Já não estava mais aguentando tanta pressão interior, o que a fez chorar desolada, questionando ao Criador o porquê de tanta infelicidade. Chorava baixinho para não acordar o pai, mas foi em vão.

Ele foi ter com Lia.

— Minha filha, tudo bem? – falou Seu Moraes com dificuldade.

Quando o ouviu, ela não conseguiu se segurar e chorou sem represas. Seu pai era tão forte, mas agora...

Deixando-a desabafar, abraçou-a sem nada dizer. Quando a viu mais calma, pediu que dissesse o problema:

— Não é nada, pai, estou bem.

— Fale, Lia. Você nunca escondeu nada de mim.

Resolveu, então, desabafar com o seu velho pai. Abriu o seu coração e falou de sua infelicidade. Disse tudo: sobre suas incertezas quanto ao estado de saúde dele; sua tristeza ao pensar que ele poderia ter morrido; sobre as alucinações que teve e os sonhos com Alexandre; sobre a mentira dele em relação à sua religião, que acarretou o término do namoro; e sobre a falta de atitude de Alexandre, que nada fazia para que se reconciliassem. Falou durante muito tempo. Desabafou todos os sentimentos que estavam lhe fazendo muito mal.

Quando terminou, com um pouco de dificuldade e muita calma, seu pai lhe disse:

— Filha, sei que estou velho e que pouco tempo me resta nesta vida, mas ainda não é a minha hora. Talvez, eu tenha demorado demais para contar-lhe sobre a experiência que tive enquanto estive em coma, mas também achei que você iria acreditar que eu tinha perdido a minha sanidade.

— Não, meu pai. Jamais poderia pensar isso do senhor. Sei que está bem e que suas limitações são mais físicas do que mentais.

— Então, minha filha, abra o seu coração e a sua mente para o que vou lhe contar.

Seu Moraes limpou a garganta, respirou fundo e disse:

— Quando estava em coma, vi a vida por um outro aspecto. Eu estava em coma no corpo, mas o meu espírito estava livre. Pude participar de uma vida esquecida por nós quando estamos na matéria. Lá, pude conversar com muitos amigos que morreram antes de mim, inclusive com sua mãe. Ela continua mais linda do que nunca!

Seu Moraes parou um pouco de falar, como se estivesse admirando alguém à sua frente. Eva estava a lhe sorrir. Mas como Lia não a via, ele continuou:

— Nesta experiência, muitos foram os esclarecimentos que tive sobre a vida e sobre mim mesmo, mas também aprendi muito com você, porque, mesmo estando longe, sentia seu desespero e acompanhava sua dor. Você brigou com um rapaz que a ama profundamente por ele não lhe ter falado que acredita em algo que você desconhece.

Parando de falar e olhando diretamente em seus olhos, o pai disse serenamente:

— Para falar a verdade, filha, fico surpreso por você ainda não compreender os motivos pelos quais ele não lhe contou sobre isso antes! Colocando-me no lugar dele, eu faria o mesmo.

— Pai! – exclamou ela, sentida.

— É verdade, filha. Acredito que ele teve medo de lhe falar porque, desde o início, você contou a ele suas crenças e que não era de aceitar algo diferente... Então, sendo ele um rapaz inteligente e amando-a, estava aguardando um momento propício para lhe contar. Quando ele achou que estava mais preparada para entendê-lo, porque você teve provas da existência do mundo espiritual e relatou isso a ele, com detalhes, dizendo que tinha visto o trabalho belíssimo realizado para o meu socorro, ele se abriu, e você não o aceitou e, pior, expulsou-o de sua vida.

Lia escutava o pai de cabeça baixa. Seu Moraes a fez olhá-lo nos olhos:

— Confiando em você, ele tentou falar sobre as suas verdades, e você o colocou de lado, como se tudo o que ele é se resumisse na religião que ele professa.

Tenho certeza de que, se ele não contou a você sobre ser espírita antes, foi porque teve medo de sua reação. O pior é que você, com a sua atitude, só demonstrou que ele estava certo em não lhe contar.

Minha filha, eu, mais do que ninguém, temia o relacionamento de vocês, porque ambos vêm de mundos diferentes e terão de enfrentar muita intolerância da sociedade em que vivemos, mas ele já demonstrou que é alguém de muito valor, e isso a gente não acha em qualquer lugar.

Lia abaixou o olhar. Estava sendo difícil ouvir aquilo tudo de seu pai. Ela também já pensara nisso. No fundo, no fundo, ela também tinha medo da reação dos outros, mas seu amor por Alexandre a faria enfrentar mil barreiras para estar com ele... "Então, por que não agi assim na primeira dificuldade?" – pensou ela.

Seu pai a chamou à razão:

— É com dor no coração que digo que, se você não mudar de atitude, mesmo ele a amando muito, vai perdê-lo por um orgulho bobo e por ignorar um assunto que eu, por experiência própria, posso dizer que é real.

Após um curto espaço de tempo, em que parou para respirar e deixá-la pensar, Seu Moraes continuou:

— Depois do coma, posso escutar e ver os espíritos, e um deles, Lia, é a sua mãe. Sei que você pode pensar que estou louco, que perdi a lucidez, depois do que irei relatar, mas estou mais lúcido do que nunca e jamais pude enxergar tanto como agora.

Vejo o quanto fui egoísta acumulando e não dividindo. Sua mãe sempre teve um sonho: o de criar um centro de auxílio para famílias em situação de miserabilidade. Quando estávamos enamorados, ela me contou este seu sonho, e eu, apaixonado, prometi a ela que, quando tivéssemos condição, este sonho ganharia corpo. Mas confesso que eu falei da boca para fora. Eu queria conquistá-la. Por muitos anos, ela me cobrou a concretização de seu sonho, e eu sempre argumentava com algum obstáculo a ser transposto. Ela, coitada, desistiu. Agora, percebo que esse sonho era para a minha redenção, não a dela. Por isso, gostaria que você e Alexandre me ajudassem neste empreendimento.

Lia ouvia seu pai que, apesar das dificuldades motoras que ainda possuía, não tinha manifestado quaisquer distúrbios mentais. Então, ele só poderia estar falando a verdade, o que significava que ela também não estava louca quando viu o que viu.

— Você não entende o porquê de Alexandre nada fazer para reatar com você, mas eu imagino. Ele acredita que a vida é sábia e que, se ele fizer por onde, respeitando-a, ela lhe fornecerá o momento para que ele aja sem agredir você e o seu livre-arbítrio. Sim, você é livre para escolher e, infelizmente, escolheu o caminho da dor quando resolveu escutar o seu orgulho, e não o seu amor.

Você, mais do que ninguém, sabe o valor desse rapaz. Eu lhe pergunto: será que o brilhante deixa de ser pedra preciosa quando cai na lama? Nesse caso, minha filha, a lama é a sua ignorância e o brilhante, aquele rapaz. Abandone sua postura e pare de fazer três pessoas sofrerem: você, ele... e eu.

Seu Moraes estava muito cansado, mas foi preciso que falasse à sua filha aquelas verdades. Eva o apoiava, e ele não deixaria a sua Lia na escuridão. Deu um beijo em sua testa e saiu do quarto, porque ela tinha muito no que pensar.

* * *

Alexandre estava na cozinha, tomando café, quando Lia apareceu. Ela evitava ir até lá cedo, pois sabia que o encontraria. Quando a viu, seu coração disparou de saudades, mas somente lhe desejou um bom dia e continuou a fazer o estava fazendo.

Serenamente, Lia retribuiu-lhe o desejo e, sentando-se à mesa, disse-lhe:

— Você poderia me dispensar alguns minutos? Gostaria de conversar com você.

Vendo que ele se sentara para escutá-la, continuou:

— Primeiramente, gostaria de pedir desculpas pelo modo como venho agindo ultimamente. Pode não parecer, mas eu não me porto assim normalmente.

Alexandre disse não ter nada a desculpar, pois entendia que ela estava passando por um momento difícil.

— Bem, eu também gostaria de saber, se você puder me explicar, por que não me contou suas crenças antes.

Alexandre não esperava que ela fosse retomar esse assunto, mas, esperançoso, explicou:

— Lia, eu bem que tentei falar sobre esse assunto antes, mas não consegui por vários motivos, dentre eles, o de temer perdê-la. Sabia o quanto você valoriza a sua religião e realmente acreditava que não me compreenderia na minha. Muitas vezes, senti que deveria falar com você sobre isso, mas, por fraqueza ou pouca fé, de que ainda sou portador, não segui as minhas intuições.

Hoje, pago por isso!

Lia ouvia Alexandre sem nada dizer e assim permaneceu quando ele terminou. Vendo-a naquele estado, Alexandre pensou tê-la desagradado novamente e levantou-se para sair, quando ela o deteve segurando a sua mão, e perguntou:

— Você ainda gosta de mim?

Aquele jovem aprendera que o orgulho exagerado não leva a construções sadias e que suas bases são levantadas sobre a areia fina, e sem resistência às tempestades, então, disse com simplicidade:

— Sim, Lia, muito.

— Então, Alexandre, ensine-me essas coisas em que você acredita para que eu possa compreendê-las e, assim, aceitá-las como verdades para mim também!

Eu o amo muito e se, para estar com você, eu preciso abrir meus olhos e ouvidos para um outro mundo, uma nova realidade, eu o farei.

Eles se abraçaram, e Alexandre, neste momento tão feliz, não deixou de agradecer ao Pai pela graça recebida.

62

Pedro estava desolado. Não acreditava no que via. Azevedo ficava melhor a cada dia. Depois da reunião que participou em Realeza, Pedro não mais conseguiu atormentá-lo como antes. Pior que isso, Azevedo retornou lá mais vezes em busca de conhecimentos que, até então, eram por ele considerados fraqueza, falta de personalidade...

Assim, a cada dia, Pedro via suas perspectivas de vingança mais longe de serem atingidas. O que mais o abalava, entretanto, era que nem ele sabia se queria continuar com aquilo, porque estava se sentindo cansado de toda aquela situação.

Pelo menos até aquele momento, conseguiu impedir Leonora de se deparar com ele. Todas as vezes que Azevedo ia ao grupo em busca de consolo, Pedro influenciava Leonora para que encontrasse uma razão de não poder estar na reunião. Achava que, mesmo tendo a possibilidade de trazer-lhe algum mal físico, o bem que estava praticando a ela era maior. Pensava que, agora que ela estava em paz, se aquele miserável do Azevedo a visse traria novos sofrimentos a ela.

Quando estava com ela, via sua felicidade e se perguntava se ela o perdoaria se desistisse de sua perseguição ao seu pai de hoje. Mas, então, retroagia, convicto de que não poderia pensar assim.

"Não agora que aquele miserável estava para fazê-la sofrer novamente. Não posso deixar. Preciso pensar!" – convencia-se Pedro inúmeras vezes.

Nesses momentos, Pedro não estava só. Irmãos abnegados estavam com ele, tentando fazê-lo equilibrar-se em seus ideais. Buscavam destacar aos seus olhos, e fazê-lo não esquecer, a felicidade de Leonora, mostrando-lhe que suas metas não tinham fundamento. Os atuais pensamentos de Pedro já lhes confirmavam uma possível mudança.

A esperança estava no ar.

* * *

Azevedo, após alguns finais de semana dispersos de tratamento e muita conversa com doutor Mário, nas vezes em que voltou à Realeza, pôde retornar ao seu lar mais equilibrado e com potencial de se fazer um aprendiz do Evangelho.

Em sua cidade, após uma luta íntima ferrenha para não sucumbir aos ataques de Pedro, Azevedo ingressou numa casa espírita não tão perto de sua residência, onde se transformou em um assíduo frequentador. Adorava assistir às palestras, buscando aplicar a si mesmo os ensinamentos trazidos. Dificilmente, saía de lá sem ter algo precioso para a sua reformulação íntima.

Devagar, foi compreendendo que, se quisesse ficar bem, teria que mudar de atitude. Com dificuldade, tentava não mais alimentar os seus vícios.

Semana após semana, com algumas recaídas, foi deixando de ir aos bares em busca do álcool e de tudo o que ele traz quando nos envolvemos em seus efeitos.

Conseguiu até perdoar a sua última companheira por abandoná-lo. Ele a odiava porque não compreendia que foram as suas ações que a fizeram ir embora. Sua infidelidade, suas bebedeiras, e até sua violência verbal, eram incompatíveis com qualquer relacionamento saudável.

"Mesmo que ela me amasse, como uma pessoa boa e generosa poderia aceitar o meu comportamento desregrado, tendo que gerir, a cada noite, as energias que eu trazia para dentro do nosso lar?" – pensava Azevedo, ao fazer uma análise de sua vida com ela.

Somente depois de ele ter aprendido como a nossa sintonia e o nosso comportamento convidam irmãos espirituais para estarem conosco, que ele compreendeu a preciosa presença, em toda a sua vida, daquelas que foram as suas companheiras, bem como a da filha, ao seu lado. Tinha certeza de que foram elas que mantiveram a sua harmonia espiritual e a de seu lar enquanto viviam com ele.

Ao se afastar delas, sua decadência abriu brechas para todo tipo de companhias, culminando em doenças, nos pesadelos reiterados e nas noites maldormidas por anos.

Quando Azevedo percebeu essa realidade, ficou muito envergonhado. Achava-se forte, mas foram as suas companheiras que sempre o defenderam energeticamente, através de seus comportamentos retos. Ao ganhar mais entendimento sobre esse assunto, apesar da vergonha, ele agradeceu pela dor que o levou ao seu despertar.

Sua única tristeza, porém, apesar de todos os seus esforços, era não ter conseguido ainda qualquer informação sobre sua família. Sofria com essa pendência. Muitas foram as vezes em que se dirigiu, cabisbaixo, ao grupo espírita, recriminando-se por todas as ações equivocadas do pretérito. Trazia o peso de não saber como sua esposa e filha estavam hoje. Pensava em Leonora. Ela era uma criança quando foi abandonada. Ele pegou a sua mala e não olhou para trás. Ouvia o choro dela, mas não se importou. Queria se livrar daquele peso e conseguiu. Agora, arrependia-se amargamente, porque o peso moral que carregava era muito maior. Pensava em qual seria a reação da filha se o visse, será que o perdoaria?

Após muitas orientações recebidas no grupo espírita, ele resolveu entregar nas mãos de Jesus. Mas, sem saber do desencarne de sua esposa Ivete, dizia para Ele em suas orações:

— Se eu possuir algum merecimento para um reencontro, Jesus, não importa a reação delas, serei o homem mais feliz do mundo.

Seu Moraes não se esqueceu daquelas visitas espirituais que fez a tantas famílias carentes que, apesar das dificuldades, não perdiam a fé no Pai. A lembrança delas o incentivava a não desistir do seu projeto.

Quando se sentiu mais fortalecido, iniciou todo o planejamento para a construção de uma fundação cujo objetivo maior era auxiliar à população carente, com creches, escolinhas de esportes e música, bem como cursos profissionalizantes para jovens e adultos que, por dificuldades diversas, não puderam terminar o segundo grau e estavam desempregados.

Para incentivo dos novos possíveis investidores e trabalhadores voluntários, começou aquele projeto sozinho. Ele tinha recursos financeiros para isso, mas sabia que a Espiritualidade Maior não desejava que o projeto fosse concluído somente por ele. Em uma das reuniões que participou quando estava em coma, ele foi orientado a angariar o maior número de adeptos possível, para que todos pudessem participar da solidariedade cristã naquela grande cidade, destino de muitas pessoas que para lá se dirigiam em busca de um recomeço.

Claro que Seu Moraes, como empresário, tinha noção de que somente oferecer uma proposta de gastos não seria atrativo para os mais resistentes, então, tendo como base pareceres técnicos, tributários e sociais, soube como poderia dar à maioria daqueles homens de negócios uma visão favorável sobre este investimento e que, apesar dos gastos iniciais, poderiam gerar lucros futuros, tanto financeiros como sociais. Um benefício, por exemplo, era angariar profissionais realmente capacitados para as suas empresas quando os alunos terminassem seus cursos.

Seu Moraes não se esqueceu de incluir no seu discurso os principais propósitos de todo aquele empreendimento, dentre eles, o de dar oportunidade aos menos favorecidos de construírem as suas vidas com dignidade e com o suor de seus esforços, pois poucas chances tiveram para alcançar os seus sonhos, o que os incapacitou para enxergar qualquer saída no túnel de suas desesperanças. Aqueles que abraçassem e mantivessem essa causa seriam os que construiriam esse avanço social, dando-lhes essa oportunidade.

Lia acompanhava seu pai em todos os encontros. Em razão das suas dificuldades físicas, era ela quem apresentava o projeto e, ao final, ele se manifestava, convencendo alguns mais resistentes. Via, com orgulho, o caminho que o pai resolvera trilhar. Alexandre, quando com eles esteve em uma dessas reuniões, descobriu o quanto Seu Moraes era respeitado e que o armazém era um dentre os muitos negócios que ele possuía.

A vida simples que Seu Moraes tinha era fruto de sua escolha de usufruir de uma vida mais tranquila e, para isso, delegou aos seus filhos a presidência das demais empresas, as quais administravam com muita competência.

***

Esse projeto, entretanto, estava preocupando os seus filhos. Pensavam que, talvez em razão do coma, o pai tinha perdido o juízo. Conversavam com Lia, que, ingenuamente, dava-lhes todos os detalhes, até mesmo sobre quanto o pai estava gastando com todo o empreendimento. A cada telefonema, que Lia acreditava ser uma nova oportunidade para que eles e o pai firmassem novos elos de afeto e admiração, mais os irmãos acreditavam que o pai estava enlouquecendo. Por isso, os filhos, conversando entre si, pensavam no que poderiam fazer para impedi-lo de levar à frente aquele caro empreendimento.

Enquanto isso, Lia tentava acolher as verdades espirituais que Alexandre e seu pai lhe ensinavam. Percebia, a cada troca de aprendizados, que não havia, como ela pensava, descumprimento das verdades cristãs, somente uma interpretação diferente daquela que já conhecia da Bíblia. Se tudo o que ela aprendeu eram interpretações humanas das palavras sagradas, por que estariam os espíritas errados ao reinterpretar determinadas passagens?

Como, por exemplo, a afirmação de Jesus sobre um novo nascer para todo filho de Deus que necessita evoluir; a existência da mediunidade sem a condenação ao inferno eterno; o contato natural com a espiritualidade, mesmo quando ainda estamos na carne etc. Aqueles aprendizados se firmavam debaixo de muitos questionamentos feitos com raciocínio, cujas respostas eram absorvidas pela coerência que nelas enxergava.

Mas, apesar de muito feliz com tudo o que estava acontecendo, Lia sentia um vazio no peito que não conseguia definir.

O fato é que, quando nos abrimos ao aprendizado, a vida nos oferta os caminhos para firmá-los. Assim, em um sábado pela manhã, quando Alexandre e Lia iam visitar uma amiga dela que estava adoentada, descobriram, através de um deslize de seu irmão menor, que ela estava frequentando um grupo espírita.

A doente, sabedora do pequeno nível de aceitação do Espiritismo e de como Lia encarava aquele assunto, disse-lhes sem graça, quase pedindo desculpas pela cara de surpresa que seus visitantes fizeram:

— Não se preocupem. Meu irmão não sabe o que está falando!

Alexandre e Lia olharam-se com cumplicidade, sorrindo, e esta lhe disse:

— Amiga, o que aconteceu para que você precise ir a um grupo espírita?

Percebendo que não tinha saída, a anfitriã, muito incomodada, respondeu:

— Por favor, não nos julguem por isso, mas minha família e eu começamos a frequentá-lo porque já não sabíamos mais o que fazer. Eu comecei a ter uns probleminhas...

— Devem ter sido muito graves! – disse Alexandre, incentivando-a a contar.

Ao contrário do que ela pensou, Lia a tranquilizou, afirmando ser também simpatizante da Doutrina Espírita.

— Desde quando? – perguntou-lhe a amiga.

— Desde que conheci Alexandre e meu pai teve a experiência do coma...

Mais tranquila, a enferma contou a sua história:

— Sabe, tudo mudou quando comecei a ter algumas reações muito estranhas: do nada, apagava, por vários minutos, sem me lembrar do que fazia ou falava; fazia ameaças à minha família porque queria sair sozinha e beber, mas... eu não bebo... nunca, sabe?

A minha família estava ficando muito preocupada comigo, porque, ao procurar os médicos, eles queriam me internar como louca. Tentando evitar isso, e como último recurso, buscamos todo e qualquer tipo de ajuda, até as não convencionais, e foi quando descobrimos esse lugar. Depois que começamos a frequentar, os surtos não aconteceram mais.

— Então, você é médium – afirmou Alexandre.

— Acho que sou – concordou. – Disseram que preciso frequentar as reuniões toda semana e assistir às palestras que ministram, para que eu mantenha a minha harmonia interior, até que eu esteja preparada para entender o que é mediunidade.

— Como reagiu ao saber que tudo o que você sentia era, na verdade, sua mediunidade aflorando? – quis saber Lia.

— Quase entrei em pânico – disse rindo. – Fiquei muito assustada. Mas me disseram que tudo isso acontece porque ainda não sei lidar com ela. Para que eu compreendesse o que estava acontecendo comigo, eles me deram um exemplo muito interessante: se eu comprar um rádio e não ler o manual, poderei até utilizá-lo, mas possivelmente não saberei de todas as suas funcionalidades, tampouco de toda a sua potencialidade. Ainda, se este mesmo rádio começar a dar sinais estranhos ou de enguiço, não saberei qual medida tomar, mas, apesar da minha ignorância, sempre poderei contar com uma oficina de consertos para buscar saber o que está acontecendo com ele.

Então, ficou claro para mim que o rádio sou eu; que ler o manual é estar sempre buscando em mim as respostas sobre mim mesma, compreendendo quem sou com todos os meus atributos, inclusive com a minha mediunidade, e que a oficina de reparos é a casa espírita.

Fiquei encantada com a simplicidade com que me explicaram e amenizaram os meus temores.

— Nossa! É verdade! – disse Lia, enlevada. – Diante desse exemplo, fica muito mais fácil encarar que, mesmo não sabendo atuar ainda com ela, não ficará sozinha para enfrentar as suas dificuldades. Graças a Deus, existem esses grupos que, com médiuns mais experientes, podem ajudar na educação mediúnica dos mais despreparados.

Mas o que você está sentindo hoje é da sua mediunidade?

— Não! – disse com um sorriso maroto. – Estou de cama porque não obedeci à minha mãe e, não levando agasalho e sombrinha, acabei pegando uma chuva horrível, ficando resfriada e com febre. Mãe sempre tem razão, não é?

Eles riram muito da cara que ela fez.

Fizeram muitas outras perguntas sobre o grupo espírita que frequentava e ela, sobre o coma de Seu Moraes e a mediunidade de ambos.

— Mas eu não sou médium! – disse Lia, espantada.

— Claro que é! Ver o mundo espiritual é um tipo de mediunidade, não é, Alexandre?

Com o aceno afirmativo dele, Lia se deu conta de que nunca tinha pensado sob esse prisma.

* * *

Naquela noite, Alexandre e Lia voltaram a conversar sobre a amiga e sobre a casa espírita descrita por ela:

— Sabe, Alexandre, acho que essa casa espírita pode ser um local onde eu posso aprender algo mais sobre a doutrina. Sei que você está se esforçando para me ensinar, mas eu bem sei como é mais fácil estudar e aprender em grupo, afinal, estou me preparando para ser professora!

E também quero sentir como é estar em um local onde as pessoas colocam em prática tais ensinamentos.

— Nossa! Confesso que estava pensando a mesma coisa. Desde que vim para cá, somente nas férias eu tenho tido condições de frequentar as reuniões espíritas lá na minha cidade. Sinto falta das palestras, da harmonia, da energia de amor, dos trabalhos mediúnicos.

— Mas será que nos aceitariam lá?

— Como em uma igreja, todos podem entrar para desfrutar das benesses do amor do Cristo em uma casa espírita. Mas, se quisermos nos integrar aos trabalhos deles, acredito que teríamos de frequentar os estudos primeiro e, depois, quem sabe, essa casa nos abrigaria para a realização de uma tarefa maior de caridade de nossa parte. Mas, se isso acontecer, acredito que será aos poucos. Também precisaremos ver se nos adaptaremos bem lá.

— Como assim? Não nos sentiríamos bem em qualquer casa espírita?

Alexandre deu uma risadinha e falou:

— Ora! Certamente que nos sentiríamos bem. Mas não significa que, somente por ser uma casa espírita, seja o local onde deveremos ficar. Eu já visitei uma, logo quando cheguei aqui no Rio de Janeiro, mas senti que não era o meu lugar.

Muitas vezes, a vida quer nos levar para outras paragens...

Interrompendo-se, Alexandre ficou em silêncio, pensando em sua cidade e no grupo que lá se formou há alguns anos.

Lia, percebendo nele uma ponta de tristeza, disse-lhe, tentando animá-lo:

— Então, visitaremos esta Casa e veremos se nos adaptaremos lá. E, se nos sentirmos bem, ficaremos, seja pelo tempo que for.

Em pouco tempo, Alexandre e Lia se engajaram nos trabalhos assistenciais e mediúnicos da casa espírita que visitaram. Os jovens foram imediatamente aceitos e tinham o reconhecimento de todos pelo esforço com que se dedicavam a cada trabalho abraçado.

O Senhor Ernesto, presidente daquele Lar, identificou de pronto a potencialidade mediúnica de Alexandre, aproveitando-o, desde logo, para as tarefas medianímicas. Lia se identificou prontamente com as atividades assistenciais, o que a fez sentir-se feliz ao abraçá-las.

Lia descobriu que era esse o vazio que sentia em seu peito. Quando ela definiu que queria se abrir para as verdades espirituais, acreditou que não poderia mais trabalhar como fazia em sua igreja. Naquele grupo, porém, ela descobriu que poderia fazer não somente isso, e muito mais. Então, enquanto não pudesse voltar a estudar, ela se doaria de corpo e alma aos mais necessitados.

E foi o que fez. Com a melhora expressiva de seu pai, Lia decidiu, poucos meses depois, retornar aos seus estudos para o magistério. Até tentou transferir para o Rio de Janeiro o seu curso, mas descobriu que, se fizesse isso, teria que cursar um ano a mais em razão da diferença das grades curriculares de ambas as instituições de ensino. Todos foram unânimes em decidir que retornar ao seu antigo curso era a melhor opção.

Enquanto estava longe, a saudade que sentia de seu pai e de Alexandre era intensa. Toda semana, ela e Alexandre se comunicavam por meio de cartas, que eram guardadas por ambos com muito carinho. Vez por outra, ela conseguia discar para eles, de um posto telefônico perto do seu curso, no final de semana.

Enquanto estava fora, ela não ficou sabendo que, alguns meses depois de seu retorno aos estudos, seu pai vivenciou um momento muito difícil. Os demais filhos de Seu Moraes entraram com um processo na justiça, no qual pediam a interdição do pai, alegando insanidade. Foi uma surpresa bastante triste e desagradável para ele quando recebeu o oficial de justiça com o mandado, para que tomasse conhecimento daquela ação.

Seu Moraes, no entanto, antes de acionar seu advogado, precisava pensar sobre a atitude de seus filhos e, não querendo decidir contaminado pela mágoa que se instalara em seu coração, à noite daquele mesmo dia, chamou Alexandre para conversar sobre o acontecido e para desabafar sua dor.

— Sabe, Alexandre, você não me conheceu antes. Hoje, eu não espelho mais o pai rigoroso que fui para os meus filhos. Eu sou um velho do século passado e, como era normal na minha época, fui submetido a uma educação rigorosa por parte de meu pai. Com este mesmo rigor, ou até pior, tratei e eduquei os meus filhos mais velhos, porque acreditei que os tornaria homens dignos e honestos.

Na verdade, disso eu não me arrependo, porque dignos e honestos eles se tornaram. Mas, com a postura severa e nada amigável que adotei com meus filhos, provoquei o afastamento deles de minha casa e de mim. Eles saíram de casa pouco tempo depois que minha Eva se foi. Tenho certeza de que, se não trabalhassem para mim, nem os seus endereços eles me dariam.

Acho que eu falhei com eles, do mesmo jeito que falhei com Eva. Infelizmente, somente percebi isso quando ela se foi, porque, apesar de ter Lia em minha vida, eu me senti muito só. Percebendo os meus erros, pude mudar e ser um bom pai para Lia, entendendo hoje que foi mais fácil com ela, porque era pequena e meiga. Dediquei-me muito para que ela recebesse o amor que jamais consegui dar aos meus filhos homens.

Seu Moraes continuou a relatar sua vida do passado com a voz embargada pela emoção que as lembranças produziam.

Alexandre somente escutava. Ele conhecia o novo Moraes, aquele que ele aprendeu a admirar, mas não tinha ideia do que seus filhos passaram.

Graças a Deus, pensou Alexandre, seus pais sempre foram extremamente amorosos, então, não tinha como calcular a dor de todos os envolvidos. Ouvia em silêncio, porque aprendera que um julgamento precipitado poderia trazer mais danos do que benefícios; porque tomar partido agora seria alimentar, de todas as formas, a dor de seu confidente.

Aurora, que escutava a conversa e os seus pensamentos, estava satisfeita. Alexandre, por si só, compreendera a lição do bom cristão.

Era certo que, apesar de aquele pai não esconder a sua participação ativa para que o seu relacionamento com os filhos não fosse bom, ainda assim descrevia somente a sua versão da história. Se Alexandre tomasse as dores do amigo, poderia, com a sua total falta de conhecimento de todos os fatos, alimentar em Seu Moraes a semente da revolta, que quase brotou no coração do jovem amigo pela ingratidão e injustiça dos filhos, já que esse pai se esforçou muito para mudar e que, apesar de exigente, generosamente deu àqueles filhos que o abandonaram a oportunidade de presidirem as suas empresas, demonstrando o quanto confiava neles e os amava.

Se Alexandre não podia verbalmente justificá-lo, da mesma forma não poderia condená-lo por suas atitudes do passado, porque estraçalharia o seu já culpado coração, além de cometer uma injustiça maior, exigindo dele algo que, naquela época, ele não teria condições de fazer.

Eva, que também estava ali acompanhando aquele desabafo, estava orgulhosa do seu antigo companheiro. Somente ela sabia o quanto sofrera com o rigor de seu marido. Com ela, apesar de amoroso, não aceitava ser contrariado, rejeitando suas intervenções, principalmente quando se tratava dos filhos. Quantas vezes, ela teve de ir ao quarto deles, levando escondido algo para eles comerem, porque o castigo aplicado em razão de alguma pequena estripulia era surra de cinto e ficar sem almoço ou jantar. Nas mínimas coisas, eles eram castigados e julgados com impiedade, o que os levou a se transformarem em jovens tão tristes e rigorosos quanto o pai.

As lembranças de seus filhos pequenos, com lágrimas escorrendo pelas faces, perguntando o porquê de seu pai ser daquele jeito e de não os amar, faziam-na se lembrar do quanto se angustiava. Tudo o que eles faziam não era suficiente para que o pai os elogiasse. Abraçar, nem pensar. Esses comportamentos de seu marido estraçalhavam o seu coração materno, mas tentava recompensá-los com muitos conselhos, carinho e afago.

Por isso, quando ela se foi, não havia mais motivos para que eles ficassem naquele lar. Todos eles se foram, com exceção de Amália, que ficou porque ainda era uma criança.

Eva não levou muito tempo para se adaptar ao plano espiritual e, após estar mais preparada, pôde acompanhar a dor de seu antigo companheiro ao se sentir só e abandonado. Tropeço após tropeço, ele mudou muito.

A pior solidão é aquela que sentimos na alma, que nos impede de enxergar as pessoas que temos ao nosso redor. Com o desencarne de Eva, e com a saída de seus filhos, Seu Moraes não suportava o silêncio ensurdecedor em seu lar. Amália lá estava, mas o barulho que ele procurava não podia encontrar nela.

Com o tempo, recebendo todo o amor de Lia, tornou-se um pai amoroso, mas jamais conseguiu se reaproximar dos demais filhos para que eles enxergassem a sua mudança.

Por mérito próprio, cada filho seu se tornou presidente em suas empresas, porque Seu Moraes entendia que eles precisavam provar que eram merecedores daquela função. E, mesmo sendo justa tal medida, cada um deles novamente acreditou que esse rigor se dava pela falta do amor paterno em relação a eles. O que eles não entendiam, e Seu Moraes jamais explicou, era que, na área em que atuavam, se eles não provassem o seu valor, jamais ganhariam a confiança e, por consequência, a liderança entre os seus próprios empregados.

Tudo isso somado, somente os afastava mais e mais de seu pai.

Em sua transformação, Seu Moraes se esforçava para elogiá-los pela sua competência e merecimento, mas eles não se comoviam ou se aproximavam. Todo o contato, com raras exceções, que os filhos mantinham com ele era de cunho profissional e, se Seu Moraes iniciava uma conversa mais pessoal, era logo cortado. Até mesmo um contato maior com seus netos lhe era negado.

Tudo isso era muito doloroso para o coração daquele velho pai e avô.

Após colocar sobre a mesa todas as suas dores, frustrações e arrependimentos, Seu Moraes finalizou a conversa, dizendo baixinho:

— Acho que mereci ser alvo deste processo.

Cabisbaixo, despediu-se de Alexandre e foi se deitar. Na cama, estava se preparando para orar, quando viu uma luz se formando e, no cantinho do quarto, estava Eva, sorrindo para ele. Foram poucos segundos, mas o suficiente para que tivesse certeza do que precisava fazer. Não poderia se esquecer de seus propósitos, e, se agora ele tinha que antecipar seus planos para lidar com os filhos, que Jesus o abençoasse, para que ele fizesse o melhor.

Seu Moraes orou, deitou-se e dormiu com o coração mais leve.

Seu Moraes chamou seus advogados e, após todos os procedimentos e esclarecimentos jurídicos prestados, disse que, estando tudo pronto, queria que eles providenciassem um encontro dele com os filhos.

— Se eles forem reticentes, digam que quero falar sobre uma herança deixada pela mãe.

Ao serem contatados, os filhos de Seu Moraes afirmaram, um por um, que tudo o que eles tinham para falar o fariam na justiça, mas, quando se viram confrontados sobre o assunto da herança, resolveram encontrá-lo.

No dia e hora marcados, estavam todos sentados na sala da casa de sua infância, em frente ao seu pai. Alexandre os atendeu à porta e saiu para que tivessem privacidade.

Ao entrarem na sala, ficaram extremamente surpresos, porque não viam o pai havia muito tempo, e aquele homem impiedoso de suas lembranças infantis, e que alimentava as mágoas em seus corações, parecia não estar mais ali.

Seu Moraes estava sentado em sua poltrona favorita, e a imagem que transparecia era de um homem alquebrado pelo AVC, com uma bengala ao seu lado e ainda falando com uma leve dificuldade.

Júnior, o filho mais velho, que ficou designado para falar por todos, começou:

— Pai, estamos aqui porque o senhor nos chamou. O que quer nos falar?

— Meus filhos, apesar de todas as dificuldades físicas pelas quais estou passando, a minha sanidade mental está perfeita. Quero que vocês vejam aqui os laudos de dois médicos de nosso país e um de fora para atestarem o que estou alegando. Claro que os meus advogados juntarão tais documentações no processo que vocês protocolaram...

— Pai, não queremos... – ia dizer um dos filhos, ao ser interrompido por Seu Moraes quando viu que eles estavam fazendo menção de ir embora.

— ... mas não é para falar sobre este processo que eu pedi que viessem aqui.

Os filhos se ajeitaram no sofá.

— Estou mostrando estes laudos somente para que vocês me escutem sem pensar que estou insano. Sei que esse processo veio da preocupação que têm por mim...

Os filhos, incomodados, movimentaram-se em seus lugares.

— Sei que se preocupam de eu gastar tudo o que eu e a mãe de vocês construímos pelo trabalho duro de nosso suor e, de repente, me verem sem nada e desamparado.

Os filhos estavam extremamente desconfortáveis com aquela situação, porque tudo o que o pai dizia havia sido argumentado pelos advogados deles no processo de interdição, para que o juiz aceitasse suas alegações, mas o motivo que os moveu foi o temor de perderem tudo pelas atitudes insanas do pai.

Seu Moraes também sabia disso, mas ele já não era mais aquele pai e empresário durão e orgulhoso que eles conheceram antes. O que ele mais queria era fazer as pazes com os filhos e engoliria o orgulho, se fosse preciso.

— Meu erro foi não ter levado primeiramente ao conhecimento de vocês os meus planos sobre a fundação. Achei que não se importariam, porque estão sempre tão ocupados!

Mais uma vez, eles se remexeram inquietos no sofá, porque essa era sempre a desculpa dada ao pai quando este os convidava para estarem com ele em qualquer evento ou feriado mais prolongado.

— Mas quero consertar o meu erro, levando vocês para conhecerem as obras e mostrando a papelada com todos os gastos calculados e as diretrizes e objetivos desse empreendimento.

> Creio que, como bons empresários que são, irão compreender o porquê de eu ter iniciado o financiamento...

— Pai, nós não viemos aqui para isso.

— Sei que não mereço o amor de vocês, meus filhos, mas ainda sou o seu pai, pedindo humildemente para que me acompanhem. Não menti ao dizer que falaremos sobre uma herança deixada pela mãe de vocês, mas quero falar sobre ela lá.

Meio a contragosto, os filhos se levantaram e, quando o pai se levantou de seu lugar com bastante dificuldade, puderam ver, surpresos, e pela primeira vez, a extensão das debilidades provocadas pelo AVC que ele sofrera.

Seu Moraes se deslocava com o auxílio da bengala, e aqueles que acompanharam o seu restabelecimento sabiam o quão enorme foi seu progresso com a fisioterapia. Para os filhos, no entanto, que se recusaram a vê-lo por todo aquele tempo, mesmo quando estava em coma, era uma visão desnorteadora. Aquele homem, que eles tanto temeram, estava alquebrado e desprotegido. Muitas coisas passavam pelas mentes daqueles homens de negócios, que, antes de tudo, eram seus filhos.

***

O motorista de Seu Moraes os levou para as obras da fundação. Lá estavam alguns homens que, quando o viram, vieram cumprimentá-lo com um sorriso grato em seus lábios.

A cada vez que alguém vinha lhe agradecer, ele dizia:

— Por favor, não agradeçam a mim, mas aos meus filhos, que muito têm nos impulsionado.

Os jovens e os não tão jovens trabalhadores olhavam e cumprimentavam aqueles homens, filhos de seu benfeitor, com extrema admiração e gratidão. Estes, por sua vez, estavam muito encabulados por saberem que nada contribuíram para que aquela obra se mantivesse.

Quando chegaram ao barracão que estava sendo utilizado provisoriamente como sede administrativa da obra, Thiago, o filho do meio, questionou o pai com um ar de reprovação:

— O que está acontecendo, meu pai? Todos esses homens trabalhando em pleno domingo! O senhor sabe o quanto fica caro manter operários trabalhando neste dia da semana!?

— Meu filho, eles não são operários, são voluntários. A maioria deles tem intenção de se matricular em nossa instituição quando ela se abrir.

Na verdade, fui surpreendido com o representante deles vindo aqui, no meio desta semana, e propondo um mutirão para que consigamos terminar o empreendimento a tempo de todos eles poderem iniciar o estudo o mais rápido possível. Aquele – e apontou para um homem que orientava outros em suas tarefas – é o nosso mestre de obras, que terá os filhos beneficiados com os nossos cursos profissionalizantes e, quem sabe, até com um emprego ao final deles. Além de alguns futuros alunos, foi ele quem reuniu alguns dos seus vizinhos e amigos para participarem deste mutirão.

— Mas o senhor sabe que pode ser responsabilizado por todos esses homens, que estão trabalhando aqui sem uma carteira assinada?

— Eu também temi por isso, e recusei o auxílio. Mas ele, no dia seguinte, chegou com um fiscal do trabalho e toda uma papelada para autorizar o mutirão que eles desejavam fazer neste final de semana.

Vocês estão vendo aquele homem ali na cantina, todo sujo e sorridente? É o fiscal, que também veio ajudar.

Os filhos de Seu Moraes estavam surpresos. Para cada lado que olhavam, viam pessoas sorridentes, algumas com aparência de cansadas, mas ninguém parava de fazer a sua tarefa. Até algumas mulheres estavam ali, levando água ou suco para os homens trabalhadores.

Seu Moraes disse aos filhos:

— Eu os trouxe aqui porque quero lhes mostrar algo…

Ele os levou a um ponto da obra onde se encontrava o que parecia ser um letreiro todo coberto.

— Eu não queria mostrar isso para vocês agora, mas acredito que seja necessário.

Seu Moraes, então, pediu aos filhos que o ajudassem a tirar o plástico opaco que cobria o letreiro, que, quando ficou descoberto, possibilitou-lhes que lessem "Fundação Eva M. Moraes" e, embaixo, a seguinte frase "De seu coração, um sonho que se tornou realidade".

Os filhos de Seu Moraes se surpreenderam. Tinham certeza de que, se o pai não estivesse insano, estava gastando todo o seu dinheiro para ter o seu nome em evidência e ficar para a posteridade.

Vendo aquele letreiro, lembraram-se de como a mãe lhes falava empolgada sobre um sonho que ela e o pai deles tinham. Com o passar do tempo, no entanto, descobriram que aquele sonho era somente dela. A cada ano, ela lhes falava da certeza de que, no ano seguinte, eles começariam as obras, mas passava ano após ano, e as obras nunca começavam.

Olharam uns para os outros, espantados e emocionados.

— Eu tenho algumas revelações para fazer a vocês, vamos nos sentar ali – apontou para uma série de latas de tinta que ainda não tinham sido abertas e que serviriam de bancos.

Ele, sem tirar os olhos daquele letreiro, suspirou fundo e começou a contar a sua experiência de quando ficou em coma e tudo o que vivenciou no plano espiritual. Contou sobre ter se reencontrado com Eva e de ela ter lhe explicado o que era toda aquela experiência espiritual, assim como falado da vontade do Alto de ver aquele sonho concretizado. Também contou que, depois dessa experiência, ele conseguia ver alguns espíritos vez por outra.

Sendo todos católicos, começaram a pensar que ele realmente tivesse perdido a razão, mas Eva estava ali, ao seu lado, e lhe disse:

— Diga a eles que revelarei uma experiência que somente eu e os nossos filhos conhecemos.

Então, ela começou a contar pausadamente a Seu Moraes, que lhes repassava a história:

"— Em um dia ensolarado, resolvi levar os nossos filhos para passear. Você, Moraes, como sempre estava trabalhando no final de semana, deixando-nos sós. Naquela época, os nossos filhos tinham onze, dez e oito anos, e adoravam fazer piquenique no parque comigo.

Em um determinado momento, quando estavam saboreando um delicioso sanduíche de queijo, perguntaram a mim sobre a minha oficina para os necessitados. Era assim que eles a chamavam. Eu, com certa tristeza no olhar, disse-lhes:

— Acho, meus filhos, que isso é um sonho que terá que ser concretizado por vocês no futuro. Se, ao ficarem mais velhos, puderem fazer isso por mim, serei eternamente grata."

Os filhos dela tinham se esquecido da promessa que lhe fizeram naquela manhã de domingo. "Como pudemos esquecer aquele dia memorável?" – pensavam intimamente.

Eva continuou narrando a história, que era repetida por Seu Moraes:

"— Eles me disseram: Mãe, se papai não cumprir com sua palavra, nós o faremos. Será a melhor escola de nossa cidade e terá o seu nome, porque o sonho é todo seu.

Eu sorri com a alegria que demonstraram ao falar e ao continuar falando sobre isso por todo o dia. Ficaram horas perguntando quais eram os meus planos e eu, feliz e pacientemente, contei-lhes cada um deles. À noite, para a minha surpresa, eles tinham colocado no papel inúmeros planos e plantas para que o meu sonho fosse iniciado."

Agora, todos os três filhos estavam visivelmente emocionados. Eles se lembravam daquele dia, eles se lembravam daqueles planos. Todos os papéis tinham sido guardados em uma caixa de sapatos, e eles esconderam com os outros tesouros que possuíam naquela época. Ninguém conhecia o lugar, somente eles e, só os deixaram para trás, porque, adultos, já haviam se esquecido de seus tesouros de infância.

Seu Moraes se levantou com dificuldade, mas, agora, os filhos o ajudaram.

Eles voltaram para o barracão, e Seu Moraes lhes apresentou as plantas e planos para a fundação. Surpresos, eles perceberam que tudo estava, segundo as suas lembranças, como tinham planejado.

— O senhor achou os nossos projetos? – questionou Thiago.

— Para falar a verdade, eu nem sabia que eles existiam. Quando estava em coma, Eva me trouxe umas ideias sobre como deveria ficar a fundação. Quando acordei, e tive condições de segurar um lápis, rabisquei tudo o que eu lembrava. Temia esquecer algo, mas espero que tenha sido o mais fiel possível aos planos dela.

Eles estavam perplexos. Tudo aquilo era muito novo para eles. Para tentar descobrir se o pai não estava mentindo, Alberto, o filho mais novo, perguntou:

— Se mamãe está aqui, diga-me, o que ela me falou quando aquele vizinho, grande e briguento, deu-me uma surra no final da aula e, por ter apanhado, o senhor me colocou de castigo por dois dias... sem comer.

Seu Moraes tomou um susto. Não se lembrava daquela situação, tampouco da sua reação tão exagerada. Viu nos olhos de seu filho, agora homem, o quanto aquilo o havia magoado. Então, Eva lhe soprou:

"— Jamais duvide de sua capacidade de contornar situações de violência. Se o nosso vizinho só resolve as situações com violência, é problema dele. Você é um menino inteligente e, caso se veja envolvido novamente em uma situação como essa, use de sua inteligência para não apanhar."

De boca aberta, por Seu Moraes ter acertado, ele complementou a pergunta:

— E o que aconteceu dois dias depois?

Seu Moraes, como das outras vezes, pareceu que escutava alguém e, após dar uma pequena risadinha, disse-lhe:

— Você tentou convencer o grandão que violência só gera violência e apanhou de novo. Você e sua mãe, com medo de minha reação, esconderam-me esse fato.

Alberto caiu pesado no sofá que tinha ali no canto. Com a cabeça entre as mãos, chorou muito. Sua mãe estava ali mesmo. Estava viva, segundo o seu pai, sem o corpo da carne.

Todos estavam assombrados, olhando para todos os lados, querendo vê-la.

Foi Seu Moraes quem falou:

— Infelizmente, a mãe de vocês está se despedindo. Ela tem muita coisa para fazer e me disse que essa será a única vez que lhes trará provas de sua presença. Pediu para dizer a vocês que os ama intensamente e que ela confia em suas capacidades de amar e de se abrirem para o amor, mesmo temendo sofrer ou errar com os seus filhos. Disse ainda que deixem no passado suas dores e vivam plenamente no presente junto aos que amam, sem máculas em seus corações, porque, senão, mesmo tentando evitar, estarão somente repetindo... as minhas atitudes.

Seu Moraes baixou a cabeça, entristecido. Percebeu que ela se referia às suas posturas no pretérito, que suscitaram reflexos emocionais negativos em seus filhos adultos, a ponto de eles estarem tendo problemas de relacionamentos com os seus próprios filhos.

Eles, por sua vez, sabiam muito bem sobre o que ela estava falando. Quando estavam indo à casa do pai, Alberto começou a contar sobre como sua esposa vinha reclamando de seu comportamento frio com os filhos. Conversa vai, conversa vem, perceberam que em razão do que vivenciaram em suas infâncias, todos tinham muita dificuldade de demonstrar seus sentimentos, mas tudo o que eles queriam era que seus filhos fossem felizes.

De repente, como se compreendessem, naquele momento, a informação de que a mãe estava indo embora, uma sensação desconfortável os tomou, sentiam como se a estivessem perdendo de novo. Protestaram dizendo que ela não podia ir, que queriam falar mais com ela e perguntar mais coisas, mas Seu Moraes pediu desculpas, dizendo-lhes que ele já não a via em parte alguma.

Um silêncio sepulcral se fez. Seu Moraes deixou-os pensando um pouco sobre tudo o que tinham vivenciado. Ele sabia que não era fácil assimilar tudo aquilo.

Alguns minutos depois, o pai quebrou o silêncio, dizendo:

— Lembram-se de quando eu disse que conversaria com vocês sobre uma herança de sua mãe? Quero que leiam estes documentos.

Eles leram e, olhando surpresos para o pai, sorriram agradecidos.

Os filhos de Seu Moraes tinham sido presenteados com a direção da fundação. Naquele dia, no canteiro de obras da instituição, Seu Moraes lhes apresentara as cópias dos futuros contratos de formação da fundação. Ao lerem, ficaram muito emocionados.

Seu Moraes lhes falou com muita humildade:

— Filhos, quando estive com sua mãe no plano espiritual, ela me falou de uma promessa que vocês fizeram a ela quando eram crianças, sem me contar qualquer detalhe. Ela me disse que, se eu permitisse, gostaria que vocês tomassem conta da fundação, porque sabiam exatamente o que ela queria para aquele empreendimento. Eu não tinha entendido o seu pedido até agora, mas sei o quanto vocês são competentes e interessados, por isso, não duvidei em atendê-la. Esses documentos são a prova da confiança que tenho em vocês.

Não se preocupem com a parte financeira, porque, como puderam ler, os valores para tal construção são de minha responsabilidade e dos futuros investidores.

Eles ficaram olhando para os papéis sem saber o que dizer. Seu Moraes também ficou em silêncio. Cabia a eles manifestarem a vontade de se dedicar ou não a um projeto daquela importância.

Os filhos conversaram entre si e disseram finalmente:

— Pai, é claro que aceitamos. O senhor está nos dando a oportunidade de atendermos a uma promessa que fizemos à nossa mãe e que já tínhamos esquecido.

Mas não sabemos nem por onde começar!

— Fico feliz com a decisão de vocês. Não se preocupem, que não jogarei sobre vocês tudo o que já iniciei. Se quiserem, darei a vocês todas as informações do que fizemos até agora e, quando se sentirem aptos, me afastarei para que abracem suas funções.

Como disse antes, não tinha planejado falar com vocês ainda sobre isso, porque queria finalizar alguns projetos e fechar umas negociações, fazendo-lhes uma surpresa.

Alberto lhe disse:

— O senhor não deseja participar da direção ao inaugurarmos a fundação?

— Meu filho, estou velho e com limitações. Não desejo fazer parte da diretoria, isso ficará para vocês, mas peço que abram as portas deste projeto para mim, Lia e Alexandre, porque queremos muito participar dele, seja do modo que for.

Tão logo puderam, os filhos de Seu Moraes retiraram da justiça o processo de interdição do pai, e todos eles tiveram a oportunidade de ficar muito tempo juntos. Mergulharam de cabeça no projeto, o que os estava transformando.

**

Muitos foram os mutirões que fizeram de final de semana para finalizar a obra, e todos conheciam os filhos de Seu Moraes e também Lia, pois ela, quando estava na cidade, levava sempre bolos, tortas e sucos para os voluntários.

Após tantos anos afastados, aqueles jovens empresários perceberam que o homem contra quem alimentaram tanta mágoa e raiva não era mais o pai que eles conheciam, e uma sensação de perda de oportunidades se instalou em seus corações.

Uma noite em que estava toda a família reunida na casa de Seu Moraes, inclusive noras e netos, conversando sobre as últimas providências que deveriam ser tomadas para a inauguração da fundação, Júnior deu um suspiro fundo, levantou-se do sofá e interrompeu a todos, dizendo-lhes:

— Gostaria de um minuto para fazer uma confissão.

Todos ficaram em silêncio para ouvi-lo.

Olhando para o pai e para a irmã, ele disse:

— Eu preciso pedir desculpas para o senhor e para Lia, porque o meu coração está tão repleto de alegria por estarmos todos reunidos novamente, que não posso continuar com essa pendência sufocando-me.

Lia e Seu Moraes iam se manifestar, mas ele os interrompeu com um sinal de mão e continuou:

— Eu sou o irmão mais velho e não estive aqui com vocês quando papai ficou mal. Lia, eu a abandonei com todas as obrigações hospitalares e do armazém para administrar. Estava ainda tão magoado com o senhor, pai, que não queria saber da sua dor, esquecendo-me de que Lia ainda é tão jovem e inexperiente. E você se saiu muito bem, minha irmã, estou muito orgulhoso.

Lia, então, com um sorrisinho peralta, confessou com simplicidade:

— Se é um momento de confissões, preciso lhes dizer que, se não fosse Alexandre, eu não teria dado conta. Foi ele quem ficou tomando conta do armazém enquanto eu estava no hospital com papai.

E, apesar de estudar e trabalhar o dia inteiro, inclusive à noite, ele me substituía no hospital para que eu viesse para casa, tomasse um banho e comesse alguma coisa.

Os irmãos baixaram a cabeça, envergonhados, não só porque deixaram nas mãos de um estranho o que era de suas responsabilidades, mas também porque, quando conheceram Alexandre, ficaram um pouco consternados de vê-lo como namorado da irmã.

Tiveram receio de que aquele rapaz estivesse se aproveitando do momento delicado que seu pai e irmã estavam passando para iludi-los e angariar benefícios que somente uma família rica poderia lhe dar. Mas, depois de conhecê-lo melhor, perceberam que estavam enganados. Como bom conhecedor do ofício de pedreiro, e sempre muito educado, fiel e amigo, Alexandre os auxiliou, e muito, nas obras da fundação, flagrando pequenos equívocos de planejamento que, para solucioná-los posteriormente, poderiam trazer prejuízos. Além disso, Alexandre estava sempre preparado para colocar a mão na massa, sempre que podia, nos finais de semana em que aconteciam os mutirões. Ele os cativou, tornando-se benquisto por todos.

Vendo-os encabulados com a revelação de Lia, Alexandre lhes disse:

— Por favor, não se sintam culpados. Sua irmã e eu aprendemos muito com tudo o que aconteceu, e isso é um tesouro inestimável.

— Sim – disse ela –, aprendemos muito. E ficamos muito felizes que, agora, vocês voltaram os seus corações para este lar.

Todos sorriram, concordando.

Entendendo que era um momento de revelações, Alberto disse:

— Pai, nós sempre achamos que o senhor não nos amava e, quando fomos embora, não percebemos, em razão de nosso afastamento, as mudanças que conseguiu promover em si mesmo.

Perdemos um tempo valioso de nossa vida abraçando a dor de uma infância sofrida, sem querermos enfrentar que o senhor também fora educado daquela forma e que não lhe seria possível agir diferente naquela época.

Tudo isso só pudemos enxergar agora, vendo-o tão diferente, mas principalmente por termos nos tornado pais e percebido as dificuldades que enfrentamos nesse papel. Por não termos lhe dado uma chance de mostrar o novo homem que se transformou, também não permitimos que nossos filhos aproveitassem o maravilhoso avô que eles têm.

Thiago, sempre mais calado, afirmou, emocionado:

— Somente nossa mãe poderia promover a união desta família novamente.

E, olhando para cima, como a indicar que ela só poderia estar no Céu, finalizou:

— Somos gratos à senhora, mãe, por nunca nos abandonar e continuar nos amando mesmo do outro lado da vida.

A família toda sorriu e se juntou num abraço de gratidão.

Eva, emocionada, também se uniu a eles.

Alexandre e Lia ficaram noivos e se casariam em seis meses. Ela estava preparando tudo com afinco, e Alexandre a ajudava naquilo que podia.

Ela já tinha se formado no magistério, voltando definitivamente para o Rio de Janeiro havia alguns anos, e, agora, era a vez de Alexandre graduar-se.

Seu Moraes mandou trazer toda a família do seu futuro genro para acompanhar a formatura. Era o seu presente de graduação. Ficariam no Rio de Janeiro por quatro semanas para conhecer a cidade e participar das festividades. Junto com eles, também vieram o Seu Antônio e Dona Judite.

Os filhos de Seu Moraes também participavam de toda aquela alegria com as crianças e suas esposas. Muitas bênçãos estavam acontecendo em suas vidas e, por isso, a felicidade era geral.

A fundação já tinha sido inaugurada e estava levando a muitos estudantes a oportunidade de um crescimento pessoal. Ao final da festa de inauguração, Seu Moraes contou aos familiares a presença dos amigos espirituais, que abençoavam a todos, e que Eva estava lá muito emocionada, abraçando-os. Alexandre também percebeu uma luz prateada irradiada sobre a instituição, indicando que a missão iniciada poderia ser árdua, mas que teria a proteção do Mais Alto.

***

Quanto à família de Alexandre, a sua condição financeira tinha melhorado muito, porque as contratações das obras eram constantes e rendiam muito bem. Para darem conta da demanda, José teve de contratar mais dois ajudantes para auxiliá-lo. Gustavo já havia passado na Faculdade de Direito e estava cursando o seu terceiro ano. Alice se casou e estava grávida. Frederico foi o único que resolveu seguir a profissão do pai e, para melhor se dedicar à área escolhida e trabalhar com ele, já frequentava os cursos técnicos que a fundação oferecia.

Os pais de Alexandre estavam muito orgulhosos. Não cabiam em si de tanto contentamento.

Leonora, no entanto, neste último ano, teve uma nova recaída, sentindo-se muito deprimida em alguns períodos. Em um momento, estava radiante, em outro, entristecia-se por demais. Ela tentava não se deixar abater e, confiante em Deus, lutava para não se entregar. José orava por sua esposa, levava-a para os trabalhos de harmonização e cura no grupo do qual participavam, e, apesar de uma melhora razoável, aquele quadro ainda não havia se modificado.

Estando ali com Alexandre, resolveu compartilhar de sua preocupação com seu primogênito:

— Sinto, meu filho, que, apesar de todos os esforços de sua mãe, algo a está atrapalhando. Pensei em alguma circunstância que tenha revelado um trauma de que ela não me fala; em alguma companhia espiritual que ela, por sintonia, abraçou para junto de si... porque todos os remédios da alma estão sendo ministrados. Fico a pensar se tudo isso ainda não foi solucionado porque a espiritualidade maior está resolvendo mais de uma questão.

— O que o senhor quer dizer?

— Ora, meu filho, queremos a cura de sua mãe, mas, neste caso, ela pode estar sendo ministrada para mais de um filho de Deus!

Alexandre ficou surpreso com a singela sabedoria de seu pai.

É verdade! Quantas vezes ele foi testemunha do auxílio espiritual coletivo nos trabalhos de seu grupo! Enquanto os obreiros da matéria só pensavam em trazer a cura aos encarnados, a espiritualidade trabalhava para o alcance da liberdade, através do perdão, de todos os envolvidos, encarnados e desencarnados.

— Se é assim, meu pai, precisamos rezar por todos os que necessitam de Jesus!

Aproveitando o ensejo, Alexandre informou a José de que, após as festas, gostaria de levá-los à casa espírita que ele frequentava ali no Rio de Janeiro.

— Vocês irão gostar do pessoal de lá. São todos muito bons amigos. Eu os convidei para a minha formatura, e você comprovará o que eu disse.

Chegou o grande dia da graduação de Alexandre.

Todos estavam muito felizes, apesar de Leonora, naquele dia, lutar contra uma profunda agonia, que não conseguia compreender e que a sufocava.

Na colação de grau, enquanto Alexandre recebia, lá no palco, o seu diploma e o levantava com muito orgulho, mostrando-o aos que o amavam, José, emocionado, lembrava-se de quando Alexandre, ainda pequeno, já construía, pela caridade, o futuro que se desdobrava naquele momento.

José reformava a casa vizinha à do Seu Fabiano, fundador da renomada escola particular de Realeza, e, como naquele dia não podia deixar Alexandre sozinho em casa, levou-o junto consigo. Por estar muito ocupado, e Alexandre ser bastante quieto e paciente, José trabalhava tranquilo, sabendo que seu filho ficaria bem. No entanto, em determinado momento do dia, Alexandre, ao olhar pela janela, descobriu os jardins floridos do Seu Fabiano. Como seus portões estavam abertos, saiu quietinho da obra e se dirigiu devagarzinho para aquele lugar lindo. Ao chegar lá, viu um rapaz jovem e bonito sentado, cabisbaixo, em um dos bancos. Aproximou-se dele e perguntou o porquê de sua tristeza.

O jovem assustou-se com aquela criança tão pequena ao seu lado, mas, vendo-a atenta, enxugou os seus olhos e lhe respondeu:

— Eu não estou triste.

— Se não está triste, por que chora?

O rapaz se sentia tão oprimido pelos seus problemas, que aquela simples pergunta desencadeou toda uma tormenta de emoções. Sem conseguir suportar mais aquela dor, o rapaz chorou sem reservas. Alexandre, vendo o seu interlocutor sofrer, postou-se ao seu lado, abraçou-o com muito carinho e, sendo um instrumento eficaz para transmitir as mensagens do Além, disse em transe:

— Chore tudo o que puder. Depois, estará mais preparado para enfrentar os seus temores. Seu pai é um homem rigoroso, mas jamais deixou de amá-lo. Se confiar nele, você irá se surpreender.

O jovem estranhou aquela pequena criança lhe falar com tanta segurança. Instintivamente, respondeu-lhe:

— É porque você não conhece o meu pai.

— Procure-o e conte a sua dor. Desabafe e veja nele o amor do Deus Pai na Terra. Não acredite que tudo está perdido e que você não tem solução. Jesus o ama com intensidade e sabe que, se hoje você percorre caminhos errados, poderá escolher abandoná-los e seguir os que o levarão aos Seus braços. Se você errou, no passado, compreenda a si mesmo naquele momento. Se você enxerga, no presente, que continua errando, não continue teimando no erro, pois tecerá redes que o aprisionarão em seu futuro.

Deus nos dá todas as oportunidades para que enxerguemos os nossos erros – continuou –, e nos demonstra, minuto a minuto, que teremos também todas as chances para nos redimirmos perante nós mesmos e perante aqueles que magoamos. O mais importante é que jamais erramos de propósito. Quando escolhemos agir, sempre o fazemos achando que as nossas razões, mesmo as que forem em nosso próprio benefício, são as corretas. Somente quando adquirimos experiência suficiente, ou seja, quando vivenciamos os efeitos de nossas ações, é que nos enxergaremos enganados nas justificativas que usamos como base para as nossas escolhas. Daí para frente, tentaremos não repeti-las. Esse processo é demorado, mas somos eternos e aprenderemos algum dia.

Alexandre deu uma respirada, sorriu e completou:

— Se quiser, posso ir com você.

O rapaz estranhou muito como uma criança daquela idade poderia dizer tudo aquilo e daquela forma, mas viu naquelas palavras a oportunidade que Deus estava lhe dando para sua absolvição. Ele estava tão inseguro, que buscou, na mãozinha daquela criança, a sua força e entrou, com ela, para conversar com seu pai. Lá, achou-o em seu escritório e pediu que lhe concedesse alguns minutos para conversarem.

Seu Fabiano estranhou o fato de o filho estar de mãos dadas com uma pequena criança e com uma postura tão humilde. Infelizmente, naqueles últimos anos, o seu relacionamento com o filho não era dos melhores, e aquele convite para uma conversa poderia ser um presságio para um recomeço ou para um pesadelo sem fim.

Ao se sentarem, com toda dificuldade e emoção, gaguejando em alguns momentos, explicou ao seu pai todas as suas dores:

— Meu pai, sei que não sou muito de conversar com você sobre meus problemas, mas preciso contar-lhe o que se passa em meu íntimo. Você sempre me questionou do porquê de, após os meus sete anos de idade, eu não mais querer ir à fazenda do vovô. Você estranhava a minha repulsa repentina de ir para lá, pois eu adorava caminhar e cavalgar por suas terras. O problema é que, pensando em minha segurança, vovô sempre determinava que o seu capataz me acompanhasse.

O rapaz parou. Temia continuar. Alexandre, ainda sob o efeito do transe, apertou a sua mão para dizer que estava ali e que ele não estava só. Tomando coragem, ele continuou:

— Num dia, aquele homem me molestou, e continuou fazendo isso todos os dias e todas as vezes que estive lá. Eu não conseguia fugir dele. Parecia que estava em toda a parte. Por mais que eu tentasse ficar dentro de casa para não estar com ele, algo acontecia, e lá estava eu de novo à mercê daquele homem.

Eu era muito pequeno e não conseguia imaginar por que Deus permitia que aquilo acontecesse comigo, então, fui me fechando para todos. Queria muito falar a vocês o que estava acontecendo, no entanto, ele ameaçou matar a todos se eu falasse alguma coisa para alguém. Quando eu tinha doze anos, vovô morreu, e o senhor vendeu a fazenda, e aquele homem sumiu de minha vida.

Neste momento de sua narrativa, o jovem já não conseguia evitar que as lágrimas caíssem sem freio. Mas, mesmo soluçando, e num tom de desespero, ele continuou:

— Pelo menos, era o que eu pensava, mas os dias foram se passando, e eu não conseguia esquecer o que ele havia feito comigo. Eu fechava os olhos e lá estava ele. Já não suportava mais essa situação e, por conta disso, comecei a consumir as suas bebidas da adega, para esquecer todas as lembranças que me assombravam.

Sem olhar para o pai, ele continuou abaixando o tom de voz:

— Hoje, meu pai, o senhor, mais do que ninguém, sabe que sou um alcoólatra, e não sei o que fazer para me regenerar desse vício. Eu nem me enxergava assim, apesar de tudo o que senhor me dizia. Mas, ontem, como em todos os outros dias, eu bebi muito e peguei o seu carro escondido com alguns amigos que estavam bem mais bêbados do que eu. Estávamos em cinco no carro, quando quase provoquei um acidente na estrada, perdendo o controle do veículo e indo parar bem próximo daquele despenhadeiro que fica ao norte daqui. Ficamos todos muito assustados, porque foi por um fio, meu pai, por um fio, que não matei os meus amigos.

Seu Fabiano não conseguia falar nada. Tinha medo de que, se falasse qualquer coisa, seu filho desistiria de continuar a lhe confidenciar seus temores, mas seus olhos já estavam úmidos pela emoção.

— Voltei para casa e guardei o carro. Quando acordei hoje, só existia um pensamento que me acompanhava, que, se eu não mudasse o rumo de minha vida, eu não teria muito tempo para vivê-la. Mas o que fazer se toda a dor que sofro é fruto da frustração de Deus comigo? Ele não me ama, porque eu matei a minha mãe! O senhor me culpa por tê-la perdido no meu parto. Sempre imaginei que fui alvo de um homem desprezível porque devo ser desprezível também. Diante de tudo isso, pensava, ali no jardim, que, para mim, não havia mais sentido continuar vivendo... – parou de falar por alguns minutos e, embargado pela emoção, tirou do seu bolso um revólver.

Seu Fabiano se levantou assustado e, cautelosamente, aproveitando que o filho olhava para baixo, foi até ele, pegando o revólver de sua mão.

Quando conseguiu falar, o jovem continuou:

— Deus, porém, resolveu olhar por mim e me enviou este anjo, que me fez compreender, com doces palavras, que Ele jamais me abandonou. Compreendi que, apesar das dores que vivi, posso confiar no meu pai para que me ajude no meu presente, mesmo tendo vivenciado tantas dores no meu passado.

Seu Fabiano escutava o seu filho com muita dor no coração. Jamais imaginou que o seu menino pudesse ter passado tanto sofrimento em seu tão pouco tempo de existência. "E como ele poderia pensar que o culpava pela morte de minha esposa? Talvez minhas atitudes dessem mesmo a entender isso, mas não era essa a verdade" – pensava.

Ele olhava para o filho, agora com dezesseis anos, apertando a mãozinha de uma criança, que fora capaz de fazer por ele aquilo que ele, seu pai, não teve a sensibilidade de fazer em toda a sua vida. Teve vontade de chorar. Chorar por não ter sido um bom pai, chorar por encontrar-se sem sua companheira que, naquela situação, saberia o que fazer...

Então, escutou de seu filho:

— Pai, sozinho, eu não sei como continuar. Preciso de sua ajuda. Tenho vontade, mas não me sinto determinado para superar os meus vícios. Preciso parar de beber... preciso deixar o meu passado... no passado.

Seu Fabiano, ali em pé, ao lado de seu filho cabisbaixo, queria abraçá-lo e chorar junto com ele, queria dizer que o amava e que não saberia viver sem sua companhia, mas temia que ele o visse como um fraco.

Alexandre, neste momento, por meio do intercâmbio mediúnico, disse:

— Fabiano, o medo nos possibilita a perda dos melhores momentos de nossa vida, por agasalharmos em nosso coração as sementes do orgulho e da vaidade. Seu filho almeja mudanças, por que não as tenta também? Não há qualquer fragilidade no ser humano que chora e rompe as barreiras de seus próprios preconceitos, quando a sua intenção é amar sem restrições. Ao contrário, precisamos ser fortes para admitirmos nossas fraquezas e, mais ainda, nossos próprios sentimentos. Abra o seu coração ao seu filho, pois, assim, o estará fazendo a Deus.

Fabiano olhava daquela criança para o seu filho, e vice-versa e, sem mais suportar tantos anos de restrições impostas por ele mesmo, pelas tantas vezes em que teve o desejo de afagar o seu garoto, mas que não se permitia por ter sido educado de maneira diferente, abriu os braços a ele, aninhando-o. O filho, então, sentiu as lágrimas paternas, que caíam livremente, e ouviu o pedido de perdão de seu pai pelos anos em que não soube demonstrar o quanto o amava.

Alexandre, ainda sob forte transe mediúnico, foi saindo devagar e retornou à casa em reforma. Sentindo-se cansado e sonolento, encolheu-se embaixo da escada que levava ao segundo andar daquela construção e, por ato reflexo, puxou um cobertor sujo que fora jogado ali, tampando-se quase por completo.

Algum tempo se passou, e José sentiu falta de Alexandre. Procurou-o pela casa inteira, mas não o achou. Chamou-o por todo o terreno, até que, não o encontrando, foi bater à porta da casa ao lado para perguntar por seu filho.

Pai e filho foram atendê-lo. Descrevendo-o para ambos, José disse que estava trabalhando ao lado quando percebeu que o seu filho havia sumido. Então, após terem informado a José que ele esteve ali, mas que não o viram sair, todos resolvem procurá-lo, primeiro na casa de Fabiano e, depois, na casa em obra.

Foi Fabiano quem o achou. Dormia tão profundamente, que não os escutou chamando por ele, e somente acordou quando Fabiano o trouxe nos braços para ter com o seu pai.

José, com lágrimas nos olhos, pela preocupação que sentia, abraçou o filho com muito amor e deu-lhe inúmeros beijos em seu rostinho angelical. Mais uma vez, Fabiano aprendeu como é bom amar sem restrições!

No outro dia, ele foi ter com José para lhe contar o que aconteceu e tentar dar a ele uma recompensa material pela ajuda recebida. José, claro, não a aceitou. Então, Fabiano prometeu que daria a Alexandre uma bolsa integral de estudo, para que ele cursasse a escola até o seu último ano. Mas pediu a José que jamais contasse aquela história para alguém, pois seu filho ficaria muito visado naquela cidade tão pequena. José, então, fez uma proposta àquele senhor, para que não houvesse muitos comentários: em troca de seus préstimos como pedreiro, a bolsa seria dada ao seu filho.

Apesar de Fabiano não desejar que fosse daquela forma, concordou que seria a única saída para a situação em que se encontravam. Em documento registrado em Cartório, Fabiano declarou a sua vontade, que foi respeitada por todos. Após esse fato, o filho de Fabiano se tornou um grande amigo da família de Alexandre, somente se afastando quando teve que ir para uma cidade maior, à procura do tratamento para os seus vícios e, depois, quando foi estudar no exterior.

Esse foi o segredo mais bem guardado por José que, com exceção de Leonora, a ninguém mais contou os verdadeiros motivos que levaram um homem tão rígido, como o Seu Fabiano, a aceitar um jovem sem recursos em sua escola.

Quando José contou à sua esposa sobre essa oportunidade única para Alexandre, ela foi contra a sua entrada naquela escola. Como iriam explicar, para o Gustavo e os demais filhos que ainda queriam ter, a razão de somente o mais velho poder estudar nela?

José lhe disse:

— Não podemos contar o motivo, mas conversaremos com cada um dos que nos questionarem sobre isso. O que não podemos fazer é impedi-lo de ter uma educação de ótima qualidade por situações que ainda não aconteceram e, talvez, nem aconteçam.

Apesar de todo seu receio, diante desses argumentos, Leonora teve que concordar com José.

* * *

Voltando ao presente, José observou que a solenidade já havia terminado, e que todos se dirigiam ao salão de festividade. Alexandre veio ter com eles para apresentar os seus convidados.

— Pai, Mãe, estes são meus amigos da casa espírita. Pessoas que gosto muito e que sei que vocês aprenderão também a gostar. Este é o Senhor Ernesto... – e começou a apresentação.

Enquanto estavam se cumprimentando, Alexandre viu um dos seus amigos de costas, conversando com uma senhora desconhecida. Pediu licença e puxou-o para apresentá-lo:

— Este é o Senhor Azevedo. Um dos meus melhores amigos.

A reação dele e de Leonora foi inesperada para todos os que se encontravam à sua volta. Ficaram parados, um olhando para o outro, muito surpresos e sem nada a dizer. José, educadamente, cumprimentou-o, mas, na vez de Leonora, ela continuava calada. Somente o olhava.

Alexandre não entendeu a reação de sua mãe, até que, por fim, ela disse:

— Senti saudades suas, meu pai! – disse Leonora, com um sorriso suave.

Azevedo, diante daquele sorriso, abraçou-a e chorou.

Ninguém falava. Parecia até que ninguém respirava.

Leonora, quando se deparou frente a frente com seu pai, sentiu uma pontada em seu coração. Pensou em gritar, esbravejar, bater-lhe na face. Lembrou-se nitidamente das suas últimas palavras, que a atormentaram por toda a sua vida, quando abandonou a ela e a sua mãe:

— Essa vida de cachorro não é para mim! Não cresço e não conquisto nada, porque tudo o que ganho gasto nas despesas desta família e casa miseráveis. Vocês são um fardo para mim. Não desejo mais ficar ao seu lado, Ivete, porque você representa tudo o que eu desprezo: não tem ambição e me constrange.

Porém, ao mesmo tempo, seu coração já não comportava mais ter raiva de seu velho pai. Se sua mãe o havia perdoado, por que também não poderia fazer o mesmo? Sabia o que era viver magoada e não queria mais viver assim. Então, negando-se a escutar Pedro, que tentava, a todo custo, fazer com que ela o odiasse, seguiu seu coração e não se submeteu aos impulsos desnorteadores do orgulho ferido.

Eles choraram por motivos diferentes. Azevedo chorou por ter encontrado sua filha; por saber que ela estava bem e que era tão linda; por enxergar sua grandiosidade em perdoá-lo pelo que fez; por sentir que agora poderia ser feliz. Leonora chorava por ver seu pai de novo, mas, mais ainda, por se sentir tão leve e em paz consigo mesma.

Diante de todos os acontecimentos, essa foi uma noite memorável.

69

Estavam Alexandre, José, Leonora, Azevedo e alguns médiuns do lar espírita, incluindo Lia, que se preparava, com o silêncio e com as orações, para o início da reunião. Seria uma reunião fechada de auxílio a irmãos encarnados e desencarnados, na qual eles foram convidados a estarem presentes.

Ernesto veio ter com eles na reunião do dia anterior e os informou de que os orientadores da casa pediam suas presenças na reunião do dia seguinte. Então, lá estavam eles.

A oração inicial foi feita com muito respeito e amor por um dos médiuns da casa. Após conversarem entre si por pouco mais de meia hora sobre os ensinamentos de Jesus, foi aberta uma segunda fase de trabalhos, na qual desencarnados necessitados se fariam ouvir e, quem sabe, ouvirem também.

Por trinta minutos, foram auxiliados vários irmãos que, evangelizados, resolveram seguir o caminho da redenção, o caminho de Jesus. E, quando pensavam que já se encerraria a reunião, o orientador espiritual dos trabalhos, por intermédio do Senhor Ernesto, disse:

— Nosso trabalho ainda não terminou. Gostaríamos que, aqueles que aqui estiverem, busquem em seus corações o amor que sabem amar. Libertem-se das ideias preconceituosas que possuem e abram suas mentes para um dos muitos ensinamentos de Cristo, pois quem não tem pecado que atire a primeira pedra.

Fez uma prece comovente e, quando terminou, Lia, que estava à mesa, manifestou-se mediunicamente:

— Por favor, quero ir embora. Não me obriguem a ficar aqui.

O orientador dos trabalhos foi estar com ela e iniciou um diálogo quase paternal com o espírito que lá se encontrava:

— Meu querido irmão, por que sofre?

— Eu não quero ficar aqui. Estou sofrendo, porque estou só. Todas as minhas forças foram embora quando enxerguei que os meus objetivos não me levaram a lugar algum. Por não ter mais força de vontade, meus companheiros não quiseram mais estar comigo. A única que me amou verdadeiramente se aliou ao meu grande inimigo, que hoje sinto dificuldade até de odiar, pois era por ela que eu me vingava. Qual, então, seria a razão de continuar se nem ela mais o odeia? Estou cansado, sem rumo, não quero mais viver... e, por ironia, não posso mais morrer... me tirem daqui, estou tão confuso... Paola, perdoe-me!

Alexandre a tudo ouvia e enxergava. Via Pedro interligado a Lia e sentiu pena dele. Ele estava exausto. Como uma lamparina com pouco óleo para queimar, mas com o suficiente para que a chama ainda existisse, aquele espírito tentava, desesperadamente, desvencilhar-se de correntes inexistentes que o prendiam. Sentiu-o familiar. Queria abraçá-lo, e não era o único que portava esse sentimento: Leonora soluçava baixinho a dor sentida por aquele irmão.

Pedro, então, continuou:

— A minha saga vem de muito tempo, de quando eu ainda vivia na matéria.

Eu era muito pobre, mas estava casado com a mulher mais linda deste mundo. Cléo, eu a adorava. Companheira, trabalhadora, ajudava-me como podia para termos algo a mais para comermos no final do dia. A nossa casa era frequentada pelos amigos, com quem dividíamos o que era nosso quando eles precisavam. Vivíamos bem e em paz.

Mas Cléo ficou grávida e, no parto, faleceu, deixando-me, como presente de sua vida, nossa querida filha Paola. Como eu a amava! Esforçava-me ao máximo para dar-lhe todo o meu amor e carinho. Sem ajuda de Cléo, eu precisava trabalhar mais, nada, porém, desanimava-me. Eu era feliz, pois Cléo havia me deixado um presente seu para eu criar, e assim eu o faria.

Paola foi crescendo em graça e formosura. Era bela já de cedo, demonstrando traços marcantes de sua mãe. Ainda pequena, prontificara-se ao trabalho doméstico, retirando-me certo peso das obrigações.

Apesar de minha casa ser muito pobre, o jardim, de onde tirávamos as flores que Cléo vendia, era muito bem cuidado, e eu o mantive assim, para sempre me lembrar de sua alegria e sorriso.

Após alguns instantes de silêncio, pois a emoção o embargava, Pedro continuou:

— Um dia, vendo o nosso jardim, um rico senhor que precisava de jardineiro me contratou, fazendo-me mudar para sua casa, onde nos instalamos em um dos cômodos da ala dos criados. Paola tinha, à época, dez anos de idade.

O Senhor nos tratava bem, mas o seu filho, chamado Aristides, era tirânico. Possuía quinze anos de idade e não sabia respeitar os que o serviam. Tendo sempre um guarda de proteção ao seu lado, dando-lhe guarida para fazer o que queria, não tinha freios, e seu pai, viúvo, não conseguia fazê-lo mudar as atitudes. Para o jovem aristocrata, tudo estava ruim, nada o satisfazia. Enquanto Paola era pequena, tudo corria bem. Entretanto, quanto mais crescia e bela ficava, mais aquele rapaz se interessava por ela. Eu dizia a ela que ficasse sempre afastada, pois o patrãozinho não prestava, mas ele a cercava por todos os lugares. Enquanto estava perto, eu a protegia, e ele jamais ultrapassava os limites.

Paola, porém, começou a namorar o filho de uma empregada do Senhor. Rapaz batalhador e que a amava muito. Vendo o namoro dos dois, o patrãozinho ficou irado e, sem freios para sua má índole, fez com que o pai me mandasse comprar ferramentas em outra cidade. Eu, ingenuamente e sem poder deixar de cumprir uma ordem direta do Senhor, fui. Esse foi o marco de dor em minha vida.

Aproveitando-se de minha ausência, Aristides mandou o namorado de Paola encontrar-me para me ajudar com as compras. Sem impedimentos, determinou a uma das criadas que dissesse à Paola que fosse ao celeiro, pois o seu namorado queria falar-lhe. Apesar de a criada ter ficado desconfiada por Aristides estar servindo de mensageiro entre os jovens, não tendo como negar, assim fez. Quando lá chegou, Paola se deparou com o patrãozinho que, sob a proteção de seu guarda particular, violentou-a brutalmente. Quando terminou, ameaçou-a, dizendo que, se ela contasse a alguém o que aconteceu, ele mesmo acabaria comigo.

Arrasada, foi para casa, banhou-se e, quando cheguei, nada me disse. Perguntei se algo estava errado, e ela afirmou ter caído no celeiro e que seu corpo doía, nada mais.

Chorando, Pedro tinha dificuldades para falar, mas, ainda assim, continuou:

— Em decorrência de ter dado certo sua ameaça, por mais três vezes o patrãozinho, sob a guarida de seu protetor, violentou-a física e emocionalmente, sem que eu e seu namorado soubéssemos.

Ele a usava. Nunca, em sua vida, ela fora alvo de ato tão vil. Aristides dilacerou a sua autoestima, falando-lhe coisas que mulher nenhuma deveria escutar de um homem.

Em razão de tanta violência, traumatizada, Paola não conseguia mais dar carinho e demonstrar o seu amor pelo namorado, o que provocou, sem poder explicar os verdadeiros motivos, o término de seu relacionamento.

Sentindo-se desprezado, ele mudou-se para uma cidade distante. Muito mais tarde, fiquei sabendo que ele não conseguiu ser feliz em seu casamento, e que deixou sua mulher e seus três filhos no abandono, pelo vício da bebida. Não aguentando mais, após a quarta violação por parte de Aristides, e pela ausência daquele que ela realmente amava, Paola se suicidou. Fiquei durante anos sem saber o porquê de ela ter cometido tal atrocidade, mas, no leito de morte daquela empregada que a enviara ao celeiro, tomei conhecimento de todo o ocorrido.

Eu a perdoei, porque ela não teria como saber as verdadeiras intenções de Aristides ou esquivar-se de atendê-lo, mas não faria o mesmo com o patrãozinho. Ele tinha de pagar o que fez à minha filha! Então, planejei minuciosamente como o faria sofrer por tudo o que a minha linda filha passou em suas mãos sujas, mas, na noite em que eu colocaria em prática a minha vingança, um cavalo desembestado que se soltara da baia me atingiu, matando-me na hora. Naquele momento, mesmo querendo vingança, eu ainda acreditava em Deus, apesar d'Ele ter me tirado, da forma que tirou, as duas flores mais caras do jardim da minha vida.

Após muita procura no plano etéreo, encontrei Paola com outra veste material. Era ela, tinha certeza... a minha filhinha, antes massacrada.

Pedro parou por uns momentos a sua narrativa. Parecia querer respirar.

Todos que o escutavam estavam condoídos pela vida difícil daquele ser. Então, parecendo um pouco mais refeito, ele continuou:

— Quando reencontrei a minha filha Paola, ela se chamava Flora e morava em uma casa bonita, cheia de riqueza. Pensei que Deus havia oferecido justiça a ela, mas paralisado fiquei quando vi, na figura de seu marido, Aristides. Ele a fazia sofrer muito. Era-lhe infiel e beberrão. Quando chegava a casa, oprimia-a sem remorsos.

Eu queria matá-lo por isso. No entanto, em vez de levá-lo, Deus a tirou do mundo ainda jovem. Em uma tempestade forte, o condutor perdeu o controle da charrete quando um raio fez com que os cavalos desembestassem. Ela se desequilibrou, caiu da charrete e, quebrando o pescoço, morreu na hora.

Não consegui ver mais nada. Deus não poderia existir. Como Ele poderia fazer aquilo com ela? Ela não fizera nada a ninguém. Ela era a minha vida! Procurei Paola por todo lado, porém não mais a vi. E, desesperado, só queria vingança.

Comecei a tentar atacar o patrãozinho, mas ele não me sentia. Precisava atingi-lo, mas não sabia como. Sem nada conseguir, afastei-me. Precisava agir com astúcia. Daí, chegou até a mim um antigo inimigo do Aristides. Disse que me ajudaria se eu me aliasse ao seu grupo. Eram muitos os que tinham intenção de vingança a outros tantos espíritos que viviam na carne. Eu não queria saber deles, mas, para aprender e alcançar meu ideal, tudo fiz, até mal a quem não conhecia. Para isso, perdi muito tempo.

Parou novamente para tomar fôlego:

— Soube, depois, que Aristides morrera. Viveu toda a vida pelos filhos que Flora deixou, sofrendo o infortúnio de perdê-los: a sua filha mais nova de complicações ao tentar um aborto do filho de um amante, que a abandonou ao saber da gravidez; e o filho, que foi assassinado por dívidas contraídas ao prodigalizar toda a fortuna que possuíam, deixando o pai morrer na miséria.

Apesar disso, não me sentia vingado. Ele tinha de sofrer por minhas mãos. Eu o procurei por muito tempo, até que fui convidado a participar de uma reunião numa cidade espiritual, onde estava Cléo, Paola e Aristides presentes. Senti um amor profundo e uma alegria imensa de vê-las bem, mas meu ódio por Aristides quase me sufocava.

Alguns espíritos de luz me disseram que estava na hora de Paola reencarnar e que não poderia mais me esperar, por isso, ela iria voltar com Cléo e Aristides, que se comprometiam a dar-lhe o amparo tão necessário ao crescimento de todos. Ele veio a mim e me fez acreditar que iria protegê-la de todos os males nesta existência.

De novo, minha filha e seu algoz estavam juntos. Agora, porém, ela seria sua filha. Eu não queria aceitar que as duas flores da minha vida ficariam à mercê daquele homem. Eu não acreditava nele. Mas elas queriam que fosse assim. Paola me disse que também devia a ele! Como a minha flor poderia dever àquele carrasco? Então, por ela, eu aceitei.

Eu até me juntei aos espíritos de luz. Estava trabalhando para ajudar outros irmãos em desespero, quando descobri que Aristides tinha quebrado a sua promessa. Eu enlouqueci. Os meus instrutores queriam que eu entendesse as dificuldades pelas quais passam os encarnados e a possibilidade de quebras em seus planejamentos, mas eu não mais os escutava. Eles me pediram que não abraçasse aquela vida em que o meu combustível seria o fogo da vingança, porque, por esse mesmo fogo, eu poderia sair o mais queimado, mas eu não podia atendê-los. Precisava tomar conta da minha filha e esposa amadas.

Sem perceber como, vi-me fora da missão de auxílio e com ânsia para achar Aristides e fazê-lo pagar, mas eu ainda devia muito aos que me ensinaram, anteriormente, os métodos de influenciação. Quando achei que me vingaria, eles me acharam e me chamaram de volta para que eu quitasse as minhas dívidas. Ainda não era tempo – diziam. Não quis saber. Queria minha vingança. Para mostrar quem mandava, prenderam-me. Deixaram-me sair para retornar aos trabalhos de influenciação contra quem eles determinavam, até que, finalmente, permitiram-me ir atrás do meu alvo.

Achei-o e, por muito tempo, torturei-o, alcançando o meu intento. O que não imaginei foi que ele se cansaria de sofrer e procuraria ajuda. Recebendo-a, não pude mais atingi-lo, pois estava protegido pelos obreiros da luz. Eu já não tinha mais ânimo para continuar. Sem saber para onde ir, voltei para junto da minha filha, mesmo sabendo que poderia provocar-lhe algum desconforto energético, mas eu não tinha mais ninguém!

Mas, agora, nada mais importa, porque tudo o que fiz contra ele foi em vão. Ela se encontrou com Aristides e o perdoou!

* * *

Alexandre estava emocionado. Via, como se passando em uma tela de cinema, todo o episódio narrado, percebendo a dor e o ódio daquele irmão. Porém, agora, ele estava alquebrado, apático. Não sentia nem dor nem ódio, mas também não sentia paz. A paz que só Jesus oferta ainda precisava ser por ele compreendida.

Dentre os personagens mencionados, captou que Paola era a sua mãe. O namorado dela de outrora era o seu pai. Cléo, mãe de Paola e esposa de Pedro, era sua avó Ivete. O patrãozinho, chamado à época, de Aristides, era o seu avô Azevedo, e o guarda de sua confiança, o filho do Seu Fabiano.

Alexandre foi surpreendido quando viu, naquelas imagens, que sua avó Lizinha era aquela empregada que enviara Paola ao estábulo e que, por anos, foi consumida pela culpa do suicídio da jovem e por se sentir diretamente responsável pela infelicidade de seu filho, o namorado dela, ao não ter lhe contado o que realmente tinha acontecido. Foi muito doloroso para Lizinha vê-lo partir e, depois, mergulhar nos vícios e na irresponsabilidade, por acreditar ter sido desprezado por sua amada.

E como a vida não desperdiça nenhuma oportunidade para que haja paz entre os corações culpados, em sua existência como Flora, os seus filhos muito amados eram Lizinha e José, que vieram juntos, como irmãos, para a reconciliação dos seus corações. Nesta existência, Lizinha, que morreu em decorrência do aborto realizado, havia programado para si vivenciar uma gestação difícil, para extirpar a culpa de sua consciência por acreditar ter falhado com o seu filho José, então namorado de Paola. E este queria aprender a lidar com uma família, riqueza e responsabilidade.

O orientador espiritual dos trabalhos se fez ouvir:

— Meu irmão, você diz que Deus não existe ou, se existe, que Ele é injusto com os Seus filhos, mas essa não é a verdade.

Infelizmente, com os seus olhos cobertos pelas teias de um amor exagerado, não enxergou que todas as circunstâncias ocorridas foram frutos de construções de cada personagem dessa história. Todos plantaram e colheram no tempo certo para o seu arrependimento e crescimento íntimo. Se assim não fosse, como poderia explicar estarem todos hoje tão felizes, perdoando-se?

Nossa plantação é farta, meu irmão, mas somente queremos colher o que nos interessa! As leis divinas são perfeitas como o Pai Celestial é Perfeito.

Se você quiser bem enxergar, Paola era uma filha exemplar, porém, como mulher, não se condoía com o sofrimento dos rapazes com quem flertava e, depois, estraçalhava seus corações sem piedade. Aristides foi somente mais um deles. O ponto é que, diferentemente dos demais, ela não pôde impedir as suas ações cruéis. Por não suportar os acontecimentos advindos de seus próprios atos, enforcou-se, desconsiderando o valor de sua vida naquela experiência carnal. Como Flora – continuou –, sua existência seria mais curta, por ter interrompido antecipadamente a sua jornada como Paola. Cedo ela desencarnou, mas, com resignação e indicação de aprendizado, foi uma mãe amorosa, humilde e fiel ao seu marido. Nesta vida atual, sofreu o abandono do pai, mas, apesar de todas as decepções, soube amá-lo e perdoá-lo. Ela ainda está trabalhando os reflexos das crenças que formou por ter acreditado em Aristides, ao se vir desprovida de respeito por quem deveria protegê-la, fosse como empregada, na figura de Paola, fosse como esposa, como Flora, mas temos certeza de que os passos para atingir o seu intento estão sendo trilhados.

Aristides, por sua vez, também sofreu e, com as vidas proporcionadas pelo Pai Justo, está sabendo crescer com Jesus e quebrar os seus próprios vícios.

Cléo, como bem sabe, não está mais entre os encarnados e zela por você e sua filha. Só falta você, Pedro. Abandone seus ideais de vingança, pois eles não o levarão para lugar algum. Abrace a Jesus, que o ama e o espera. Descanse e confie. Se agora enxerga sem ódio, pode ver que veio até nós sem amarras, pois elas não são necessárias aos emissários de Jesus. Você as tinha em sua consciência, mas poderá delas se livrar, pois o Pai não necessita perdoar. Ele sabe quem somos, e nos deu Jesus, que estará sempre conosco, guiando-nos.

Pedro agora chorava. Queria sentir paz. Não aguentava mais tantas dores.

Todos oravam baixinho.

Desconfiados de serem eles os protagonistas desta história dolorida, Leonora orava por seu antigo pai, e Azevedo orava e torcia por aquele espírito angustiado, para que alcançasse a paz que ele próprio, só agora, encontrou.

Pedro foi se acalmando e, por fim, deixou-se levar pelos auxiliares espirituais daquele grupo, para se restabelecer. Ivete estava emocionada e seguiu com eles. Era sobre ela que os mentores de Alexandre e Lia, naquela noite de auxílio no quarto de Azevedo, referiram-se ao informá-los de que uma amiga solicitara o auxílio para ambos, influenciador e influenciado, por serem espíritos amados de seu coração. Eles precisavam ser resgatados de sua ignorância moral e reencontrar Jesus em suas vidas. A missão abraçada estava chegando à sua conclusão.

No mundo corpóreo, após sentida oração, os trabalhos foram encerrados.

Amália e Alexandre se casavam. Que dia feliz aquele. Estavam todos reunidos, na fazenda de Dona Judite e Seu Antônio, onde foi realizada uma cerimônia simples, presidida por um Juiz de Paz. Após, houve uma grande festa, na qual todos poderiam comemorar a felicidade do casal.

Foi uma grata surpresa para os anfitriões quando Alexandre e Lia foram convidá-los para serem seus padrinhos de casamento. A felicidade deles não poderia ter sido maior, porque amavam Alexandre como a um filho do coração.

Naquela noite, antes de dormir, Seu Antônio relembrava como conheceu Alexandre, naquela estrada empoeirada, sob as patas de Apolo. Deu um pequeno sorriso, ao perceber que foi naquele dia que sua vida teve uma benéfica reviravolta e que o seu coração e o de Judite, carentes por um filho, começaram a ser preenchidos por Alexandre, com sua inocência, dedicação, carinho e amizade.

Seu Antônio percebeu também o quanto gostava de Lia. Quando a conheceu, sentiu que precisava amparar aquela que seria a futura esposa de seu filho do coração e ficou muito feliz quando soube que eles viveriam em Realeza. Aproveitando a oportunidade, convidou-a para lecionar em sua escola da fazenda, proposta esta que foi aceita com muita euforia.

Havia dois meses que Alexandre abrira o seu consultório na cidade, em sociedade com doutor Mário. O jovem médico foi muito bem recebido pela comunidade, sendo muito prestigiado também.

Logo quando pôde, começou a quitar o seu débito da faculdade com Seu Antônio, apesar dos protestos deste em não querer receber.

Seu Moraes, depois do casamento da filha, moraria definitivamente em Realeza, atendendo às súplicas dela, mas não abandonaria a fundação. Ele já tinha tudo planejado: viajaria, com frequência, para visitar os filhos e netos, a fundação, e para ministrar minipalestras, que incentivariam os investidores e voluntários a compreender o esforço e os sonhos daqueles irmãos menos afortunados. Sua excursão espiritual às casas daquelas famílias deu a ele uma visão mais amorosa e cristalina das dificuldades que elas possuíam por falta de oportunidades, e isso fazia toda diferença ao transmitir as suas ideias.

Na festa, Alexandre estava a observar a sua linda esposa, que conversava com Leonora, quando Aurora veio até ele, dizendo:

— Alexandre, Seu Antônio mandou limpar toda a área da lagoa, trazendo-lhe o aspecto de antes, quando ainda era frequentada por muitos, inclusive reformando um pequeno gazebo, que lá existia havia alguns séculos. Você não acha que Lia adoraria conhecer o local onde tudo começou?

Como a lagoa era ali perto, Alexandre adorou a ideia e, enquanto todos estavam festejando, eles fugiram para lá.

Quando chegaram à lagoa, ambos tiveram uma impressionante surpresa. Com a ajuda de Aurora, relembraram-se de fatos ocorridos no passado.

Viam-se jovens amantes. Estavam ali, no gazebo, às margens daquela lagoa, quando o então marido de Lia apareceu, flagrando-os. Enlouquecido, sacou de um revólver e atirou. Num ato reflexo, Lia se colocou à frente de Alexandre e recebeu a bala. Vendo-a ferida, o jovem amante, revoltado, pulou sobre o marido traído, que tentou novamente atirar, mas, em luta corporal desordenada, o fez em si mesmo, desencarnando.

Alexandre, desesperado, voltou para Lia, que, dizendo amá-lo, deu o seu último suspiro. Não suportando a dor de perdê-la, jogou-se na lagoa sem saber nadar, afogando-se.

Para sua surpresa, o jovem casal flagra, na pessoa do marido traído, Seu Moraes. Relembram que Gustavo, Alice e Frederico eram os filhos de Lia naquela vida e que, sem os pais, ficaram sob os cuidados do seu tio solteiro, muito pouco responsável, que, em uma vida anterior, já tinha abandonado os seus próprios filhos e esposa. Era José, o namorado de Paola.

Suas lembranças os levaram a saber também quem os dedurou para o marido de Lia. Foi Seu Antônio, na roupagem feminina de uma beata da comunidade que, sob a justificativa de defender a moralidade e os bons costumes, provocou aquela tragédia. Sua vida foi eivada de muito remorso e culpa, sendo que sua consciência a acusava pelas mortes provocadas.

* * *

O jovem casal estava emocionado.

Entretanto, não tinham acabado ainda as revelações.

Aurora direciona Alexandre para se deparar com mais uma última lembrança:

Em imagens cristalinas, ele se viu correndo por aquelas planícies; nos braços de Dona Judite; nos ombros de Seu Antônio; no lombo de Sândalo, o alazão caramelo. A alegria o contagiou. Pôde sentir todo o amor que tinha por aqueles que foram os seus pais em sua última existência, mas que, em razão do seu suicídio naquela mesma lagoa, veio para viver por pouco tempo, porém o suficiente para aprender, criar laços de amor e curar o sentimento de culpa de todos os envolvidos pelos atos do passado. Alexandre foi Camilo.

Os noivos se viam desnudos. Choravam baixinho, abraçados. Quando se acalmaram, entenderam que, se lhes foi possibilitada a lembrança desses episódios de suas vidas, era para ser aproveitada na construção da atual.

Fizeram promessas de amor mútuo e realizações face àqueles que com eles estão dividindo o viver. Entenderam-se devedores, mas se colocaram na posição de trabalhadores para que o amor se propagasse e muitos pudessem dele se beneficiar, pois o que terminou às margens de uma lagoa, e nela recomeçou, pode também recomeçar no coração dos que compreendem que a caridade constrói, mas só o amor salva.

Ficha Técnica

Título
Um Jovem Médium – Coragem e superação pela força da fé

Autoria
Espírito Ezequiel
Psicografia de Adriana Machado

Edição
1ª

ISBN
978-65-87210-09-4

Capa
César Oliveira

Projeto gráfico e diagramação
César Oliveira

Revisão ortográfica
Mariana Frungilo

Preparação de originais
Irene Stubber

Composição
Adobe Indesign 2019
(plataforma Windows)

Tamanho
Miolo: 16 x 23cm
Capa: 16x23cm com orelhas

Páginas
365

Tipografia
Texto principal: Perpetua 13pt
Diálogo: Perpetua 13pt
Título: AphrosineW03 114pt
Notas de rodapé: Perpetua 11pt

Margens
20mm:25mm:25mm:20mm
(superior:inferior:interna;externa)

Papel
Miolo papel Avena 90g/m2
Capa papel Duo Design 250g/m2

Cores
Miolo 1x1 cor
Capa em 4x0 CMYK

Acabamento
Miolo: Brochura, cadernos de 32 páginas, costurados e colados.
Capa: Laminação Fosca

Impressão
AtualDV (Curitiba/PR)

Tiragem
Sob Demanda

Produção
Setembro/2021

NOSSAS PUBLICAÇÕES

SÉRIE AUTOCONHECIMENTO

DEPRESSÃO E AUTOCONHECIMENTO - COMO EXTRAIR PRECIOSAS LIÇÕES DESSA DOR

A proposta de tratamento complementar da depressão aqui abordada tem como foco a educação para lidar com nossa dor, que muito antes de ser mental, é moral.

Wanderley Oliveira
16 x 23 cm
235 páginas

FALA, PRETO VELHO

Um roteiro de autoproteção energética através do autoamor. Os textos aqui desenvolvidos permitem construir nossa proteção interior por meio de condutas amorosas e posturas mentais positivas, para criação de um ambiente energético protetor ao redor de nossas vidas.

Wanderley Oliveira | Pai João de Angola
16 x 23 cm
291 páginas

QUAL A MEDIDA DO SEU AMOR?

Propõe revermos nossa forma de amar, pois estamos mais próximos de uma visão particularista do que de uma vivência autêntica desse sentimento. Superar limites, cultivar relações saudáveis e vencer barreiras emocionais são alguns dos exercícios na construção desse novo olhar.

Wanderley Oliveira | Ermance Dufaux
16 x 23 cm
208 páginas

APAIXONE-SE POR VOCÊ

Você já ouviu alguém dizer para outra pessoa: "minha vida é você"?
Enquanto o eixo de sua sustentação psicológica for outra pessoa, a sua vida estará sempre ameaçada, pois o medo da perda vai rondar seus passos a cada minuto.

Wanderley Oliveira
16 x 23 cm
152 páginas

A VERDADE ALÉM DAS APARÊNCIAS - O UNIVERSO INTERIOR

Liberte-se da ansiedade e da angústia, direcionando o seu espírito para o único tempo que realmente importa: o presente. Nele você pode construir um novo olhar, amplo e consciente, que levará você a enxergar a verdade além das aparências.

Samuel Gomes
16 x 23 cm
272 páginas

DESCOMPLIQUE, SEJA LEVE

Um livro de mensagens para apoiar sua caminhada na aquisição de uma vida mais suave e rica de alegrias na convivência.

Wanderley Oliveira
16 x 23 cm
238 páginas

7 CAMINHOS PARA O AUTOAMOR

O tema central dessa obra é o autoamor que, na concepção dos educadores espirituais, tem na autoestima o campo elementar para seu desenvolvimento. O autoamor é algo inato, herança divina, enquanto a autoestima é o serviço laborioso e paciente de resgatar essa força interior, ao longo do caminho de volta à casa do Pai.

Wanderley Oliveira | Pai João de Angola
16 x 23 cm
272 páginas

A REDENÇÃO DE UM EXILADO

A obra traz informações sobre a formação da civilização, nos primórdios da Terra, que contou com a ajuda do exílio de milhões de espíritos mandados para cá para conquistar sua recuperação moral e auxiliar no desenvolvimento das raças e da civilização. É uma narrativa do Apóstolo Lucas, que foi um desses enviados, e que venceu suas dificuldades íntimas para seguir no trabalho orientado pelo Cristo.

Samuel Gomes | Lucas
16 x 23 cm
368 páginas

AMOROSIDADE - A CURA DA FERIDA DO ABANDONO

Uma das mais conhecidas prisões emocionais na atualidade é a dor do abandono, a sensação de desamparo. Essa lesão na alma responde por larga soma de aflições em todos os continentes do mundo. Não há quem não esteja carente de ser protegido e acolhido, amado e incentivado nas lutas de cada dia.

Wanderley Oliveira | Ermance Dufaux
16 x 23 cm
300 páginas

MEDIUNIDADE - A CURA DA FERIDA DA FRAGILIDADE

Ermance Dufaux vem tratando sobre as feridas evolutivas da humanidade. A ferida da fragilidade é um dos traços mais marcantes dos aprendizes da escola terrena. Uma acentuada desconexão com o patrimônio da fé e do autoamor, os verdadeiros poderes da alma.

Wanderley Oliveira | Ermance Dufaux
16 x 23 cm
235 páginas

CONECTE-SE A VOCÊ - O ENCONTRO DE UMA NOVA MENTALIDADE QUE TRANSFORMARÁ A SUA VIDA

Este livro vai te estimular na busca de quem você é verdadeiramente. Com leitura de fácil assimilação, ele é uma viagem a um país desconhecido que, pouco a pouco, revela características e peculiaridades que o ajudarão a encontrar novos caminhos. Para esta viagem, você deve estar conectado a sua essência. A partir daí, tudo que você fizer o levará ao encontro do propósito que Deus estabeleceu para sua vida espiritual.

Rodrigo Ferretti
16 x 23 cm
256 páginas

APOCALIPSE SEGUNDO A ESPIRITUALIDADE - O DESPERTAR DE UMA NOVA CONSCIÊNCIA

Num curso realizado em uma colônia do plano espiritual, o livro Apocalipse, de João Evangelista, é estudado de forma dinâmica e de fácil entendimento, desvendando a simbologia das figuras místicas sob o enfoque do autoconhecimento.

Samuel Gomes
16 x 23 cm
313 páginas

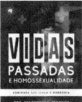

VIDAS PASSADAS E HOMOSSEXUALIDADE - CAMINHOS QUE LEVAM À HARMONIA

"Vidas Passadas e Homossexualidade" é, antes de tudo, um livro sobre o autoconhecimento. E, mais que uma obra que trada do uso prático da Terapia de Regressão às Vidas Passadas . Em um conjunto de casos, ricamente descritos, o leitor poderá compreender a relação de sua atual encarnação com aquelas que ele viveu em vidas passadas. O obra mostra que absolutamente tudo está interligado. Se o leitor não encontra respostas sobre as suas buscas psicológicas nesta vida, ele as encontrará conhecendo suas vidas passadas.
Samuel Gomes

Dra. Solange Cigagna
16 x 23 cm
364 páginas

SÉRIE CONSCIÊNCIA DESPERTA

SAIA DO CONTROLE - UM DIÁLOGO TERAPEUTICO E LIBERTADOR ENTRE A MENTE E A CONSCIÊNCIA

Agimos de forma instintiva por não saber observar os pensamentos e emoções que direcionam nossas ações de forma condicionada. Por meio de uma observação atenta e consciente, identificando o domínio da mente em nossas vidas, passamos a viver conscientes das forças internas que nos regem.

Rossano Sobrinho
16 x 23 cm
268 páginas

SÉRIE CULTO NO LAR

VIBRAÇÕES DE PAZ EM FAMÍLIA

Quando a família se reune para orar, ou mesmo um de seus componetes, o ambiente do lar melhora muito. As preces são emissões poderosas de energia que promovem a iluminação interior. A oração em família traz paz e fortalece, protege e ampara a cada um que se prepara para a jornada terrena rumo à superação de todos os desafios.

Wanderley Oliveira | Ermance Dufaux
16 x 23 cm
212 páginas

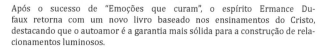

JESUS - A INSPIRAÇÃO DAS RELAÇÕES LUMINOSAS

Após o sucesso de "Emoções que curam", o espírito Ermance Dufaux retorna com um novo livro baseado nos ensinamentos do Cristo, destacando que o autoamor é a garantia mais sólida para a construção de relacionamentos luminosos.

Wanderley Oliveira | Ermance Dufaux
16 x 23 cm
304 páginas

REGENERAÇÃO - EM HARMONIA COM O PAI

Nos dias em que a Terra passa por transformações fundamentais, ampliando suas condições na direção de se tornar um mundo regenerado, é necessário desenvolvermos uma harmonia inabalável para aproveitar as lições que esses dias nos proporcionam por meio das nossas decisões e das nossas escolhas, [...].

Samuel Gomes | Diversos Espíritos
16 x 23 cm
223 páginas

PRECES ESPÍRITAS

Porque e como orar?
O modo como oramos influi no resultado de nossas preces?
Existe um jeito certo de fazer a oração?
Allan Kardec nos afirma que *"não há fórmula absoluta para a prece"*, mas o próprio Evangelho nos orienta que *"quando oramos, devemos entrar no nosso aposento interno do coração e, fechando a porta, busquemos Deus que habita em nós; e Ele, que vê nossa mais secreta realidade espiritual, nos amparará em todas as necessidades. Ao orarmos, evitemos as repetições de orações realizadas da boca para fora, como muitos que pensam que por muito falarem serão ouvidos. Oremos a Deus em espírito e verdade porque nosso Pai sabe o que nos é necessário, antes mesmo de pedirmos ".* (Mateus 6:5 a 8)

Allan Kardec
16 x 23 cm
145 páginas

O EVANGELHO SEGUNDO O ESPIRITISMO

O Evangelho de Jesus Cristo foi levado ao mundo por meio de seus discípulos, logo após o desencarne do Mestre na cruz. Mas o Evangelho de Cristo foi, muitas vezes, alterado e deturpado através de inúmeras edições e traduções do chamado Novo Testamento. Agora, a Doutrina Espírita, por meio de um trabalho sob a óptica dos espíritos e de Allan Kardec, vem jogar luz sobre a verdadeira face de Cristo e seus ensinamentos de perdão, caridade e amor.

Allan Kardec
16 x 23 cm
431 páginas

 SÉRIE **DESAFIOS DA CONVIVÊNCIA**

QUEM SABE PODE MUITO. QUEM AMA PODE MAIS

A lição central desta obra é mostrar que o conhecimento nem sempre é suficiente para garantir a presença do amor nas relações. "Estar informado é a primeira etapa. Ser transformado é a etapa da maioridade." - Eurípedes Barsanulfo.

Wanderley Oliveira | José Mário
16 x 23 cm
312 páginas

QUEM PERDOA LIBERTA - ROMPER OS FIOS DA MÁGOA ATRAVÉS DA MISERICÓRDIA

Continuação do livro "QUEM SABE PODE MUITO. QUEM AMA PODE MAIS" dando sequência à trilogia "Desafios da Convivência".

Wanderley Oliveira | José Mário
16 x 23 cm
320 páginas

SERVIDORES DA LUZ NA TRANSIÇÃO PLANETÁRIA

Nesta obra recebemos o convite para nos integrar nas fileiras dos Servidores da Luz, atuando de forma consciente diante dos desafios da transição planetária. Brilhante fechamento da trilogia.

Wanderley Oliveira | José Mário
14x21 cm
298 páginas

SÉRIE ESPÍRITOS DO BEM

GUARDIÕES DO CARMA - A MISSÃO DOS EXUS NA TERRA

Pai João de Angola quebra com o preconceito criado em torno dos exus e mostra que a missão deles na Terra vai além do que conhecemos. Na verdade, eles atuam como guardiões do carma, nos ajudando nos principais aspectos de nossas vidas.

Wanderley Oliveira | Pai João de Angola
16 x 23 cm
288 páginas

GUARDIÃS DO AMOR - A MISSÃO DAS POMBAGIRAS NA TERRA

"São um exemplo de amor incondicional e de grandeza da alma. São mães dos deserdados e angustiados. São educadoras e desenvolvedoras do sagrado feminino, e nesse aspecto são capazes de ampliar, nos homens e nas mulheres, muitas conquistas que abrem portas para um mundo mais humanizado, [...]".

Wanderley Oliveira | Pai João de Angola
16 x 23 cm
232 páginas

GUARDIÕES DA VERDADE - NADA FICARÁ OCULTO

Neste momento de batalhas decisivas rumo aos tempos da regeneração, esta obra é um alerta que destaca a importância da autenticidade nas relações humanas e da conduta ética como bases para uma forma transparente de viver. A partir de agora, nada ficará oculto, pois a Verdade é o único caminho que aguarda a humanidade para diluir o mal e se estabelecer na realidade que rege o universo.

Wanderley Oliveira | Pai João de Angola
16 x 23 cm
236 páginas

SÉRIE ESTUDOS DOUTRINÁRIOS

ATITUDE DE AMOR

Opúsculo contendo a palestra "Atitude de Amor" de Bezerra de Menezes, o debate com Eurípedes Barsanulfo sobre o período da maioridade do Espiritismo e as orientações sobre o "movimento atitude de amor". Por uma efetiva renovação pela educação moral.

Wanderley Oliveira | Ermance Dufaux e Cícero Pereira
14 x 21 cm
94 páginas

SEARA BENDITA

Um convite à reflexão sobre a urgência de novas posturas e conceitos. As mudanças a adotar em favor da construção de um movimento social capaz de cooperar com eficácia na espiritualização da humanidade.

Wanderley Oliveira e Maria José Costa | Diversos Espíritos
14 x 21 cm
284 páginas

Gratuito em nosso site, somente em:

NOTÍCIAS DE CHICO

"Nesta obra, Chico Xavier afirma com seu otimismo natural que a Terra caminha para uma regeneração de acordo com os projetos de Jesus, a caracterizar-se pela tolerância humana recíproca e que precisamos fazer a nossa parte no concerto projetado pelo Orientador Maior, principalmente porque ainda não assumimos responsabilidades mais expressivas na sustentação das propostas elevadas que dizem respeito ao futuro do nosso planeta."

Samuel Gomes | Chico Xavier
16 x 23 cm
181 páginas

 ## SÉRIE FAMÍLIA E ESPIRITUALIDADE

UM JOVEM OBSESSOR - A FORÇA DO AMOR NA REDENÇÃO ESPIRITUAL

Um jovem conta sua história, compartilhando seus problemas após a morte, falando sobre relacionamentos, sexo, drogas e, sobretudo, da força do amor na redenção espiritual.

Adriana Machado | Jefferson
16 x 23 cm
392 páginas

UM JOVEM MÉDIUM - CORAGEM E SUPERAÇÃO PELA FORÇA DA FÉ

A mediunidade é um canal de acesso às questões de vidas passadas que ainda precisam ser resolvidas. O livro conta a história do jovem Alexandre que, com sua mediunidade, se torna o intermediário entre as histórias de vidas passadas daqueles que o rodeiam tanto no plano físico quanto no plano espiritual. Surpresos com o dom mediúnico do menino, os pais, de formação Católica, se veem às voltas com as questões espirituais que o filho querido traz para o seio da família.

Adriana Machado | Ezequiel
16 x 23 cm
365 páginas

RECONSTRUA SUA FAMÍLIA - CONSIDERAÇÕES PARA O PÓS-PANDEMIA

Vivemos dias de definição, onde nada mais será como antes. Necessário redefinir e ampliar o conceito de família. Isso pode evitar muitos conflitos nas interações pessoais. O autoconhecimento seguido de reforma íntima será o único caminho para transformação do ser humano, das famílias, das sociedades e da humanidade.

Dr. Américo Canhoto
16 x 23 cm
237 páginas

SÉRIE HARMONIA INTERIOR

LAÇOS DE AFETO - CAMINHOS DO AMOR NA CONVIVÊNCIA

Uma abordagem sobre a importância do afeto em nossos relacionamentos para o crescimento espiritual. São textos baseados no dia a dia de nossas experiências. Um estímulo ao aprendizado mais proveitoso e harmonioso na convivência humana.

Wanderley Oliveira | Ermance Dufaux
16 x 23 cm
312 páginas

 ESPANHOL

MEREÇA SER FELIZ - SUPERANDO AS ILUSÕES DO ORGULHO

Um estudo psicológico sobre o orgulho e sua influência em nossa caminhada espiritual. Ermance Dufaux considera essa doença moral como um dos mais fortes obstáculos à nossa felicidade, porque nos leva à ilusão.

Wanderley Oliveira | Ermance Dufaux
16 x 23 cm
296 páginas

 ESPANHOL

REFORMA ÍNTIMA SEM MARTÍRIO - AUTOTRANSFORMAÇÃO COM LEVEZA E ESPERANÇA

As ações em favor do aperfeiçoamento espiritual dependem de uma relação pacífica com nossas imperfeições. Como gerenciar a vida íntima sem adicionar o sofrimento e sem entrar em conflito consigo mesmo?

Wanderley Oliveira | Ermance Dufaux
16 x 23 cm
288 páginas

 ebook ESPANHOL INGLÊS

PRAZER DE VIVER - CONQUISTA DE QUEM CULTIVA A FÉ E A ESPERANÇA

Neste livro, Ermance Dufaux, com seus ensinos, nos auxilia a pensar caminhos para alcançar nossas metas existenciais, a fim de que as nossas reencarnações sejam melhor vividas e aproveitadas.

Wanderley Oliveira | Ermance Dufaux
16 x 23 cm
248 páginas

 ebook

ESCUTANDO SENTIMENTOS - A ATITUDE DE AMAR-NOS COMO MERECEMOS

Ermance afirma que temos dado passos importantes no amor ao próximo, mas nem sempre sabemos como cuidar de nós, tratando-nos com culpas, medos e outros sentimentos que não colaboram para nossa felicidade.

Wanderley Oliveira | Ermance Dufaux
16 x 23 cm
256 páginas

 ebook ESPANHOL

DIFERENÇAS NÃO SÃO DEFEITOS - A RIQUEZA DA DIVERSIDADE NAS RELAÇÕES HUMANAS

Ninguém será exatamente como gostaríamos que fosse. Quando aprendemos a conviver bem com os diferentes e suas diferenças, a vida fica bem mais leve. Aprenda esse grande SEGREDO e conquiste sua liberdade pessoal.

Wanderley Oliveira | Ermance Dufaux
16 x 23 cm
248 páginas

 ebook

EMOÇÕES QUE CURAM - CULPA, RAIVA E MEDO COMO FORÇAS DE LIBERTAÇÃO

Um convite para aceitarmos as emoções como forma terapêutica de viver, sintonizando o pensamento com a realidade e com o desenvolvimento da autoaceitação.

Wanderley Oliveira | Ermance Dufaux
16 x 23 cm
272 páginas

SÉRIE REFLEXÕES DIÁRIAS

PARA SENTIR DEUS

Nos momentos atuais da humanidade sentimos extrema necessidade da presença de Deus. Ermance Dufaux resgata, para cada um, múltiplas formas de contato com Ele, de como senti-Lo em nossas vidas, nas circunstâncias que nos cercam e nos semelhantes que dividem conosco a jornada reencarnatória. Ver, ouvir e sentir Deus em tudo e em todos.

Wanderley Oliveira | Ermance Dufaux
11 x 15,5 cm
133 páginas
Somente ebook

LIÇÕES PARA O AUTOAMOR

Mensagens de estímulo na conquista do perdão, da aceitação e do amor a si mesmo. Um convite à maravilhosa jornada do autoconhecimento que nos conduzirá a tomar posse de nossa herança divina.

Wanderley Oliveira | Ermance Dufaux
11 x 15,5 cm
128 páginas

Somente

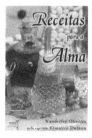

RECEITAS PARA A ALMA

Mensagens de conforto e esperança, com pequenos lembretes sobre a aplicação do Evangelho para o dia a dia. Um conjunto de propostas que se constituem em verdadeiros remédios para nossas almas.

Wanderley Oliveira | Ermance Dufaux
11 x 15,5 cm
146 páginas

Somente ebook

SÉRIE REGENERAÇÃO

FUTURO ESPIRITUAL DA TERRA

As necessidades, as estruturas perispirituais e neuropsíquicas, o trabalho, o tempo, as características sociais e os próprios recursos de natureza material se tornarão bem mais sutis. O futuro já está em construção e André Luiz, através da psicografia de Samuel Gomes, conta como será o Futuro Espiritual da Terra.

Samuel Gomes | André Luiz
16 x 23 cm
344 páginas

XEQUE-MATE NAS SOMBRAS - A VITÓRIA DA LUZ

André Luiz traz notícias das atividades que as colônias espirituais, ao redor da Terra, estão realizando para resgatar os espíritos que se encontram perdidos nas trevas e conduzi-los a passar por um filtro de valores, seja para receberem recursos visando a melhorar suas qualidades morais – se tiverem condições de continuar no orbe – seja para encaminhá-los ao degredo planetário.

Samuel Gomes | André Luiz
16 x 23 cm
212 páginas

A DECISÃO - CRISTOS PLANETÁRIOS DEFINEM O FUTURO ESPIRITUAL DA TERRA

"Os Cristos Planetários do Sistema Solar e de outros sistemas se encontram para decidir sobre o futuro da Terra na sua fase de regeneração. Numa reunião que pode ser considerada, na atualidade, uma das mais importantes para a humanidade terrestre, Jesus faz um pronunciamento direto sobre as diretrizes estabelecidas por Ele para este período."

Samuel Gomes | André Luiz e Chico Xavier
16 x 23 cm
210 páginas

SÉRIE ROMANCE MEDIÚNICO

OS DRAGÕES - O DIAMANTE NO LODO NÃO DEIXA DE SER DIAMANTE

Um relato leve e comovente sobre nossos vínculos com os grupos de espíritos que integram as organizações do mal no submundo astral.

Wanderley Oliveira | Maria Modesto Cravo
16 x 23cm
522 páginas

LÍRIOS DE ESPERANÇA

Ermance Dufaux alerta os espíritas e lidadores do bem de um modo geral, para as responsabilidades urgentes da renovação interior e da prática do amor neste momento de transição evolutiva, através de novos modelos de relação, como orientam os benfeitores espirituais.

Wanderley Oliveira | Ermance Dufaux
16 x 23 cm
508 páginas

AMOR ALÉM DE TUDO

Regras para seguir e rótulos para sustentar. Até quando viveremos sob o peso dessas ilusões? Nessa obra reveladora, Dr. Inácio Ferreira nos convida a conhecer a verdade acima das aparências. Um novo caminho para aqueles que buscam respeito às diferenças e o AMOR ALÉM DE TUDO.

Wanderley Oliveira | Inácio Ferreira
16 x 23 cm
252 páginas

ABRAÇO DE PAI JOÃO

Pai João de Angola retorna com conceitos simples e práticos, sobre os problemas gerados pela carência afetiva. Um romance com casos repletos de lutas, desafios e superações. Esperança para que permaneçamos no processo de resgate das potências divinas de nosso espírito.

Wanderley Oliveira | Pai João de Angola
16 x 23 cm
224 páginas

UM ENCONTRO COM PAI JOÃO

A obra também fala do valor de uma terapia, da necessidade do autoconhecimento, dos tipos de casamentos programados antes do reencarne, dos processos obsessivos de variados graus e do amparo de Deus para nossas vidas por meio dos amigos espirituais e seus trabalhadores encarnados. Narra também em detalhes a dinâmica das atividades socorristas do centro espírita.

Wanderley Oliveira | Pai João de Angola
16 x 23 cm
220 páginas

O LADO OCULTO DA TRANSIÇÃO PLANETÁRIA

O espírito Maria Modesto Cravo aborda os bastidores da transição planetária com casos conectados ao astral da Terra.

Wanderley Oliveira | Maria Modesto Cravo
16 x 23 cm
288 páginas

ebook

PERDÃO - A CHAVE PARA A LIBERDADE

Neste romance revelador, conhecemos Onofre, um pai que enfrenta a perda de seu único filho com apenas oito anos de idade. Diante do luto e diversas frustrações, um processo desafiador de autoconhecimento o convida a enxergar a vida com um novo olhar. Será essa a chave para a sua libertação?

Adriana Machado | Ezequiel
14 x 21 cm
288 páginas

ebook

1/3 DA VIDA - ENQUANTO O CORPO DORME A ALMA DESPERTA

A atividade noturna fora da matéria representa um terço da vida no corpo físico, e é considerada por nós como o período mais rico em espiritualidade, oportunidade e esperança.

Wanderley Oliveira | Ermance Dufaux
16 x 23 cm
279 páginas

ebook

NEM TUDO É CARMA, MAS TUDO É ESCOLHA

Somos todos agentes ativos das experiências que vivenciamos e não há injustiças ou acasos em cada um dos aprendizados.

Adriana Machado | Ezequiel
16 x 23 cm
536 páginas

RETRATOS DA VIDA - AS CONSEQUÊNCIAS DO DESCOMPROMETIMENTO AFETIVO

Túlio costumava abstrair-se da realidade, sempre se imaginando pintando um quadro; mais especificamente pintando o rosto de uma mulher.
Vivendo com Dora um casamento já frio e distante, uma terrível e insuportável dor se abate sobre sua vida. A dor era tanta que Túlio precisou buscar dentro de sua alma uma resposta para todas as suas angústias..

Clotilde Fascioni
16 x 23 cm
175 páginas

ebook

O PREÇO DE UM PERDÃO - AS VIDAS DE DANIEL

Daniel se apaixona perdidamente e, por várias vidas, é capaz de fazer qualquer coisa para alcançar o objetivo de concretizar o seu amor. Mas suas atitudes, por mais verdadeiras que sejam, o afastam cada vez mais desse objetivo. É quando a vida o para.

André Figueiredo e Fernanda Sicuro | Espírito Bruno
16 x 23 cm
333 páginas

Livros que transformam vidas!

Acompanhe nossas redes sociais

(lançamentos, conteúdos e promoções)

- @editoradufaux
- facebook.com/EditoraDufaux
- youtube.com/user/EditoraDufaux

Conheça nosso catálogo e mais sobre nossa editora. Acesse os nossos sites

Loja Virtual
- www.dufaux.com.br

eBooks, conteúdos gratuitos e muito mais
- www.editoradufaux.com.br

Entre em contato com a gente.

Use os nossos canais de atendimento

- (31) 99193-2230
- (31) 3347-1531
- www.dufaux.com.br/contato
- sac@editoradufaux.com.br
- Rua Contria, 759 | Alto Barroca | CEP 30431-028 | Belo Horizonte | MG